Read & Think
FRENCH

PREMIUM Third Edition

Read & Think
FRENCH

PREMIUM Third Edition

The editors of
Think French
magazine

Mc
Graw
Hill

New York   Chicago   San Francisco   Athens   London   Madrid
Mexico City   Milan   New Dehli   Singapore   Sydney   Toronto

1 2 3 4 5 6 7 8 9   LCR   27 26 25 24 23 22

ISBN   978-1-260-47457-2
MHID   1-260-47457-7

e-ISBN   978-1-260-47458-9
e-MHID   1-260-47458-5

McGraw Hill books are available at special quantity discounts to use as premiums and sale promotions, or for use in corporate training programs. To contact a representative, please visit the Contact Us pages at www.mhprofessional.com.

McGraw Hill Language Lab App

Audio recordings for select readings (see page 239 for full list) and flashcards for all vocabulary lists are available to support your study of this book. Go to www. mhlanguagelab.com to access the online version of this application. Also available for iPhone, iPad, and Android devices. Search "McGraw Hill Language Lab" in the iTunes app store or Google Play App store for Android.

Contents

Tradition

Célébration

Biographie

Coutumes

Les Arts

Histoire

Géographie

Gastronomie

Introduction

Read & Think French is an engaging and non-intimidating approach to language learning. A dynamic at-home language immersion, *Read & Think French* is intended to increase French fluency while teaching you about life and culture in French-speaking countries.

This language learning tool is designed to build on and expand your confidence with French, presenting vocabulary and phrases in meaningful and motivating content emphasizing all four language skills: reading, writing, speaking, and understanding the spoken language.

Read & Think French brings the French language to life! Our diverse team of international writers is excited about sharing the language and culture with you. Read a travel narrative from Normandy and a documentary on Paris cafes. Discover the best markets of Provence with our insider tips, and explore the architecture on the colorful streets of Montreal. And don't forget, while you are enjoying these intriguing articles, you are learning French.

Read & Think French is used by educators and students of all ages to increase French fluency naturally and effectively. Using this as a complement to classroom study or as a self-study guide, you will actively build grammar and develop vocabulary.

The cultural information provided in each chapter helps readers develop a deeper understanding of the traditions and cultures in French-speaking countries, which creates greater interest and ultimately success with learning French.

Read & Think French accommodates a range of skill sets, from beginning to advanced:

- **Beginning:** We recommend that the student have the equivalent of one semester of college- or high school–level French. Your previous experience with French may have been through studies at a private or public school, self-study programs, or immersion programs. *Read & Think French* will allow you to immerse yourself in the language and the culture, and your understanding of sentence structure and use of verbs will be reinforced.

- **Intermediate:** As an intermediate student, you will learn new vocabulary and phrases. You will notice increased fluency and comprehension. You will also learn nuances about the language and the culture as you experience the authentic writing styles of authors from different countries.

- **Advanced:** The advanced student will continue to gain valuable information, as language acquisition is a lifelong endeavor. The diverse topics from a team of international writers offer you the opportunity to learn new vocabulary and gain new insight into the language and the people.

Whatever your current skill level, *Read & Think French* is an effective, fun, and accessible way to learn French.

Experience the enthusiasm that comes with learning a new language and discovering a new culture. Read, speak, enjoy . . . think French!

Guidelines for Success

Read & Think French is divided into chapters guiding you through the cultures and traditions of different French-speaking countries. At the end of each chapter is the "Test your comprehension" section. This section encourages development of reading comprehension and the understanding of written French in different voices.

It is not necessary for you to read *Read & Think French* from start to finish or in any certain order. You can read one chapter at a time or pick an article or chapter that is of particular interest to you. You can complete the test questions by article or by chapter. This flexibility allows you to go at your own pace, reading and re-reading when needed. The high-interest articles encourage enthusiasm as you study, making the material more enjoyable to read.

• Read through the article to get the general idea of the story line. Do not get frustrated if the first time through you do not fully understand the vocabulary.

• After you gain an understanding of the article, read through the story again and focus on vocabulary that is new to you. Notice how the vocabulary is used in context.

• Practice reading the article aloud.

• If you have access to an audio recorder, practice recording the articles or ask a fluent speaker to record them for you. Listen to the recording and notice how your listening comprehension improves over time.

Repeat, Repeat, Repeat! This is especially important for memorizing important parts and forms of words. Sometimes only active repetition will secure your memory for certain hard-to-retain items. Frequent vocal repetition impresses the forms on your "mental ear." This auditory dimension will help you recognize and recall the words later. With *Read & Think French* you have the opportunity to repeat different learning processes as often as you'd like and as many times as you want. Repeat reading, repeat listening, and repeat speaking will aide in your overall success mastering the French language.

Custom Bilingual Glossary

A custom bilingual glossary is provided next to each article to facilitate ease and understanding while reading in French. With uninterrupted reading, comprehension is improved and vocabulary is rapidly absorbed.

Every article contains new grammar, vocabulary, and phrases as well as repetition of previous vocabulary and phrases. The repetition throughout the articles enhances reading comprehension and encourages memorization. The articles are written in different perspectives. Most articles are written in third person while some are written in first person. This change of voice allows you to recognize verbs as they are conjugated in different tenses.

French instructors often recommend that students "create an image" or associate foreign words with something familiar to enhance memorization of new vocabulary. As you are learning new vocabulary with *Read & Think French*, however, you will not have to create these images. The images will be automatically created for you as the story unfolds. Take your time as you are reading and imagine the story as it is written, absorbing the new vocabulary. If a vocabulary word is particularly difficult, try focusing on an image in the story that the word represents as you say the word or phrase aloud.

Verbs in the glossary are written first in their conjugated form as they appear in the article, followed by their infinitive form.

For example: **offrent (offrir):** they offer (to offer)

conçu pour (concevoir): designed for (to design)

Test Your Comprehension

The test questions provided at the end of each chapter are designed to further develop your reading comprehension skills and ensure your overall success with French. In addition to determining the general meaning of the article by word formation, grammar, and vocabulary, you will also learn how to use context to determine meaning. Understanding context allows you to make educated "guesses" about the meaning of unfamiliar words based on the context of a sentence, paragraph, or article. Answers are provided at the end of the book and within each chapter.

About the Authors

Read & Think French is based on articles from *Think French*, an online language learning membership that was published by Second Language Publishing. The writers for *Think French* are native French speakers, including college and high school French instructors, travel experts, and journalists. Articles in this book were coordinated and compiled under the direction of Kelly Chaplin, founder of Second Language Publishing.

Read & Think
FRENCH

PREMIUM Third Edition

Culture

Un dimanche en France

Le dimanche est **un jour particulier** en France. **Les magasins** sont **fermés**, mais **les boulangeries redoublent** d'activité. Pendant toute **la matinée, chacun** s'y rend pour acheter une baguette bien fraîche ou **les pâtisseries** qui **seront** servies en dessert **le midi**. Les fleuristes **ne chôment** pas **non plus** car le dimanche, c'est le jour **des repas en famille** et **il serait impoli** d'arriver **les mains vides**…

Quand j'étais **enfant, je redoutais** les dimanches parce que **je savais** que ce jour-là, **je passerais** avec mes parents **plusieurs heures** à table **chez** l'une de mes **grands-mères. D'abord**, il y avait l'apéritif : pastis, porto ou kir pour **les grands**, jus d'orange pour les enfants et, pour **tout le monde, cacahuètes**, olives, petits cubes de **fromage à grignoter**.

Le repas **suivait** avec une entrée, (**des fruits de mer**, par exemple), un plat principal, (de **la viande** et **des légumes**, généralement), du fromage (obligatoirement !), de la salade (**presque toujours**) et, **vers quatre heures** de l'**après-midi**, lorsque **les estomacs** étaient complètement **pleins**: le dessert (**enfin !**).

Le dimanche **soir, bien sûr, personne n'avait envie** de **manger**. Il ne restait qu'à **aller se coucher en se disant** qu'on avait **sans doute perdu** sa **journée**.

Et pourtant… Ma maman est **aujourd'hui** grand-mère et les dimanches chez elle, avec **ma femme** et **mon fils, n'ont rien d'ennuyant. Nous mangeons** bien, **mais pas trop** et, dès le dessert terminé, **nous sortons nous promener** tous ensemble **au bord de la mer** ou en **forêt**. Le dimanche soir, quand je couche mon fils, je me dis que la journée a été magnifique. **Pourvu** qu'**il pense la même chose** !

La France et la religion

Officiellement, la France est **un état laïc, il est d'ailleurs interdit de porter des signes** religieux visibles dans les établissements scolaires. **Il existe cependant** une exception pour une région, c'est l'Alsace-Moselle. **En effet**, lors de la séparation **des pouvoirs** politique et religieux en 1905, **celle-ci n'était pas encore** française, mais **allemande**. C'est la raison du **traitement** de faveur dont **elle bénéficie**, l'état finance même certaines de **ses églises**.

De manière générale, si **on s'intéresse** aux religions que les Français pratiquent, **on se rend compte** que **le pays** est **non seulement** multiculturel, **mais aussi** multiconfessionnel. Ce qui **en fin de compte** est normal lorsqu'on **se souvient** du **passé** colonial de ce pays. **D'après** les statistiques de l'Institut français d'opinion publique 64% de Français sont catholiques, 27% se considèrent comme **athées**, 3% sont musulmans, 2,1% sont de confession protestante et 0,6% sont **juifs**.

Historiquement, la France est un pays catholique **tout au moins** après **les huit guerres** de religion qui l'**ont ravagée** durant le XVIème siècle. Cependant, après **la Deuxième Guerre Mondiale**, l'**engouement** pour la religion **chute** et l'**arrivée** massive d'immigrés issus des anciennes colonies françaises contribuent à diversifier le climat religieux du pays. **Il n'existe pas** de conflit entre les différentes religions et **chaque** Français a **le droit** de **pratiquer** la religion de son **choix** tout en respectant les droits religieux de ses compatriotes.

un état laïc: secular state, non religious state

il est d'ailleurs: it is moreover

interdit de (interdire): prohibited to (to prohibit)

porter: to wear

des signes (un signe): signs

il existe (exister): it exists (to exist)

cependant: however

en effet: indeed

des pouvoirs (un pouvoir): powers

celle-ci: the former, this one

n'était pas (être): wasn't (to be)

encore: still

allemande: German

traitement: treatment

elle bénéficie (bénéficier): she benefits (to benefit)

ses églises (une église): its churches

on s'intéresse (intéresser): one is interested (to be interested)

on se rend compte (se rendre compte): we realize (to realize)

le pays: the country

non seulement: not only

mais aussi: but also

en fin de compte: at the end

se souvient (se souvenir): remember (to remember)

passé: past

d'après: according to

athées (un athée): atheists

juifs (un Juif): Jewish

tout au moins: at the very least

les huit guerres (la guerre): the eight wars

ont ravagée (ravager): devastated (to devastate)

la Deuxième Guerre Mondiale: The Second World War

engouement: infatuation

chute (chuter): fall (to fall)

arrivée (arriver): the coming

il n'existe pas (exister): it doesn't exist (to exist)

chaque: each

le droit: the right

pratiquer: to practice

choix: choice

on pense (penser): we think (to think)
très fort: very hard
on peut (pouvoir): we can (can)
presque: nearly
sentir: smell
le parfum: scent, fragrance
sucré: sweet
la lavande: lavender
ravivée (reviver): revived (to revive)
par le soleil: by the sun
(il) offre (offrir): (it) offers (to offer)
les plus belles (beau): the most beautiful
étendues (une étendue): areas, stretches
parme: mauve

peintres (un peintre): painters
se sont recueillis (se recueillir): they reflected
  (to reflect)
ces lieux (un lieu): these places
capturer: to capture
au creux de: in the trough of
leur œuvre (une œuvre): their work
des couleurs (une couleur): colors
le vent: the wind
souffle (souffler): blows (to blow)
à travers: across
les champs (le champ): fields
nous entraine (entrainer): carries us away
  (to carry)
véritable: real
des sens (un sens): senses

depuis des millénaires (un millénaire): for
  thousands of years
dans un premier temps: first time
(elle) a fait: it has claimed (to claim)
des adeptes (un adepte): followers
parmi: among
nos plus vieux: our oldest
ancêtres (un ancêtre): ancestors

utilisée (utiliser): used (to use)
précieusement: very carefully
tout d'abord: at first, to begin with
durant: during
le bain: the bath
les linges (le linge): linens
elle sera utilisée (utiliser): it was used (to use)
les temps moyenâgeux: medieval times
renfermer: to contain
des vertus (une vertu): properties
calmantes (calmant): soothing
cicatrisantes (cicatrisant): healing

convoité (convoiter): coveted (to covet)
des composants (un composant): components
son parme (le parme): its mauve color
doux: soft
(ils) se retrouvent sur: it can be found in
les vaisselles (la vaisselle): bottles
vendues (vendre): sold (to sell)
font la joie: they delight
des potiers (un potier): potters
autres: other
maisons (une maison): houses

Parfum de nos enfances

Quand **on pense très fort** à la Provence, **on peut presque sentir le parfum sucré** de **la lavande ravivée par le soleil** méditerranéen. Le plateau de Valensole, en Drôme provençale, **offre les plus belles étendues parme** de lavande.

De très grands **peintres se sont** souvent **recueillis** sur **ces lieux** pour **capturer au creux de leur œuvre**, l'harmonie **des couleurs** offerte par la nature. Quand **le vent souffle à travers les champs**, le parfum **nous entraine** dans une **véritable** symphonie **des sens**.

La lavande, véritable mine d'exploitation provençale **depuis des millénaires** a **dans un premier temps fait des adeptes parmi nos plus vieux ancêtres.**

Utilisée précieusement tout d'abord par les Romains **durant le bain** et pour parfumer **les linges, elle sera utilisée** durant **les temps moyenâgeux** en tant que plante médicinale qui aurait la réputation de **renfermer des vertus calmantes**, antiseptiques, **cicatrisantes…** la lavande a toujours été un ingrédient suprême pour la beauté et l'hygiène.

Son parfum est **convoité** des savonniers, parfumeurs, créateurs d'ambiance régionaux et il reste un **des composants** de base de la parfumerie contemporaine. **Son parme doux** et sa forme atypique **se retrouvent sur les vaisselles vendues** dans les boutiques et **font la joie des potiers**, et **autres** décorateurs de **maisons** et de linges.

Il **existe** même du **miel** de lavande, et c'est un produit très **recherché des gens** de la région pour **la douceur** qu'**il renferme. Ses étendues cultivées** ou **sauvages ont révélé** les plus grands peintres provençaux.

La cueillette, autrefois réalisée à **la faucille**, a lieu en été entre le 15 juillet et le 15 août, dans les « baïassières » **endroits où poussent** les « baïasses » (nom provençal **donné aux pieds** de lavande) par **des travailleurs saisonniers venant** de toute la région et parfois même **d'autres pays** d'Europe.

La lavandiculture prit une grande place dans **la vie** des Provençaux. **Si vous demandez** aux cultivateurs de **vous parler** de lavande, **ils vous diront d'abord** de faire attention à **ne pas confondre** lavande et lavandin. La **vraie** lavande est l'espèce d'origine, **elle se reproduit** naturellement à l'état sauvage ou **cultivé. On peut** la reconnaitre à **sa taille** et sa couleur.

La distillerie de son essence offre un parfum **plus fin**, plus doux, et **elle garde** toutes **ses vertus** thérapeutiques sous forme d'**huile essentielle.** Le lavandin, lui, est déjà plus **grossier** par son aspect, plus long et aux **bouts** plus gros, sa couleur est plus « violette » que celle de la lavande, **plutôt** mauve. Le lavandin est stérile, **il ne se reproduit** pas naturellement et sa fabrication est d'origine industrielle. **En effet il peut produire** beaucoup plus d'essence que la vraie lavande. Son huile essentielle **ne préserve aucune** vertu et reste **rarement** utilisée en pharmacopée **de nos jours.** Son odeur est déjà plus « acre » et **moins sucrée.**

La lavande pure reste un produit très **prisé à l'achat** et **demeure** un véritable produit de luxe. Elle reste le produit de référence quand **on parle** de la Provence. C'est le parfum de **nos enfances.**

---

il existe (exister): there exists (to exist)
le miel: honey
recherché: much sought-after
des gens: by the people
la douceur: the sweetness
il renferme (renfermer): it holds (to hold)
ses étendues (une étendue): its areas
cultivées (cultiver): cultivated (to cultivate)
sauvages (sauvage): wild
(elles) ont révélé (révéler quelqu'un): they made famous (to make somebody famous)

la cueillette: harvesting, picking
autrefois: in the past
la faucille: the sickle
endroits (un endroit): the places
où ils poussent (pousser): where they grow (to grow)
donné (donner): given (to give)
aux pieds (un pied): to the plants
des travailleurs (un travailleur): workers
saisonniers (saisonnier): seasonal
venant (venir): coming (to come)
d'autres pays: from other countries

la vie: the life
si vous demandez (demander): if you ask (to ask)
vous parler: you speak
ils vous diront (dire): they will tell you (to tell)
d'abord: first of all
ne pas confondre: not to confuse
vraie (vrai): real
elle se reproduit (se reproduire): it reproduces (to reproduce)
cultivé (cultiver): cultivated (to cultivate)
on peut (pouvoir): we can (can, to be able to)
sa taille (la taille): its size

plus fin: more subtle
elle garde (garder): it keeps (to keep)
ses vertus (une vertu): its properties
huile essentielle (une huile): essential oil
grossier: rough
aux bouts (un bout): ends
plutôt: rather
il ne se reproduit (se reproduire): it does not reproduce (to reproduce, to grow)
en effet: in fact
il peut produire: it can produce
(elle) ne préserve aucune (préserver): it preserves no (to preserve)
rarement: rarely, seldom
de nos jours: nowadays
moins: less
sucrée (sucré): sweet

prisé: valued
à l'achat: to buy
(il) demeure (demeurer): it remains (to remain)
on parle (parler): we talk (to talk)
nos enfances (une enfance): our childhood

Les marchés du Sénégal

Visiter les marchés est **sans doute le meilleur moyen** de **s'imprégner** de l'ambiance d'une ville. **N'hésitez pas** à **vous enfoncer** dans **les méandres** de leurs **étroites ruelles** et à **slalomer entre les étals**, **après avoir pris les** précautions d'usage **contre** les pickpockets. C'est sans doute aussi le meilleur moyen d'y **apprendre le marchandage.**

Les marchés de Dakar

A Dakar, **vous en découvrirez plusieurs**, avec **chacun** ses spécialités et son ambiance. Le plus classique est le grand marché Sandaga, au **croisement** de l'avenue Lamine Gueye et de l'avenue Emile Badiane. Un grand **bâtiment** de style néo-soudanais **abrite**, sur deux étages, tous **les produits alimentaires: légumes, viande, poisson.** L'avenue Emile Badiane **est bordée de** kiosques **tenus** en général **par** des « baol-baol » (originaires de la région de Diourbel) où **vous trouverez** surtout des appareils électriques, souvent **dernier cri**: hi-fi, télévision, vidéo, etc. Dans **les rues voisines**, beaucoup de boutiques de **tissus, vendus** à la pièce ou assemblés en **sacs, vêtements…**

Le plus touristique est le marché Kermel, petit marché **au cœur du vieux** Dakar, entre l'Avenue Sarrault et le port, qui abrite de **belles maisons coloniales.** Dans un très beau **bâtiment** de 1860, ravagé par **un incendie** en 1994, puis reconstruit en 1997, l'**on trouve** tous les produits alimentaires de type européen, **joliment présentés.** C'est **aux alentours** que **les vendeuses** de **fleurs** circulent **chargées de** bouquets, **à côté de** boutiques d'artisanat (**vannerie, sculpture sur bois, maroquinerie**) et de **magasins** modernes: **boucheries, épiceries…**

Le plus authentique est le marché Tilène, avenue Blaise Diagne, dans **le vieux quartier** de la Médina. A l'extérieur, des étals de fruits et légumes. A l'intérieur, tous les produits de consommation africaine : alimentation, épices, fruits, **bijoux**, tissus, **friperie**, **ustensiles de cuisine**…

Le plus éclectique est le marché du port, où les marchandises **proposées dépendent souvent** des arrivages **des bateaux**. **On y trouve** de **la quincaillerie**, du matériel utilisé par **les pêcheurs (bottes, cirés, cordages, pesons)**, des appareils photos, des cigarettes…

Le plus exotique est le marché « Casamance », **situé sur le quai d'embarquement** pour Ziguinchor. On y trouve tous les produits du **sud** du **pays**, souvent difficiles à trouver **ailleurs: huile de palme, crevettes séchées, miel**, fruits et légumes.

Le plus **vestimentaire** est le marché aux **fripes, itinérant,** que l'on retouve à Gueule Tapée, Grand Mosquée, Front de terre: **des centaines** de **ballots** de **vêtements** et **chaussures** d'occasion, **à tous les prix**.

Enfin, si vous êtes en **brousse, ne manquez pas** les « lumas », les marchés **hebdomadaires**. Les habitants de tous les villages **avoisinants**, venus **en charrette, se rassemblent** pour **acheter, vendre, échanger, discuter**. Vous y trouverez des produits alimentaires et artisanaux de la région, du **bétail**, des vêtements, des ustensiles de cuisine… **Des gargotes** s'y **installent pour toute la journée**.

le vieux quartier: old district
bijoux (la bijou): jewels
une friperie: second hand clothes shop
ustensiles de cuisine: kitchenware

proposées (proposer): offered (to offer)
dépendent de: depend on (to depend)
souvent: often
des bateaux (un bateau): boats
on y trouve (trouver): we find (to find)
la quincaillerie: hardware
les pêcheurs (un pêcheur): fishermen
bottes (une botte): boots
cirés (un ciré): raincoats
cordages (un cordage): ropes
pesons (un peson): scales

situé sur: located on
le quai d'embarquement: loading dock
le sud: south
un pays: country
ailleurs: elsewhere
l'huile de palme (une huile): palm oil
des crevettes séchées (une crevette): dried shrimp
le miel: honey

vestimentaire: related to clothing
fripes (une fripe): second hand clothes
des centaines (une centaine): hundreds
ballots (un ballot): bundles
vêtements (un vêtement): clothes
chaussures (une chaussure): shoes
à tous les prix (un prix): at all prices

enfin: finally
si vous êtes (être): if you are (to be)
la brousse: the bush
(vous) ne manquez pas (rater): do not miss (to miss)
hebdomadaires (hebdomadaire): weekly
avoisinants (avoisinant): neighboring
en charrette: by cart
(ils) se rassemblent (se rassembler): they gather (to gather)
acheter: to buy
vendre: to sell
échanger: to exchange
discuter: to discuss
un bétail: cattle
des gargotes (une gargote): cheap restaurants
(elles) s'installent (s'installer): (they) settle (to settle)
pour toute la journée: for the whole day

il y a: there are
deux saisons (une saison): two seasons
une année: year
hivernage: winter
qui va de … à (aller de … à): that is going from … to (to go from … to)
le carême: Lent
qui commence (commencer): which starts (to start)
un mois: month
se terminer: it ends (to end)
donnent (donner): give (to give)
deux visages (un visage): two faces
une île: island
pendant: while, during
sec: dry
chaud: warm

sèche (sec): dry
laquelle: which
célèbrent (célébrer): celebrate (to celebrate)
fêtes religieuses: holidays
les Pâques: Easter
camper: camping
au bord de la mer: at the seaside
manger: eating
le mets: the dish
le crabe de terre: crab (of the ground) *this very specific crab does not live in the sea but at the seaside*

plusieurs: several
semaines (une semaine): weeks
rechercher: to look for
les meilleurs emplacements: the best spots
elles pourront installer (pouvoir): they will be able to install (to be able, can)
on parcourt (parcourir): we cover, we travel (to cover distance)
une plage: beach
on se dirige vers (se diriger): we make (our way) toward (to make toward)
repérer l'endroit: to check out a place
tentes (une tente): tents
les voitures (la voiture): cars
surtout: above all
la cuisson: the cooking
des repas (un repas): meals
il s'agit de (s'agir de): it is about (to be about)
une vie: a life
restent (rester): remain (to remain)
assez: rather
depuis: since
reçoivent (recevoir): welcome (to welcome)
ont pris la décision: have made the decision
des douches (une douche): showers
qui désirent (désirer): who desire (to desire)
un peu plus: a little bit more

Il y a deux saisons dans l'**année** en Guadeloupe: l'**hivernage, qui va de** juillet **à** décembre et **le carême qui commence** au **mois** de janvier pour **se terminer** en juillet. Ces saisons **donnent deux visages** totalement différents à l'**île**: très humide et cyclonique **pendant** l'hivernage, très **sec** et **chaud** pendant le carême.

Le carême est la saison **sèche** pendant **laquelle** les catholiques **célèbrent** deux **fêtes religieuses** fondamentales: **les Pâques** et la Pentecôte. Sur l'île, ces deux fêtes religieuses sont l'occasion d'une célébration populaire (et pas vraiment religieuse): **camper** en famille **au bord de la mer** et **manger le mets** de saison, **le crabe de terre**.

Plusieurs semaines avant la période des vacances de Pâques (en avril) ou de Pentecôte (en mai), les familles commencent à **rechercher les meilleurs emplacements** où **elles pourront installer** leur campement. Ainsi, **on parcourt** des kilomètres de **plage** ou alors **on se dirige vers** sa plage habituelle pour y **repérer l'endroit** où l'on installera le nombre de **tentes** adéquat, **les voitures** et **surtout** tout le nécessaire pour **la cuisson des repas**. Pour le reste, **il s'agit** de camping et les conditions de **vie restent assez** difficiles. C'est pourquoi **depuis** deux ans, les municipalités de Guadeloupe qui **reçoivent** des campeurs **ont pris la décision** d'installer des toilettes ou **des douches** portables pour les familles **qui désirent un peu plus** de confort dans leur aventure.

Certaines plages de Guadeloupe, **comme** le Souffleur à Port-Louis, l'Anse à la Gourde à Saint-François ou la Perle à Deshaies **sont prises d'assaut** par les campeurs avant **le début** des vacances **car** elles sont très accessibles et **offrent** une végétation **accueillante** pour les campements. Elles sont **si réputées** pour leur tradition de camping, qu'elles sont même à **éviter** à cette période **lorsque** l'**on ne vient pas** camper. **En effet**, les campeurs y **prennent leurs aises**, y **mettent la musique**. C'est **une véritable vie qui se met en place en quelques jours** sur ces plages.

L'autre élément essentiel de cette période pour les Guadeloupéens est le crabe de terre.

Il vit exclusivement dans les mangroves et **les lieux humides**. Il est très **savoureux** car **il grandit** dans **les racines des arbres**. Il se nourrit de végétaux et de petites **crevettes** ou de petits **poissons** de mangrove. **Sa chaire** est très appréciée et **est utilisée** dans plusieurs mets caractéristiques de la saison: le **matété** ou le **calalou** de crabe.

Les Guadeloupéens **apprécient beaucoup** cet animal qu'**ils ne mangent** en général qu'en cette saison car c'est à cette période qu'il arrive à maturité. L'espèce est **protégée** le reste de l'année. **On ne doit alors pas l'« attraper » sous peine de mettre l'espèce en danger.**

comme: as, such as
(elles) sont prises d'assaut (être pris d'assaut): they are stormed (to be stormed)
le début: the beginning
car: because
(elles) offrent (offrir): (they) provide (to provide)
accueillante (accueillant): welcoming
si réputées (réputé): so famous
éviter: to avoid
lorsque: when
on ne vient pas (venir): we do not come (to come)
en effet: indeed
(ils) prennent leurs aises (prendre son aise): they stretched out (to stretch out)
(ils) mettent la musique (mettre): they put music on (to put)
une véritable vie: a real life
qui se met en place (se mettre en place): which is put in place (to be put in place)
en quelques jours: in few days

il vit (vivre): it lives (to live)
les lieux humides: humid places
savoureux: tasty
il grandit (grandir): it grows up (to grow up)
les racines (la racine): the roots
des arbres (un arbre): trees
il se nourrit (se nourrir): it feeds itself (to feed oneself)
crevettes (une crevette): shrimp
poissons (un poisson): fish
sa chaire (la chaire): its meat
est utilisée (être utilisé): it is used (to be used)
matété: crab pilaf
calalou: gumbo

apprécient (apprécier): like (to like)
beaucoup: very much
ils ne mangent... que (manger): they only eat (to eat)
protégée (protégé): protected
on ne doit pas (devoir): we must not (must, to have to)
alors: then
attraper: catch
sous peine de mettre l'espèce en danger: with the risk of endangering the species

Les vendanges

la vendange: grape harvest
la récolte: harvest
qui est destiné (destiner): which is intended to (to be intended to)
le vin: wine
on utilise (utiliser): we use (to use)
vendanger: to harvest the grapes
les pieds (le pied): (vine) stocks
les vignes (la vigne): vines
un nom: a noun
pour désigner: to name
évoquer: to talk about
on parle (parler): we talk about (to talk about)
le temps: time

entre fin: between the end
selon: according to
les viticulteurs (le viticulteur): wine makers
(ils) emploient (employer): (they) hire (to hire)
des saisonniers: seasonal workers
la plupart du temps: most of the time
des étudiants (un étudiant): students
qui effectuent (effectuer): who do (to do)
ces travaux (un travail): works
très court: very short
les aidants: helping them
leurs études (la étude): their studies

auparavant: beforehand
embauchaient au noir (embaucher): hired under the table (to hire)
est devenue (devenir): became (to become)
(elle) a engendré (engendrer): (it) has generated (to generate)
contrats de travail: employment contracts
les embauches (la embauche): hiring
une durée: term
ils signent (signer): they sign (to sign)
qui ne peut dépasser (pouvoir): that cannot exceed (can)
un mois: a month
cumuler: to cumulate
enchaîner: to put one after the other
réunis: put together
(cela) ne peut excéder: (it) cannot exceed
rémunéré (rémunérer): paid (to pay)
c'est-à-dire: that is to say
autour de: around
une journée: a whole day

couper: to cut
les grappes (la grappe): bunches
un sécateur: clippers
déverser: to drop
une grande hotte: a big basket
(ils) sont stockés (stocker): (they) are stocked (to stock)
vidées (vider): emptied (to empty)
pour effectuer: to do
un tri: sorting
abîmés (abîmer): damaged (to damage)
qui auraient pu être cueillis (cueillir): that could have been picked (to pick)
amené (amener): brought to (to bring)
la cuve: tank
(il) pourra commencer: (it) will be able to start
le moût: crushed grapes
la mise en fût de chêne: placing into barrel of oak

La vendange est **la récolte** du raisin **qui est destiné** à la fabrication du **vin**. **On utilise** ce terme en tant que verbe, « **vendanger** » (récolter le raisin sur **les pieds** de **vignes**), comme **nom**, « la vendange » (**pour désigner** la récolte), ou au pluriel pour **évoquer** la période de la récolte ; **on parle** alors du **temps**, ou de la période, « des vendanges ».

Les vendanges ont traditionnellement lieu en France **entre fin** août/début septembre et octobre **selon** les régions. **Les viticulteurs emploient des saisonniers** pour récolter les raisins. **La plupart du temps**, ce sont **des étudiants qui effectuent ces travaux** car cela leur procure un revenu intéressant sur un temps **très court**, tout en **les aidants** pour le financement de **leurs études**.

Auparavant, les viticulteurs **embauchaient** régulièrement des vendangeurs **au noir**. La réglementation actuelle en France **est devenue** très stricte et **a engendré** l'élaboration de **contrats de travail** spécifiques aux vendanges, permettant ainsi de limiter les fraudes et **les embauches** illégales de travailleurs. Ainsi, les viticulteurs emploient les vendangeurs pour **une durée** qui varie de 8 à 15 jours. **Ils signent** un « contrat vendanges », contrat saisonnier particulier **qui ne peut dépasser un mois**. Il est possible de **cumuler** ou d'**enchaîner** plusieurs contrats vendanges, mais la durée totale de tous les contrats **réunis ne peut excéder** deux mois. La durée de travail hebdomadaire varie selon les exploitations de 35 à 39 heures. Ce travail est **rémunéré** sur la base du Smic, **c'est-à-dire autour de** 8 euros de l'heure, (soit 50 à 60 euros nets pour **une journée**).

Le travail de base consiste à **couper les grappes** de raisin avec **un sécateur** et à les **déverser** dans **une grande hotte** où **sont stockés** les grains. Les hottes sont ensuite **vidées pour effectuer un tri** des grains, ce qui permet par exemple d'éliminer les grains **abîmés qui auraient pu être cueillis**. Le raisin est ensuite **amené** en **cuve** où **pourra commencer** le processus de vinification (macération du **moût** et fermentation alcoolique qui aura lieu sous l'action des levures qui transforment les sucres en alcool puis **mise en fût de chêne**).

Le travail de vendange peut être fait à **la main** (avec un sécateur), **mais également** par l'intermédiaire de machines spécifiques. **Dans ce cas,** la récolte **ne permet pas** une sélection des grappes aussi rigoureuse que celle effectuée avec la récolte manuelle, et **cela engendre** forcément une qualité **moindre** du vin car les grappes **qui seront cueillies** seront **plus ou moins mûres** et/ou plus ou moins abîmées.

Chaque méthode de vendanges **comporte pourtant** ses avantages et ses inconvénients. Avec une machine, on peut vendanger **aussi bien le jour que la nuit** et **réduire le coût** d'intervention du personnel **qui n'est pas négligeable.** C'est par **ailleurs** particulièrement intéressant pour vendanger le raisin blanc, plus fragile, qui sera récolté plus **frais** pendant la nuit. La durée d'une vendange effectuée à la machine est bien-sûr beaucoup **plus courte** qu'à la main. **En moyenne,** il faudra 2 heures pour vendanger un hectare **contre** 70 heures pour la **même** superficie à la main. Le coût de la vendange réalisée avec une machine est **à peu près de** 50% du coût de la vendange effectuée **manuellement.**

En revanche, avec une machine, il faut que la vigne soit **assez haute** car les grappes situées **à moins de** 30 cm du **sol ne seront pas** récoltées et les grains **sont** plus facilement **écrasés** que lorsqu'ils sont cueillis manuellement. La vendange manuelle est une méthode utilisée pour la production de vins de qualité supérieure et des vins effervescents, car **cela exige** une sélection très rigoureuse des **meilleures** grappes. **La cueillette** à la machine **n'atteint jamais** la précision d'une cueillette manuelle.

Enfin, quelle que soit la méthode utilisée, **il faut éviter** de vendanger pendant les heures les plus **chaudes** de la journée car cela peut **déclencher** une fermentation **précoce** du raisin **avant son transfert** dans la cave de vinification. Cela pourrait avoir des répercussions sur la qualité du produit final. En tant que vendangeur, faire les vendanges reste une expérience enrichissante et bien que cela nécessite une certaine résistance physique, **elle permet de faire de belles rencontres** et de se faire un salaire non négligeable dans **un laps de temps assez**

la main: hand
mais également: but also
dans ce cas: in this case
ne permet pas (permettre): does not allow (to allow)
cela engendre (engendrer): it generates (to generate)
moindre: lesser
qui seront cueillies (cueillir): that will be picked (to pick)
plus ou moins: more or less
mûres: mature

chaque: each
comporte (comporter): includes (to include)
pourtant: though
aussi bien … que: as well as
le jour: day
la nuit: night
réduire: to reduce
le coût: cost
qui n'est pas négligeable: that is not negligible
ailleurs: elsewhere
frais: fresh
plus courte: shorter
en moyenne: in average
il faudra (falloir): it will be necessary (to be necessary)
contre: against
même: same
à peu près de: approximatively
manuellement: by hand, manually

en revanche: on the other hand
assez haute (haut): rather high
à moins de: shorter than
le sol: ground
(elles) ne seront pas (être): (they) will not be (to be)
(ils) sont écrasés (écraser): (they) are crushed (to crush)
cela exige (exiger): it requires (to require)
la cueillette: picking, harvesting
meilleures: best
n'atteint jamais (atteindre): never reaches (to reach)

il faut éviter (falloir): it is necessary to avoid (to be necessary)
chaudes (chaud): warm
déclencher: to cause
précoce: early
avant son transfert: before its transfer
elle permet de faire: it allows to do
de belles rencontres (une rencontre): nice meetings, encounters
un laps de temps: period of time
assez court: rather short

ses marchés (un marché): its markets	

Noël sur les marchés

Ah, la France et **ses marchés ! Qui n'a jamais entendu parler** de ces fameux marchés **hebdomadaires, où se vendent** pêle-mêle fruits, légumes, fromages, charcuteries, **poissons**, épices et **plats à emporter** ? Si ces marchés font **la joie** des visiteurs et de **mes grands-mères**, c'est un tout autre genre de marché que **j'apprécie**. Des marchés qu'**on attend toute l'année**, car **ils n'ont lieu qu'**en décembre: les marchés de Noël.

Ouverts tous les jours en décembre, les marchés de Noël sont originaires d'**Allemagne** et d'Alsace et **remontent au** XIVème siècle. **Aujourd'hui, ils se sont répandus** dans toute l'Europe, **depuis les** grandes **villes jusqu'à** certains villages de **campagne**. Pourquoi **autant** de succès ? **Parce que** ces marchés **mêlen**t avec **brio** traditions, ambiance de **fête** et **joies** de l'**hiver**.

Semblant sortir tout droit d'une carte postale, les marchés de Noël ressemblent à de petits villages. Les chalets **en bois se serrent les uns contre les autres**, comme pour **se protéger** du **froid**. Les **guirlandes, lumières, sapins** et décorations **contribuent à donner** un **air féerique** à la scène. **Promenez-vous** dans **les allées**… **Sentez-vous** cette **bonne odeur** ? Ce sont **des gaufres** accompagnées de **vin chaud** à la **cannelle**, une spécialité de ces marchés. **Plus loin, vous trouverez** probablement des crêpes ou d'autres pâtisseries, **des châtaignes grillées** ou des plats bien hivernaux, comme la **tartiflette**.

Mais **vous n'êtes pas venus** seulement pour **manger**, n'est-ce pas ? **Avancez encore** un peu et regardez autour de vous. **Les marchands**, bien **emmitouflés** dans leurs **manteaux**, bonnets et **mitaines**, n'attendent que vous. **Les étals débordent** d'artisanats locaux et exotiques: **santons** provençaux, poteries, **bougies**, **bijoux** originaux, ponchos péruviens, sculptures et **bibelots** divers, décorations de Noël, jouets traditionnels **en bois**…

Avec un peu de chance, **vous pourriez même voir** les artisans **à l'œuvre**, sculptant **un morceau de bois** ou **tricotant** une paire de **moufles**. Il devient souvent difficile de **choisir ses cadeaux**, tant le choix est grand !

Si vous êtes fatigués de vous promener, venez donc **profiter** des spectacles organisés. **Emmenez vos enfants** admirer **la crèche** grandeur nature ou **faites leur faire un tour de manège**. Ici, **tout est prévu** pour faire **le bonheur** des petits et des grands.

Envie de le voir pour de vrai ? Les marchés de Strasbourg, d'Alsace, de Paris et de Provence sont parmi les plus réputés de France. En Europe, **essayez donc** celui d'Aix-la-Chapelle en Allemagne ou de Vienne en Autriche. Et pour nos **amis** nord-américains, tout a été prévu à Québec, pour les Marchés de Noël Joliette-Lanaudière. **Alors amusez-vous bien** !

vous n'êtes pas venus (venir): you did not come (to come)

manger: to eat

avancez encore un peu (avancer): move forward a little more (to move forward)

(vous) regardez (regarder): look (to look at)

autour de: around

les marchands (le marchand): stallholders

emmitouflés (émmitouflé): wrapped

manteaux (un manteau): coats

mitaines (une mitaine): fingerless gloves

les étals (le étal): stalls

débordent (déborder): overflow (to overflow)

santons: *Christmas nativity figurines*

bougies (une bougie): candles

bijoux (un bijou): jewelry

bibelots (un bibelot): ornaments

en bois: in wood

vous pourriez même (pouvoir): you could even (can)

voir: see

à l'œuvre: at work

un morceau de bois: a piece of wood

tricotant (tricoter): knitting (to knit)

moufles (une moufle): mittens

choisir: to choose

ses cadeaux (un cadeau): one's gifts

si vous êtes fatigués de vous promener: if you are tired of walking

(vous) venez (venir): come (to come)

profiter de: to take advantage of

(vous) emmenez (emmener): bring (to bring)

vos enfants (un enfant): your children

la crèche: creche, manger

(vous) faites leur faire un tour de manège: have them take a ride on a carousel

tout est prévu (prévoir): everything is scheduled (to schedule)

le bonheur: happiness

envie de le voir pour de vrai (une envie): would you like to see it for real

(vous) essayez (essayer): try (to try)

donc: so, therefore, then

des amis (un ami): friends

Alors amusez-vous bien ! (s'amuser): Enjoy! (to enjoy)

La légendaire impolitesse

à l'étranger: from abroad
ont encore (avoir): still have (to have)
un peu rustres (un rustre): a little uncouth
datant (dater): dating (to date)
époque: time
la Deuxième Guerre mondiale: the Second World War
afin de: in order to
sortir: remove, end
il faut prendre (prendre): we must take (to take)
plusieurs: many
faits: facts

attachent (attacher): attach (to attach)
leur pays (un pays): their country
remplie de: full of
conquêtes (une conquête): conquests
découvertes (une découverte): discoveries
régi (régir): ruled (to rule)
des rois (un rois): kings
fait partie (faire): is a part of (to be)
fierté: pride
conquis: conquered
peuvent avoir (avoir): may have (to have)
méprisante: contemptuous
vis-à-vis: toward
qu'ils ne comprennent pas (comprendre): that they don't understand (to understand)
on peut prendre (prendre): we can take (to take)
non compris (comprendre): not understood (to understand)
ne se limite pas (limiter): is not limited to (to limit)
très attaché (attacher): very attached (to attach)
qui peut parfois: that may sometimes
engendrer (engendrer): generate (to generate)
des quiproquos: misunderstandings

chaque: each
également: also
la façon: the way
aborde (aborder): approach (to approach)
sa visite: its visit
aller dans (aller): going to (to go)
sans chercher (chercher): without trying (to try)
comprendre: to understand
exposera (exposer): will expose (to expose)
des réticences (une réticence): reserve
peuple hôte: country host
ne déroge pas (déroger): will not ignore (to ignore)
règle: rule

À l'étranger, les Français **ont encore** une image de personnes **un peu rustres** avec des clichés **datant** de l'**époque** de **la Deuxième Guerre mondiale**. **Afin de sortir** la France de ce stéréotype, **il faut prendre plusieurs faits** en considération.

Les Français **attachent** énormément d'importance à l'Histoire et la Culture de leur **pays** qui sont d'une grande richesse. C'est un pays très ancien, avec une Histoire **remplie de conquêtes**, de **découvertes** et **régi** par **des rois** influents. Avec la gastronomie, cela **fait partie de** la grande **fierté** française. Certains étrangers arrivent en France en pays « **conquis** » et **peuvent avoir** une attitude **méprisante vis-à-vis** d'un pays **qu'ils ne comprennent pas** toujours, car culturellement très différent. Ce que l'**on peut prendre** comme de l'impolitesse peut être une simple réaction de fierté vis-à-vis de ce qui est **non compris** et d'une histoire qui n'est pas considérée comme importante. La France **ne se limite pas** à Paris et ses restaurants ou à la Côte d'Azur. Le Français y est **très attaché**, et les étrangers ne peuvent pas toujours comprendre ce concept, **qui peut parfois engendrer des quiproquos**.

Comme dans **chaque** pays étranger, tout dépend **également** de **la façon** dont le touriste **aborde sa visite** sur le territoire. **Aller dans** un pays **sans chercher** à **comprendre** les coutumes locales **exposera** le visiteur à **des réticences** de la part du **peuple hôte**, quel qu'il soit. La France **ne déroge pas** à cette **règle**.

Vis-à-vis des personnes anglophones, les Français **ont souvent subi des moqueries** sur leur accent lorsqu'**ils parlent** anglais. Il est donc peu **étonnant** que le Français soit ensuite réticent à s'**exprimer** dans cette langue quand il est sujet à moqueries. Pourtant, **si vous abordez** une personne dans la rue et lui demandez de **façon polie,** en français, s'il peut **vous renseigner** en anglais, **il est fort à parier qu'il cherchera** à vous **aider** du **mieux** qu'il peut. Par contre, si vous vous exprimez de façon un peu brusque sans faire un minimum d'effort et **en considérant** que la personne à qui vous **vous adressez parlera forcément** anglais, **ne vous étonnez pas** de vous **voir répondre** de la même façon.

Les Français **enfin** sont considérés comme étant **râleurs** et **exigeants**. Comme dans tous les peuples, **on ne peut faire** d'une minorité une généralité ; **au sein** des Français comme de toutes les autres nationalités, il y a de nombreuses personnalités différentes, **des gens charmants,** des idiots, des râleurs, **des gentils** et **des méchants**…, c'est ce qui fait la variété et l'**intérêt** d'une population. **Ne dit-on pas** qu' « **il faut de tout pour faire** un **Monde** » ?

ont souvent subi (subir): have often undergone (to undergo)
des moqueries (une moquerie): some mockeries
ils parlent (parler): they talk (to talk)
étonnant (étonner): surprising (to surprise)
exprimer (exprimer): express (to express)
si vous abordez (aborder): if you approach (to approach)
façon polie: with courtesy
vous renseigner (renseigner): to inform you (to inform)
il est fort à parier: the chances are
qu'il cherchera (chercher): he will try to (to try)
aider: to help
mieux: best way
en considérant (considérer): considering (to consider)
vous adressez (s'adresser): speak to (to speak)
parlera forcément (parler): will inevitably speak (to speak)
ne vous étonnez pas (étonner): do not be surprised (to surprise)
voir répondre (répondre): being answered (to answer)

enfin: finally
râleur: grouchy
exigeants: demanding
on ne peut faire (faire): we can't make (to make)
au sein: among
des gens charmants: charming people
des gentils: kind (people)
des méchants: malicious, mean (people)
intérêt: interest
ne dit-on pas (dire): don't we say (to say)
il faut de tout (falloir): we need all (types) (to need)
pour faire: to make
un monde: world

CULTURE NOTE Truth is, there are no more rude people in Paris than in any other major city in the world. Rules of what is polite and what is rude are, by essence, very culture-specific. And as guests, we shouldn't expect our hosts to make the effort to adapt to our rules. If we make no effort to speak their language, or if we criticize the way they do things or don't show respect for their culture, we can't blame them for telling us off!

So make an effort to learn the basics of French (hello, please, thank you, excuse me, can you help me, good-bye), and people will be so flattered that you try that they might switch to English to make it easier for you. We can't guarantee that you won't encounter rude people on your travels. But if you follow the same simple rules of humble and responsible travel in France as you would in any other country, you will be pleased to find people who are happy to help and honored to have crossed your path.

Francophonie canadienne

un pays: a country
bilingue: bilingual
ils vivent (vivre): they live (to live)
on retrouve (retrouver): we find (to find)
Nord: North
qui sont encore: that are still
appelées (appeler): named (to name)

avaient du mal (avoir): had difficulty (to have)
s' imposer (imposer): to impose themselves (to impose)
depuis: since
les années soixante: the sixties
les pouvoirs (le pouvoir): powers
qui comprennent (comprendre): who understand (to understand)
mettent en place (mettre): set up (to set up)
ont pour (avoir): have the (objective)
de mieux: to better
la faire connaître: introduce it
non seulement: not only
mais aussi: but also

désormais: from now on
les héritiers (le héritier): the heirs
aïeuls originaires: ancestors originating from
n'hésitent pas (hésiter): do not hesitate (to hesitate)
à tous ceux: to all of those
qui le souhaitent (souhaiter): who wish to (to wish)
ne représentent (représenter): represent only (to represent)

prennent au (prendre): take for (to take)
petit-déjeuner: breakfast
ils aiment (aimer): they like (to like)
faits (faire): made of (to make)
un pain: bread
un fromage: cheese
un jambon: ham
on peut aussi (pouvoir): we can also (can)
citer (citer): mention (to mention)
pois (les pois): peas (pea soup)
le ragoût de boulettes: meat ball stew
la rue: the street
proposent (proposer): offer (to offer)
des pommes frites: french fries
arrosées (arroser): covered (to cover)

ne se passe pas (passer): do not happen (to happen)
retombées: repercussions
exige (exiger): require (to require)
vis-à-vis: toward
né dans (naître): born in (to be born)
malgré: in spite of
échecs (un échec): defeat, failure
cuisants: bitter
il continue (continuer): it continue (to continue)
exister (exister): exist (to exist)

Le Canada est **un pays bilingue** et près de 6,5 millions de Canadiens sont francophones. **Ils vivent** principalement dans la province de Québec, mais **on retrouve** aussi des populations francophones dans les provinces du **Nord** et les provinces **qui sont encore appelées** « provinces maritimes » du Canada.

Les populations francophones **avaient du mal** à **s'imposer** dans un pays en majorité anglophone, mais **depuis les années soixante** on observe une tendance inverse. **Les pouvoirs** publics **qui comprennent** l'intérêt à préserver la culture francophone **mettent en place** des programmes qui **ont pour** but **de mieux la faire connaître non seulement** à l'intérieur, **mais aussi** à l'extérieur du pays.

Depuis 1974, le français est **désormais** la langue officielle du Québec, bien que l'anglais reste la langue officielle du reste du pays. Les Canadiens francophones sont **les héritiers** d'une culture très riche de leurs **aïeuls originaires** de France et **n'hésitent pas** la faire connaître **à tous ceux qui le souhaitent**. L'art, la musique, la gastronomie **ne représentent** que certains aspects de cette culture.

Comme leurs ancêtres, beaucoup de Canadiens francophones **prennent au petit-déjeuner** du café ou du thé avec un croissant. **Ils aiment** aussi des sandwichs **faits** avec des baguettes de **pain**, du **fromage** et du **jambon**. Parmi les spécialités culinaires que les Canadiens francophones aiment, **on peut aussi citer** la soupe de **pois** et **le ragoût de boulettes**. Dans **la rue**, les vendeurs **proposent** la poutine. Ce sont **des pommes frites arrosées** de sauce.

Cette émancipation culturelle et linguistique **ne se passe pas** sans **retombées** sensibles, un mouvement séparatiste qui **exige** l'indépendance du Québec **vis-à-vis** du reste du Canada est **né dans** les années soixante-dix et **malgré** quelques **échecs** politiques **cuisants**, **il continue** d'**exister**, car la préoccupation essentielle de beaucoup de Canadiens francophones est la préservation de la culture et la langue française.

La mode, reflet de la culture

Qui ne s'est jamais extasié devant l'élégance **des femmes** françaises, devant leur allure sobre et raffinée ou devant cette petite touche d'excentricité que l'**on retrouve** dans les détails d'**une chaussure** ou d'**une écharpe savamment disposée sur** une petite robe toute simple? **La mode** est indissociable de la culture française, et à **chaque saison** les regards **se tournent vers** Paris où les grands **couturiers recréent** les tendances **qu'imiteront** avec **plus ou moins** de succès toutes les femmes du **monde**.

Des belles de l'Antiquité aux **égéries** de **notre époque**, les femmes, et **dorénavant les hommes**, **cherchent à confirmer** leur **pouvoir** de séduction ou **parfois même** l'appartenance à leur génération ou à un groupe particulier, en adoptant un style **vestimentaire** qui **les définit** et dont **ils peuvent être fiers**. Au XVIIIème **siècle, ce sont plutôt** les hiérarchies sociales qui étaient **mises en scène** avec excès et parfois même ostentation par le biais du costume. De **nos jours**, même si c'est l'individualisme qui prime, la mode demeure l'expression de conventions sociales auxquelles **nous adhérons** tous plus ou moins.

En France, Coco Chanel a été l'une des premières **créatrices de mode**. S'inspirant **des lignes dépouillées** des costumes masculins et **mettant** le corset au **rancart**, elle a **libéré le corps** de la femme si longtemps emprisonné, en créant un style élégant et épuré. Des couturiers comme Cacharel, Yves St-Laurent, Dior et Jean-Paul Gaultier **ont conquis** la seconde **moitié du vingtième** siècle en élevant **la confection** au rang de l'art, et **en faisant** des mannequins qui présentent leurs modèles des célébrités à **part entière**.

Quelques exceptions cependant : le jeans - né du bleu de **travail** porté par **les fermiers** et **les ouvriers** américains vers 1870 - le t-shirt et **le col roulé** représentent le style décontracté **qui domine** depuis **la fin des années cinquante** et échappe à tous les diktats de la mode, que **ceux-ci viennent** de Paris ou d'**ailleurs**.

---

qui ne s'est jamais: who has never
extasié (s'extasier): been raptured by (to be raptured, to rave about)
des femmes (une femme): women
on retrouve (retrouver): we could find (to find)
une chaussure: a shoe
une écharpe: a scarf
savamment: cleverly
disposée sur (disposer): arranged on (to arrange)
une robe: dress
la mode: fashion
chaque saison: each season
se tournent (se tourner): turn to (to turn)
vers: toward
des couturiers: fashion designers
recréent (recréer): recreate (to recreate)
qu'imiteront (imiter): that will be imitated (to imitate)
plus ou moins: more or less
un monde: world

des belles: beautiful (women)
égéries (une égérie): muses
notre époque: our time
dorénavant: from now on
les hommes (le homme): men
cherchent à confirmer (confirmer): try to confirm (to confirm)
pouvoir: power
parfois même: sometimes even
vestimentaire: way of dressing
les définit (définir): define them (to define)
ils peuvent (pouvoir): they can (can)
être fiers: be proud of
un siècle: century
ce sont plutôt: it is rather
mises en scène: staging
nos jours: these days
nous adhérons (adhérer): we adhere (to adhere)

créatrices de mode: fashion designer
des lignes dépouillées: simplified style
mettant (mettre): by putting (to put)
rancart: aside
libéré (libérer): free (to free)
le corps: the body
ont conquis (conquérir): have conquered (to conquer)
moitié du: half of
vingtième: twentieth
la confection: the clothing industry
en faisant (faire): by doing (to do)
part entière: fully

travail: work
les fermiers (le fermier): farmers
les ouvriers (le ouvrier): workers
le col roulé: the turtleneck
qui domine (dominer): that dominate (to dominate)
la fin: the end
des années cinquante: the fifties
ceux-ci viennent: they come from
ailleurs: elsewhere

Le patois de Sud

Le comté: county

a été rattaché (rattacher): (it) was attached (to attach)

il apporta (apporter): it brought (to bring)

le patois: patois, dialect

la langue: language

appelé (appeler): named (to name)

concurrença (concurrencer): (it) competed with (to compete with)

pendant: during

longtemps: long time

le Moyen Âge: Middle Ages

jusqu'à: until

elle soit remplacée (remplacer): it was replaced (to replace)

parlé (parler): spoken (to speak)

à travers: through

l'époque: the time

même: even

niçoise (niçois): *of or relating to Nice*

tout d'abord: firstly

surtout: mostly

l'est: east

la partie ouest: the western part

beaucoup: a lot

les communautés (la communauté): communities

juives (juif): Jewish

ou encore: or even

on retrouve (retrouver): we find (to find)

se situent (se situer): (they) are located (to locate)

orthographe: spelling

mots: words

enfin: finally

le pays: country

monégasque: *of or relating to Monaco*

Le comté de Provence **a été rattaché** à la France en 1483. **Il apporta** avec lui sa culture et son **patois**.

Le provençal est une variété de **la langue** d'Oc plus communément **appelé** « occi-tan ». La langue occitane **concurrença pendant long-temps** le latin au **Moyen Âge jusqu'à** ce qu'**elle soit remplacée** par le français. Le provençal est également **parlé à travers** toute l'Europe et est principalement véhiculé par les troubadours de **l'époque.** Il est parlé en Provence, en Ardèche, dans le Gard et **même** jusqu'au département des Alpes de Haute Provence (région **niçoise**).

Il existe plusieurs sortes de provençal. **Tout d'abord** le provençal rhodanien, **surtout** parlé dans **l'est** du Gard, dans le Vaucluse et dans **la partie ouest** des Bouches-du-Rhône. Il a été **beaucoup** parlé par **les communautés juives**. Ensuite le provençal maritime **ou encore** méditerranéen, que l'**on retrouve** à le coté est des Bouches-du-Rhône, dans le Var ou les Alpes maritimes. Les différences avec le provençal rhodanien **se situent** principalement au niveau de l'**orthographe** de certains **mots**. Enfin, le provençal niçois appelé Nisard, parlé dans le **pays** niçois et la région **monégasque.**

L'utilisation du provençal **est ressentie** comme un héritage patrimonial culturel par les habitants. **Aujourd'hui** il est possible de **retrouver** ce dialecte dans quelques émissions régionales de télévision, des festivals de villages provençaux, ou même certaines pièces de théâtre. Quelques institutions académiques **offrent encore** la possibilité de **suivre** des programmes officiels d'**étude** de cette langue et **la proposent** en tant qu'option au **baccalauréat**.

On trouve également à l'entrée des villes de Provence **des panneaux** indiquant leur **nom** en français et en provençal. **On pourra** par exemple trouver en **dessous du panneau** d'**entrée dans la ville** de Meyrargues: Meirargo en Prouvenco.

Le provençal reste **néanmoins** une langue **qui s'éteint**. Toutefois, elle a beaucoup **marqué** la langue française. **En effet**, certains **mots** français **tirent** leur origine de la langue provençale comme par exemple « Ballade » (balado / balada qui **signifiait** en langue occitane « danse ») ou encore « mascotte » (mascoto / mascota qui signifiait alors **sortilège**).

Si aujourd'hui la langue ne se parle presque plus, elle **compte tout de même** de 50 000 à 450 000 mots dans son dictionnaire. De plus, **les personnes âgées restent** très sensibles à leur patois dans le sud de la France. **Il n'est pas rare** de **surprendre** une conversation ou deux en provençal.

Pour aller plus loin: Pour **traduire** du français vers le provençal et **inversement**, consulter le dictionnaire en ligne Lexilogos.

---

est ressentie (ressentir): it is felt (to feel)
aujourd'hui: today
retrouver: to find again
offrent (offrir): (they) offer (to offer)
encore: still
suivre: to follow
une étude: study
la proposent (proposer): (they) offer it (to offer)
le baccalauréat: *exam taken by French students after 12th grade*

on trouve (trouver): we find (to find)
également: also
des panneaux (un panneau): road signs
le nom: name
on pourra (pouvoir): we can (can)
dessous: below
panneau: sign
entrée dams la ville: entering the city

qui s'éteint (s'éteindre): that is dying out (to die out)
néanmoins: nevertheless
a marqué (marquer): (it) has marked (to mark)
en effet: indeed
les mots (le mot): words
tirent (tirer): (they) pull (to pull)
signifiait (signifier): it meant (to mean)
le sortilège: magic spell

elle compte (compter): it counts (to count)
tout de même: nevertheless
les personnes âgées (une personne): elderly people
restent (rester): (they) stay (to stay)
il n'est pas rare (être): it is not rare (to be)
surprendre: to surprise

traduire: to translate
inversement: vice versa

plupart: most
minces: slim
bien que: even though
le surpoids: overweight
(elle) semble avoir gagné (sembler): (it) seems to have gained (to seem)
années (une année): years
qui ont conservé (conserver): who have kept (to keep)
une taille de guêpe: hourglass figure
elles doivent (devoir): they ought (must, to have to)
minceur légendaire: legendary slim
qui composent (composer): that make up (to make up)
la fraîcheur: freshness
qu'elles consomment (consommer): that they eat (to eat)
surtout en été: particularly during summer

il appert que: it appears
pour rendre: to make
qui manquait d'attrait: that have no attraction (to have)
le goût: taste
légumes: vegetables
peu de: very few
la cuisson: cooking
viandes (une viande): meats
grillées: grilled
sans matières grasses: fatless
remplacées par: replaced by
qui s'intègrent parfaitement (s'intégrer): that blend perfectly (to blend)
salades estivales colorées: coloful summer salads

on parle (parler): we talk (to talk)
sur place: locally
disponibles: available
entre: between
selon: depending on
tels que: such as
le chou rouge: red cabbage
la laitue romaine: romaine lettuce
la laitue frisée: crisp lettuce
l'épinard: spinach
la courgette: zucchini
la tomate charnue: fleshy tomato
le poireau: leek
la fraise: strawberry
la framboise: raspberry
la poire: pear
cadeaux (un cadeau): gifts
par le biais: through
muris: matured
conservés: kept
un entrepôt: warehouse
ils perdent (perdre): they lost (to lose)

Ce n'est pas un hasard si la **plupart** des françaises sont **minces, bien que** la tendance au **surpoids semble avoir gagné** du terrain dans l'Hexagone depuis quelques **années**, suite à l'implantation massive des chaînes de restauration rapide. Quant aux chanceuses **qui ont conservé** leur **taille de guêpe, elles doivent** leur **minceur légendaire** à l'excellent choix des ingrédients **qui composent** leurs menus et à la **fraîcheur** des produits **qu'elles consomment, surtout en été**.

Il appert que la gastronomie a été inventée **pour rendre** comestible quelque chose qui, à l'état naturel, **manquait d'attrait** ou de **goût**. Ce qui n'est sûrement pas le cas en été avec la profusion de fruits et **légumes** frais qui ne nécessitent pas ou **peu de cuisson**. Quant aux **viande**s, elles peuvent avantageusement être **grillées sans matières grasses** ou être **remplacées par** des légumineuses **qui s'intègrent parfaitement** aux **salades estivales colorées**.

Les produits de saison

On parle évidemment ici des légumes et fruits qui sont produits **sur place** et sont surtout **disponibles** en été (**entre** mai et septembre **selon** les régions) **tels que le chou rouge, la laitue romaine, la laitue frisée, l'épinard, la courgette, la tomate charnue, le poireau**, l'avocat, l'endive, le petit oignon blanc, **la fraise, la framboise, la poire** et autres **cadeaux** de nos jardins. La plupart de ces fruits et légumes sont disponibles à l'année **par le biais** d'une importation généralisée. Mais souvent **muris** et **conservés** en entrepôt, **ils perdent** de leur goût et de leur fraîcheur.

Les pique-niques exotiques

Il n'est pas nécessaire de **préparer des plats élaborés** lorsque l'**on désire faire** un **repas** gastronomique **au cœur** d'un **paysage champêtre durant la belle saison**. Certains fruits et légumes exotiques (importés presque **prêts** à la consommation) tels que **les mangues**, les papayes, litchis, les **cerises de terre**, les **feuilles de pissenlit**, la **feuille de bananier**, le piment jamaïcain, la **tête de violon** ainsi que plusieurs autres **se prêtent** admirablement aux salades ou **trempettes sucrées-salées**. Accompagnées de quelques **fromages inusités** par la forme, le parfum ou le goût comme une tomme au chocolat et au whiskey et de quelques terrines ou blocs de foie gras tel le foie gras aux **baies rouges** et à l'orange, ou **la terrine de canard** à **la menthe** ou au **citron**, vos salades **ne feront pas mauvaise figure** et **vos invités seront ravis**.

Les soupes froides

Il n'y a rien de tel qu'une soupe froide **pour illustrer** à merveille **le plaisir** et **la légèreté** de la gastronomie estivale. Du gaspacho de tomates au **velouté** de **pois chiches**, en passant par la soupe de melon **glacée**, le consommé aux **concombres** ou la soupe froide au **fenouil**, **elles sont toujours les bienvenues** et **ravissent** les palais les plus **exigeants**, surtout durant **une canicule**. Le secret d'une bonne soupe froide réside dans son **assaisonnement**. Par exemple, **l'ajout** de **menthe fraîche**, de coriandre, de yogourt, de crème fraîche ou d'épices comme le cumin, le curry ou **la cannelle garantira** le succès de votre **recette**.

Desserts **aériens**

Pour **les becs sucrés**, les mousses ou les sorbets **sont de mise. Vous pouvez les préparer vous-même** ou **les acheter déjà prêts**. Il existe d'excellents **glaciers** ou pâtissiers **qui se feront un plaisir** de **vous faire découvrir** leurs nouveautés. Toutefois, **si vous mettez la main à la pâte, faites l'essai** de vos créations quelques **jours avant de recevoir vos invités** ou de les servir à votre famille !

Évaluez votre compréhension

Un dimanche en France, page 4

1. What shops might you visit on a Sunday in France?

2. What is the typical activity and destination on this day or in this story?

3. List some of the food enjoyed on this day.

Parfum de nos enfances, page 6

1. When and for what purpose was lavender first used?

2. When is the lavender harvest?

3. What are some characteristics of the "real" lavender?

Les marchés du Sénégal, page 8

1. In what city and what setting will you find the most touristy market?

2. Where will you find dried shrimp, palm oil, and honey?

3. Describe *les lumas*. What kind of business is typically conducted here?

Les mois du camping et du crabe, page 10

1. What was added to the campgrounds to add more comfort?

2. Where does *le crabe de terre* live? What does it eat?

3. Why do the people of Guadeloupe catch and eat this crab only one season per year?

Test your comprehension

Les vendanges, page 12

1. When are the *vendanges*?

2. Who do the winemakers hire to do the work?

3. What are some of the hiring rules for seasonal workers?

4. What are some of the advantages of harvesting with a machine?

Francophonie canadienne, page 18

1. When did French become the official language of Quebec?

2. What typical French food can you buy from street vendors?

Noël sur les marchés, page 14

1. Where did the markets originate?

2. What kind of food or drink might you enjoy at the markets?

3. What gifts might you find?

La mode, reflet de la culture, page 19

1. Who was one of the first fashion designers in France?

2. What is she known for creating or doing?

Voyages

La grande et la merveilleuse

vous trouverez (trouver): you will find (to find)
qui lui sont consacrées: that are devoted to it
l'une d'entre elles: one among others
la suivante: the following one
on qualifie (qualifier): we describe (to describe)
qui l'a donnée (donner): who gave it (to give)
(elle) a employé (employer): (she) used (to use)
il faut dire: it has to say
elle-même: herself

née: born
guerres (une guerre): wars
sanglantes: bloody
(elles) ont hantée (hanter): (they) haunted (to haunt)
(elle) a contribué (contribuer): (it) contributed (to contribute)
le décompte: count
célèbres: famous
on compte (compter): we count (to count)
mots (un mot): words

outre son passé: in addition to its past
houleux: controversial
le monde: world
des boissons (une boisson): drinks
telles que: such as
le calvados: *Apple Brandy from Normandy*
(elles) ont conquis (conquérir): (they) have won (to win, to conquer)
des mets (un met): dishes
crevettes (une crevette): shrimp
galettes (une galette): cookies
une amande: almond
le gâteau de lait: milk cake
des moines (un moine): monks

en plus: moreover
des plages (une plage): beaches
qui feront (faire): that will do (to make, to do)
sans aucun doute: without any doubt
le bonheur: happiness
à couper le souffle: breathtaking
(il) éblouira (éblouir): (it) will blind (to blind)
(il) ravira (ravir): (it) will delight (to delight)
ceux qui auront pris la peine: those who bother to
se rendre: to go to
îlot: islet
(il) se dresse (se dresser): (it) stands (to stand)
fièrement: proudly
depuis: since

La Normadie est une région tellement unique en son genre que **vous trouverez** énormément de locutions et expressions dans la langue française **qui lui sont consacrées**. **L'une d'entre elles** est **la suivante** : « Réponse normande ». **On qualifie** une réponse de normande lorsque la personne **qui l'a donnée** a **employé** des termes ambigus et **il faut dire** que cette expression est tout à l'image de la région **elle-même.**

La Normandie est une région qui est **née** et s'est développée grâce aux **guerres** interminables et très **sanglantes** qui l'**ont hantée**, mais paradoxalement, c'est aussi celle qui **a contribué** énormément à l'enrichissement littéraire et culturelle tant de la France que de l'Angleterre. Il est impossible de faire **le décompte** de poètes **célèbres**, tant dans le passé qu'au présent, qui étaient et sont d'origine normande. De même que l'**on compte** une quantité innombrable de **mots** dans la langue anglaise actuelle qui ont une origine normande.

Outre son passé houleux et sa culture très riche, la Normandie est aussi célèbre en France et de part **le monde** pour ses merveilles gastronomiques incomparables. **Des boissons telles que le calvados**, le cidre **ont conquis** le monde entier, il en est de même pour **des mets** tels que le soufflé de **crevettes**, les **galettes** à la pâte d'**amande**, **le gâteau de lait** ou la confiture de lait (création **des moines** normands).

En plus des plages merveilleuses **qui feront sans aucun doute le bonheur** de beaucoup de touristes, la Normandie met aussi à votre disposition des sites historiques et architecturaux **à couper le souffle**. Le seul Mont Saint-Michel **éblouira** et **ravira** tous **ceux qui auront pris la peine** de s'y **rendre**. Cet **îlot** sur lequel **se dresse fièrement** l'abbaye du mont Saint-Michel est classé monument historique sur la liste du patrimoine de l'UNESCO **depuis** 1979.

Les pâtisseries de Paris

Paris, la capitale française, **regorge de plaisirs nombreux** et éclectiques. Mais il en est un dont personne **ne voudrait se priver** : celui qui consiste **à humer** le parfum **envoûtant** de **beurre qui émane des boulangeries** et des pâtisseries.

Il est facile de trouver de fabuleux croissants à Paris et bien **qu'ils semblent** tout aussi délicieux les uns que les autres, **les meilleurs** se trouvent *Au Levain du Marais*. Les *palmiers* en forme de **têtes d'éléphants** et **fabriqués à partir d'une légère pâte feuilletée** sont aussi une pure merveille. **Un truc de connaisseur : choisir** les plus **foncés** dont **le dessus** est bien caramélisé.

Le **célèbre** *gâteau opéra*, est une pâtisserie française **parmi les plus appréciées**. C'est chez *Dalloyau* que l'**on associe**, pour **constituer** ce délice, une pâte délicate à du café, le tout dans **un enrobage** de chocolat noir.

Les meilleures glaces de la capitale sont **amoureusement** concoctées au *Berthillon*. **Ne désespérez pas si la file d'attente semble interminable**, ou si c'est **jour de fermeture**, il y a aux **alentours** de nombreuses petites **échoppes qui proposent également** des glaces **bien fondantes**.

C'est au *Blé Sucré* que l'on trouve les meilleures *madeleines*. Ces petits **gâteaux** tout simples ont fait les délices du mélancolique **écrivain** Marcel Proust. **Que vous les préfériez** telles quelles ou **légèrement trempées dans** votre **thé** ou votre café, **elles constituent un goûter parfait** en **fin d'après-midi**.

Enfin, **on déniche** les *financiers* les plus délicieux, **ces gâteaux spongieux** fabriqués **à partir de farine** d'amandes, chez *Éric Kayser*.

Vous planifiez un voyage en France **au printemps** ? **Songez alors**, tout comme les Français, à dénicher **le pain le plus savoureux grâce à** leur traditionnel *Grand Prix de la Baguette*, **remis** au mois de mars !

(elle) regorge de: (it) is packed with
plaisirs nombreux: numerous pleasures
(on) ne voudrait (vouloir): we do not want (to want)
se priver: to deprive onself
à humer: to smell
envoûtant: captivating
le beurre: butter
qui émane: that comes from
des boulangeries (une boulangerie): bakeries

il est facile de trouver: it is easy to find
qu'ils semblent: they look like
les meilleurs: the best
des têtes d'éléphants: elephants ears
fabriqués: made
à partir de: from
une légère pâte feuilletée: light puff pastry
un truc de connaisseur: a helpful tip
choisir: to choose
foncés: brown
le dessus: top

célèbre: famous
parmi: among
les plus appréciées: the most appreciated
on associe (associer): we associate (to associate)
constituer: to realize
un enrobage: coating

les meilleures glaces (la glace): best ice-cream
amoureusement: with love
ne désespérez pas: do not despair
si la file d'attente: if the waiting line
semble (sembler: seems (to seem)
interminable: endless
le jour de fermeture: closing day
aux alentours: around, in the neighborhood
échoppes (une échoppe): shops
qui proposent (proposer): that offer (to offer)
également: also
bien fondantes: which melts in your mouth

gâteaux (un gâteau): cakes
un écrivain: writer
vous les préfériez: you would rather like it
légèrement: lightly
trempées dans: dipped in
le thé: tea
elles constituent: they are
un goûter parfait: a perfect snack
fin d'après-midi: late afternoon

on déniche (dénicher): we track down (to track down)
ces gâteaux spongieux: sponge cakes
à partir de: from
la farine: flour
amandes (une amande): almonds

vous planifiez (planifier): you schedule (to schedule)
au printemps: at springtime
songez alors: think then (like the French)
le pain: bread
le plus savoureux: the tastiest
grâce à: thanks to
remis: given

Le visage unique de Montréal

sans égale (égal): unrivaled	
elle emprunte (emprunter): it borrows (to borrow)	
mélanges (un mélange): blends, mixtures	
au fil du temps: as time goes by	
bordée par (border): lined by (to line)	
les eaux (l'eau): waters	
le fleuve: river	
un cours d'eau: waterway	
ayant (avoir): having (to have)	
jadis: in bygone days	
ouvert (ouvrir): opened (to open)	
fondée (fonder): founded (to found)	
devint (devenir): became (to become)	
le poste: station	
fourrures (une fourrure): furs	
ce n'est qu': it was only in	
est cédée (céder): was given away (to give away)	
(elle) tombe (tomber): it falls (to fall)	
elle accueillera (accueillir): it will take in (to take in)	
plus tard: later	
vagues (une vague): waves	
qui contribueront (contribuer): who will contribute (to contribute)	
façonner: to shape	
un visage: face, aspect	

survolant (survoler): flying over (to fly over)
une île: the island
on peut (pouvoir): we can (can, be able to)
aussitôt: right away
apercevoir to catch sight of
la vie: life
une colline: hill
la verdure: greenery
résister: to resist, to hold out against
aujourd'hui: today
un poumon: lung
en plein cœur de: right in the heart of
un hiver: winter
les sentiers (le sentier): footpaths
à travers: through, across
la forêt: forest
escalader: to climb
décrocher: to get
saisissante (saisissant): striking
des gratte-ciels (un grate-ciel): skyscrapers
une toile de fond: backdrop
l'étendue: area
montérégiennes: "Montrealese," of Montreal
au loin: in the distance
(ils) viennent (venir): they come (to come)
découper: to cut out

marquants (marquant): striking, significant
il demeure (demeurer): it remains (to remain)
éclatant: spectacular
(ils) cohabitent (cohabiter): they cohabit (to cohabit)
des bâtiments (un bâtiment): buildings
on y découvre (découvrir): you find there
des eglises (une église): churches
des immeubles: a block of apartments
au pied de: at the foot of
verre: glass

Montréal est une ville **sans égale** en Amérique du Nord. **Elle emprunte** son charme et son originalité aux nombreux **mélanges** dont elle a été l'objet **au fil du temps**. **Bordée par les eaux** du **fleuve** Saint-Laurent, principal **cours d'eau ayant jadis ouvert** le continent aux explorateurs, elle fut **fondée** dès 1642 par les Français et **devint** le principal **poste** de commerce de **fourrures** de la colonie. **Ce n'est qu'**en 1760 que la ville **est cédée** aux armées britanniques et **tombe** sous la domination anglaise. **Elle accueillera plus tard** de nombreuses **vagues** d'immigration internationales **qui contribueront** à **façonner** son **visage** multiculturel.

En **survolant l'île** de Montréal, **on peut aussitôt apercevoir** le Mont Royal, élément central de **la vie** montréalaise. Cette **colline** de **verdure** a su **résister** à l'urbanisation et constitue **aujourd'hui un** immense **poumon en plein cœur** de la ville. Été comme **hiver**, on peut y explorer **les** nombreux **sentiers à travers la forêt**, **escalader** son sommet pour y **décrocher** une vue **saisissante des gratte-ciels** du centre-ville. On y admire, en **toile de fond**, **l'étendue** des grands espaces de la vallée du Saint-Laurent et des collines **montérégiennes** qui **au loin, viennent découper** l'horizon.

Un des caractères **marquants** de la ville **demeure** encore le contraste **éclatant** par lequel **cohabitent bâtiments** anciens et architecture moderne. **On y découvre des églises, des immeubles** centenaires **au pied** des gratte-ciels de **verre**.

Le centre-ville a tout d'une ville nord-américaine, avec son asphalte et son **béton**, sa circulation automobile, ses boutiques **branchées**, ses **tours de bureaux** et **le fourmillement agité** de ses **citadins**. Montréal **jouit d'un** important **réseau** de tunnels souterrains **qui permettent** d'**accéder** à des kilomètres de boutiques et de **magasins** sans avoir à **braver le froid pendant les** longs **mois** d'hiver.

Montréal est également une ville **bouillonnante** et festive, surtout en période **estivale**, car elle est **l'hôte** de **plusieurs** événements internationaux: le Festival de Jazz, les Francofolies, le Festival Juste Pour Rire, et le Festival des Films du monde, pour n'en **nommer** qu'**une poignée**. Sa réputation de ville culturelle **n'est plus à faire**. Avec ses nombreuses productions cinématographiques, ses **musées**, ses expositions et son **nouveau** Quartier des Spectacles, elle constitue un terreau fertile pour l'expression du **génie** artistique québécois.

Même l'hiver il est possible de profiter des activités de **la** belle **saison blanche** avec le Festival Montréal en Lumières, l'Igloofest, la Fête des Neiges, ou les nombreux sports d'hiver sur le Mont-Royal. **À ne pas manquer**: l'île Ste-Hélène, le Jardin Botanique, le Stade Olympique et le Biodôme.

Bien que Montréal soit aujourd'hui francophone à 80%, les habitants y **parlent** généralement les deux **langues officielles**. **Au fil du temps**, son caractère international et cosmopolite a su **gagner** du terrain, ce qui **se reflète** également dans sa gastronomie. **Que ce soit** dans le Quartier chinois, la Petite Italie, ou le Plateau Mont-Royal, on peut y dénicher des cafés branchés et des restaurants **qui proposent** des cuisines des quatre **coins du monde**.

Montréal **nous offre** ainsi **un milieu** riche en histoire, une culture distincte, bouillonnante et **audacieuse**, **qui recèle** de **trésors** et qui **sauront plaire** à **chacun**, peu importe **leur âge**. **Si vous venez** à Montréal, vous apprécierez également le contact avec les Montréalais, **reconnus pour** leur **accueil** et leur **ouverture d'esprit**. **Ils vouent** un **amour fidèle** à leur ville et à leur culture, qu'**ils adorent partager** avec les étrangers.

un béton: concrete	
branchés (branché): trendy	
tours de bureaux: office towers	
le fourmillement: swarm	
agité: hectic	
citadins (un citadin): city-dwellers	
jouit (jouir): enjoys (to enjoy)	
un réseau: network	
qui permettent (permettre): which make it possible (to make it possible)	
accéder: to access	
magasins (un magasin): shops	
braver: to brave	
le froid: cold	
pendant: during	
les mois (un mois): months	

bouillonnante (bouillonnant): bubbling
estivale (estival): summer
l'hôte: host
plusieurs: several
nommer: to name
une poignée: handful
ne... plus: no longer
faire: to make
musées (un musée): museums
nouveau: new
un génie: genius

la saison: season
blanche (blanc): white
à ne pas manquer: not to be missed

bien que: although
(ils) parlent (parler): they speak (to speak)
langues officielles: official languages
au fil du temps: as time goes by
gagner: gain
(il) se reflète (se refléter): it is reflected (to be reflected)
que ce soit: whether it is
qui proposent (proposer): that offer (to offer)
coins du monde: corners of the world

nous offre (offrir): offers us (to offer)
un milieu: environment
audacieuse (audacieux): bold
qui recèle (recéler): which holds (to hold)
trésors (un trésor): treasures
qui sauront (savoir): that will know how to (to know how to)
plaire: to please
chacun: everyone
leur âge: their age
si vous venez (venir): if you come (to come)
reconnus pour: famous for
un accueil: welcome
ouverture d'esprit: open-mindedness.
ils vouent (vouer): they give (to give)
un amour: love
fidèle: faithful
ils adorent (adorer): they love (to love)
partager: to share

Des îles pleines de richesses

Il existe en Amérique du **Sud un pays** où le français est la **langue officielle**, où l'Euro est **la monnaie** officielle et où le président **s'appelle** Nicolas Sarkozy. Ses **voisins** sont le Surinam à l'ouest et le Brésil à l'est. **Il se situe au milieu** de ces deux pays et **il** en **partage les paysages** très spécifiques.

Quel est ce pays ?
Et oui, c'est la Guyane (française, bien sûr). Le continent américain **compte** trois départements français d'**Outre-Mer, c'est-à-dire** trois régions administratives de France, à **plus de** 7 000 kms de distance: la Guadeloupe, la Guyane française et la Martinique.

La Guyane, **devenue** française en 1503, est le plus **étonnant** des départements français d'Amérique car il ne correspond pas au « **soleil, plage** et rhum », associé aux **deux autres**. Cet environnement **si** particulier est **composé de la forêt** tropicale présentae sur 96% du territoire et de **huit ou neuf fleuves qui le traversent, dont** le Maroni, l'Oyapock et le Sinamary. La Guyane **étonne aussi** par ses très nombreuses **espèces** d'**animaux** rares ou **en voie de disparition** et ses populations très diverses.

Mais comment ce **lointain** pays est-il devenu français? **Repérée** par Christophe Colomb, **lors** d'un voyage en 1498, **il trouva** dans les paysages au **vert d'émeraude**, de très nombreuses populations amérindiennes, dont **beaucoup** y **vivent encore**. **Peuplée** dès 1503 par les Français, la Guyane devient en 1792 **un bagne**, où étaient exilés les criminels et les ennemis politiques français et ce **jusqu**'en 1946.

Les Guyanais d'**aujourd'hui** sont un peuple aux origines très diverses, ceci **grâce à** l'histoire **mouvementée** du pays :

Il y a une majorité de « Créoles » descendants d'esclaves ou d'Africains arrivés après l'**esclavage qui forment** environ 50% de la population, 14% sont des Européens, 12% des Amérindiens de diverses tribus comme les Arawaks et les Ka'linas. Les 28% **restants** sont composés d'Asiatiques comme les H'Mongs venus de Chine, du Laos ou du Vietnam, de Libanais, d'Indiens **mais aussi** d'une très **forte** immigration du Brésil et du Surinam.

Cette population de 200 000 habitants qui **augmente** très **vite, vit** dans **les** trois grandes **villes** du pays : Cayenne, Kourou et Saint-Laurent du Maroni, mais a aussi développé **une vie autour** des fleuves.

La Guyane est un pays **qui regorge** d'**atouts** et d'activités :

A Kourou **se trouve** le Centre Spatial **d'où est lancée la fusée** Ariane, qui **transporte** de nombreux satellites européens dans l'espace.

Au **mois** de **janvier**, de **février** et **parfois** jusqu'en **mars**, les visiteurs **peuvent** vivre avec les Guyanais au rythme du carnaval, qui est un événement culturel très important où **se mêlent** les traditions française, africaine et brésilienne. Le carnaval guyanais est très **célèbre** pour ses « Touloulous ». Ce sont **des femmes** déguisées entièrement et qui ne peuvent être **reconnues par personne** et **même pas leurs époux**. C'est alors **un jeu pour elles d'aller** inviter des hommes à danser, incognito.

Pour finir, les Guyanais **utilisent** aujourd'hui ce qui **était autrefois** négatif, pour **promouvoir** leur pays : on peut visiter **les bagnes**, faire des expéditions en **pirogue** sur les fleuves et aller à **la découverte** de la forêt amazonienne, qui **faisait si peur** autrefois. Ce **dernier outil** touristique sert aussi à **sensibiliser** la population **mondiale** aux problèmes de la déforestation, de **la disparition** d'espèces rares et aussi à **la survie** des Amérindiens et de leurs traditions.

---

aujourd'hui: today
grâce à: thanks to
mouvementée (mouvement): eventful

il y a: there is
un esclavage: slavery
qui forment (former): that make up (to make up)
restants (restant): remaining
mais aussi: but also
forte (fort): strong

augmente (augmenter): increases (to increase)
vite: fast
(elle) vit (vivre): it lives (to live)
les villes (le ville): cities
une vie: life
autour: around

qui regorge (regorger): which is full of (to be full of)
atouts (un atout): assets

se trouve (se trouver): is found (to be found, to be situated)
d'où: from where
(elle) est lancée (lancer): it is launched (to launch)
la fusée: skyrocket
transporte (transporter): carries (to carry)

un mois: month
janvier: January
février: February
parfois: sometimes
mars: March
peuvent (pouvoir): can (can, be able to)
se mêlent (se mêler): they mingle (to mingle)
célèbre: famous, well-known
des femmes (une femme): women
reconnues (reconnaître): recognized (to recognize)
par personne: by no one
même pas: not even
leurs époux: their spouses
un jeu: game
pour elles: for them (feminine)
d'aller: to go

utilisent (utiliser): use (to use)
il était (être): it was (to be)
autrefois: in the past
promouvoir: to promote
les bagnes (la bagne): prisons
une pirogue: canoe
la découverte: discovery
faisait si peur: it was so frightening
dernier: last
un outil: tool, medium
sensibiliser: to raise awareness
mondiale (mondial): world
la disparition: (here) extinction
la survie: survival

Aix-en-Provence

des plaisirs (un plaisir): pleasures
j'ai (avoir): I have (to have)
vivre: to live
je vis (vivre): I live (to live)
je me situe (situer): I am situated (to situate)
à peine: barely
au sud (le sud): to the south

il s'agit de (s'agir de): it is (to be)
pleine de (plein de): full of
qui propose (proposer): that offers (to offer)
un mélange: a mixture
parfait: perfect
nouveau: new
du monde entier: from the whole world
arpenter: to pace up and down
petites (petit): small
ruelles (une ruelle): narrow streets
sinueuses (sinueux): winding
profitent (profiter): take advantage of
  (to take advantage of)
commerces (un commerce): stores
qui offrent (offrir): that offer (to offer)
la mode: fashion

n'est pas (être): is not (to be)
quand même: all the same
se détendre: to relax
également: also
animée (animé): busy, bustling
un quartier d'affaire: business district
avocats: attorneys
agents immobiliers: realtors
comptables: accountants
banquiers: bankers
(ils) viennent (venir): they come (to come)
des coins (un coin): corners
travailler: to work
décrite (décrire): described (to describe)
plus belles (beau): most beautiful
on y travaille (travailler): we work there
  (to work)
sans oublier: without forgetting
vite: quickly
apprendre: to learn
on prend (prendre): we take (to take)
le temps: the time
se détendre: to relax
buvant (boire): drinking (to drink)
un café chaud: a hot coffee
au cœur du matin: in the heart (the middle)
  of the morning
rafraîchissant: refreshing
l'après-midi: the afternoon

peu importe: it doesn't matter
l'heure: the time
s'alignent (s'aligner): line up (to line up)
se peuplent (se peupler): they fill up (to fill up)
locaux (un local): local people
parlant (parler): speaking (to speak)

L'un **des** simples **plaisirs** que **j'ai** à **vivre** dans la région dans laquelle **je vis**, est que **je me situe à peine** à 20 minutes **au sud** d'Aix-en-Provence.

Il s'agit d'une petite cité **pleine de** charme, **qui propose un mélange parfait** de l'ancien et du **nouveau**. Les touristes affluent **du monde entier** pour **arpenter** ses **petites ruelles sinueuses**, et en **profitent** pour explorer tous ses petits **commerces qui offrent** un mix atypique de **la mode** et de l'artisanat.

Mais tout le monde **n'est quand même** pas là que pour **se détendre** à Aix. La ville est **également animée** par **un quartier d'affaire** très dynamique. **Avocats**, **agents immobiliers**, **comptables**, **banquiers**.... Eux aussi **viennent** des quatre **coins** de la France pour **travailler** dans une ville **décrite** par certains comme étant l'une des **plus belles** villes françaises. **On y travaille** dur mais pas **sans oublier** de **vite apprendre** qu'ici, en Provence, **on prend** toujours **le temps** de **se détendre** en **buvant un café chaud au cœur du matin** et un apéritif **rafraîchissant l'après-midi**.

Le résultat en est que **peu importe l'heure** de la journée, les nombreux cafés et pubs qui **s'alignent** dans les rues, **se peuplent** d'un éventail de touristes et de **locaux parlant** toutes sortes de langues.

Moi, **j'adore venir** à Aix **durant** la matinée, et plus spécialement **au printemps** et en **été**, lorsque **les beaux jours reviennent**. Il n'est alors pas **surprenant** de **rencontrer** un musicien dans la rue **qui nous fait revivre** l'un des classiques français ou italiens avec un accordéon. **Je m'arrête** souvent pour **acheter le quotidien régional** « La Marseillaise », puis **je trouve un endroit sympa** pour boire mon café crème, et absorber **un peu de toute** cette atmosphère qui circule à travers le vieux village, **en même temps** que **les passants**.

Les touristes **ne viennent pas** à Aix simplement pour ses cafés du coin ou ses boutiques. Aix est une ville d'histoire, qui date de **plusieurs millénaires**. De magnifiques **chapelles** et **églises** médiévales sont **nichées au détour** des ruelles et, lorsque l'**on** y **rentre, on peut ressentir** toute leur histoire.

Aix en Provence est particulièrement **connue** pour son grand nombre de fontaines. La région est riche en **eaux**, **chaudes** et **froides**, et les ingénieurs romains **ont construit** de splendides fontaines approvisionnant toute la ville d'eau **fraîche**. Ces fontaines **apportent** aux touristes et aux photographes du monde entier **le besoin** de capturer cette image **parfaite** de « La Rotonde » ou même de juste rester **pendant quelques** minutes à la **contempler**.

Pour toutes ces raisons Aix reste la ville provençale que **je préfère**. **Je me sens chanceuse** lorsque **je m'y promène**. C'est une ville qui inspire ses habitants et ses touristes, tout comme elle inspirait de grands artistes comme Cézanne qui y **a passé** une grande partie de **sa vie**.

---

j'adore (adorer): I love (to love)
venir: to come
durant: during
au printemps: in the spring
un été: summer
les beaux jours: nice weather days
reviennent (revenir): come back (to come back)
surprenant: surprising
rencontrer: to meet
qui nous fait revivre: that brings back to life for us
je m'arrête (s'arrêter): I stop (to stop)
acheter: to buy
le quotidien régional: the regional daily newspaper
je trouve (trouver): I find (to find)
un endroit: a spot, a place
sympa: nice
un peu de toute: a bit of all
en même temps: at the same time
les passants (le passant): passers-by

ne viennent pas (venir): don't come (to come)
plusieurs: several
millénaires: thousands of years
chapelles (une chapelle): chapels
églises (une église): churches
nichées (nicher): nestled (to nestle)
au détour de: around the bend of
on rentre (rentrer): we go in (to go in)
on peut (pouvoir): we can (can)
ressentir: to feel

connue (connaître): well-known (to know)
eaux (une eau): waters
chaudes (chaud): hot
froides (froid): cold
ont construit (construire): built (to build)
fraîche (frais): fresh
apportent (apporter): bring (to bring)
le besoin: the need
parfaite (parfait): perfect
pendant: during
quelques: a few, some
contempler: to gaze at, to admire

pour toutes (tout): for all
ces raisons (une raison): these reasons
je préfère (préférer): I prefer, like best (to prefer)
je me sens (se sentir): I feel (to feel)
chanceuse (chanceux): lucky
je m'y promène (se promener): I walk around there (to walk around)
(il) a passé (passer): he spent (to spend)
sa vie (une vie): his life

évoque (évoquer): evokes (to evoke)
d'abord: primarily
des souvenirs (un souvenir): memories
l'enfance (fem): childhood
la vogue aux marrons: *a 150-year-old tradition of the Croix-Rousse to celebrate the first chestnuts of the season, literally: the chestnut party*
le marché: market
quotidien: daily
la maison: house
des canuts: Lyonnais silk workers
le gros caillou: big stone
la ficelle: string
Cela ne vous dit rien ? Does that mean nothing to you?
à la fois: both
les plus originaux: the most original
la ville: a city

il se situe (situer): it is located (to locate)
entre: between
il s'agit de: it consists of
une colline: a hill
des pentes (une pente): slopes

j'ai vécu (vivre): I have lived (vivre)
la majeure partie de mon enfance: most of my childhood
au milieu de: in the middle of
ma grand-mère: my grand-mother
allait faire ses courses: went shopping
tous les jours: everyday
qui s'installait (s'installer): that was set up (to set up)
les ans (le an): years
l'automne (masc): fall
la fête foraine: fun fair
manger: to eat
des marrons chauds: hot chestnuts
la barbe à papa: cotton candy
rose: pink
conduire: to drive
mes premières (premier): my first
des auto-tamponneuses: bumper cars
surtout: mostly
apprendre: to learn
la soie: silk
voir: to see
des métiers à tisser (masc): machine-woven
d'antan: old
fonctionner: to work
comprendre: to understand
un mode de vie: a way of life
les ouvriers (le ouvrier): workers

un autre: another
un énorme rocher: a huge rock
a été déterré: was dug up
un funiculaire: a cable car
qui relie (relier): which links (to link)
la Presqu'île: peninsula
désormais: from now on

Pour moi, le quartier de la Croix-Rousse **évoque d'abord des souvenirs** d'**enfance** : **la vogue aux marrons**, le petit **marché quotidien** de la place de la Croix-Rousse, **la maison des canuts**, **le gros caillou ou** encore **la « ficelle ».** **Cela ne vous dit rien** ? Alors en route pour une visite **à la fois** touristique et historique de l'un des quartiers **les plus originaux** de **la ville** de Lyon.

D'un point de vue géographique, le quartier de la Croix-Rousse **se situe entre** la Saône et le Rhône, au nord de la Presqu'île de Lyon. **Il s'agit d'une colline** composée d'un plateau, le 4ème arrondissement, et **des pentes**, le 1er arrondissement.

J'ai vécu la majeure partie de mon enfance sur le plateau de la Croix-Rousse. Pour moi, c'est comme un village **au milieu** d'une grande ville avec ses restaurants et bistrots traditionnels, le petit marché de la Place de la Croix-Rousse où **ma grand-mère allait faire tous les jours ses courses**, la vogue aux marrons **qui s'installait** tous **les ans** à **l'automne**. Cette **fête foraine** était l'occasion pour moi de **manger des marrons chauds**, de **la barbe à papa rose** et de **conduire mes premières autos tamponneuses**. Mais le plateau, c'est aussi et **surtout** la maison des Canuts de la Rue d'Ivry, où l'on peut tout **apprendre** sur l'histoire de **la soie, voir des métiers à tisser d'antan fonctionner** et **comprendre** le **mode de vie** des canuts, **les ouvriers** de la soie.

Un autre symbole du quartier est le Gros Caillou. Cet **énorme rocher a été déterré** en 1892 lors de la construction de la « ficelle », **un funiculaire qui relie** la Croix-Rousse à **la Presqu'île** de Lyon. Le Gros Caillou se situe **désormais** sur les pentes de la Croix-Rousse.

Le quartier des pentes **se caractérise** comme son **nom l'indique** par un **très fort dénivelé. Les rues** sont **étroites** et sinueuses, **parfois** encore **pavées. Elles se transforment** souvent en **escalier** et **relient** ainsi **plus facilement** le plateau au centre ville de Lyon. **Je me rappelle** ainsi **avoir descendu quatre à quatre** des marches qui **me semblaient** immenses pour **rejoindre en moins** d'**une demi-heure** le parc de la **tête d'Or** sur **les rives** du Rhône. **Il est à noter** que les pentes de la Croix-Rousse font partie du territoire classé au patrimoine **mondial** de l'UNESCO.

Au début du XIXème siècle, **la soierie** est présente à Lyon dans les quartiers de Saint-Nizier sur la Presqu'île ou de Saint Jean, **au pied de** la Colline de Fourvière. La création d'une **nouvelle** génération de métiers à tisser **de taille imposante rend impossible** leur utilisation dans **les logements** traditionnels **des ouvriers.** Les nouvelles machines à tisser **nécessitent des plafonds hauts.** Les premières mécaniques **seront alors déménagées** dans les anciens couvents de la Croix-Rousse dont l'architecture permet de **les recevoir.** C'est ainsi que les premiers canuts et leurs familles s'installent sur la colline de la Croix-Rousse. Puis, **pour faire face à la venue sans cesse** croissante des ouvriers de la soie, **des immeubles adaptés à la taille** des métiers à tisser **vont y être construits.** Il s'agit en général de constructions composées de cinq à six **étages, divisées en** appartements **dotés de** hauts plafonds et **hautes fenêtres** ainsi que d'une mezzanine adaptée à **la vie de famille.** Entre les immeubles, **des passages étroits** qui vont dans **le sens** de la pente **sont créés** : ce sont les **fameuses traboules.**

Si vous visitez le quartier de la Croix-Rousse, **vous ne pourrez pas manquer** ces caractéristiques architecturales. Bonne visite !

Le vieux Marseille : le panier

<table>
<tr><td>il existe (exister): there is (to exist, to be)</td></tr>
<tr><td>très vieux: very old</td></tr>
<tr><td>la ville: city</td></tr>
<tr><td>il s'agit de (s'agir de): it is about (to be about)</td></tr>
<tr><td>la cité phocéenne: the Phocaean city</td></tr>
<tr><td>un lieu: a place</td></tr>
<tr><td>incontournable: unmissable</td></tr>
<tr><td>les grands férus (le féru): buffs, fans</td></tr>
<tr><td>bâtie (bâtir): built (to build)</td></tr>
<tr><td>un siècle: century</td></tr>
<tr><td>autour: around</td></tr>
<tr><td>la auberge: hotel</td></tr>
<tr><td>elle regorge (regorger): it is packed with (to be packed with)</td></tr>
<tr><td>artisans-commerçants: craftsmens and retailers</td></tr>
</table>

Il existe un **très vieux** village dans **la ville** de Marseille. **Il s'agit** du plus ancien quartier de **la cité phocéenne** et aussi de son centre historique. C'est **un lieu incontournable** pour tous **les grands férus** d'histoire et de culture. **Bâtie** au XVIIème **siècle autour** de l'**auberge** du « Logis du Panier », la place du petit village du Panier **regorge** de petits **artisans-commerçants**.

<table>
<tr><td>si vous vous promenez (se promener): if you walk (to walk)</td></tr>
<tr><td>une découverte: discovery</td></tr>
<tr><td>vous sentirez (sentir): you will smell (to smell)</td></tr>
<tr><td>bonne (bon): good</td></tr>
<tr><td>une odeur: smell</td></tr>
<tr><td>un savon: soap</td></tr>
<tr><td>un savonnier: soap maker</td></tr>
<tr><td>ouvre (ouvrir): opens (to open)</td></tr>
<tr><td>propre: clean</td></tr>
<tr><td>(elle) se propage (propager): it spreads (to spread)</td></tr>
<tr><td>la rue: street</td></tr>
<tr><td>il a fini (finir): he finished (to finish)</td></tr>
<tr><td>ses derniers savons: his last soaps</td></tr>
<tr><td>cela se sent: you can smell it</td></tr>
</table>

Si vous vous y **promenez**, vous irez de **découverte** en découverte! En arrivant, **vous sentirez** la **bonne odeur** du **savon** de Marseille ! L'artisan **savonnier ouvre** sa boutique à 13h et l'odeur du **propre se propage** dans toute **la rue** : **il a fini** de confectionner **ses derniers savons** et **cela se sent** dans tout le village.

<table>
<tr><td>chaque fois: each time</td></tr>
<tr><td>je passe par là (passer): I go that way (to go)</td></tr>
<tr><td>je ne peux pas m'empêcher: I cannot stop myself</td></tr>
<tr><td>acheter: to buy</td></tr>
<tr><td>je ne suis pas la seule: I am not the only one</td></tr>
<tr><td>une foule: a crowd</td></tr>
<tr><td>venant (venir): coming (to come)</td></tr>
<tr><td>des coins (un coin): corners</td></tr>
<tr><td>(elle) se déverse (déverser): it pours (to pour)</td></tr>
<tr><td>qui passe par là: that goes through there</td></tr>
</table>

À chaque fois que **je passe par là**, **je ne peux pas m'empêcher** d'en **acheter** un ou deux... Et **je ne suis pas la seule** ! **Une foule** de touristes **venant** des quatre **coins** de France et d'Europe **se déverse** dans les rues : ils descendent du petit train de la ville **qui passe par là**.

<table>
<tr><td>plus loin: further</td></tr>
<tr><td>son nom (un nom): his name</td></tr>
<tr><td>(il) est déjà paru (paraître): it has already appeared (to appear)</td></tr>
<tr><td>célèbre: famous</td></tr>
<tr><td>il adore (adorer): he loves (to love)</td></tr>
<tr><td>inventer: to invent</td></tr>
<tr><td>nouvelles recettes: new recipes</td></tr>
<tr><td>l'huile d'olive: olive oil</td></tr>
<tr><td>le gingembre: ginger</td></tr>
<tr><td>le poivre: pepper</td></tr>
<tr><td>tout ce que l'on peut imaginer: everything we can imagine</td></tr>
<tr><td>il l'a déjà réalisé (réaliser): he has already created it (to create)</td></tr>
<tr><td>un atelier: workshop</td></tr>
</table>

Plus loin, il y a le chocolatier du Panier. **Son nom est déjà paru** plus d'une fois dans un très **célèbre** journal national. **Il adore inventer** de **nouvelles recettes** à base de chocolat : chocolat à **l'huile d'olive,** au **gingembre**, au **poivre** ... **Tout ce que l'on peut imaginer, il l'a déjà réalisé** dans son humble **atelier** de chocolatier.

Puis **vous trouverez** l'atelier de céramique d'**un ami** à moi. Il a le statut d'artiste car **il fait** des pièces uniques. **Il conçoit les carrelages** de **salles de bain** ou autres poteries aux réminiscences provençales. **Il décore** sa boutique de ses **œuvres** et **reçoit** des **commandes** en provenance du sud de l'Europe.

Enfin, au centre de tout, vieille de plus de 500 ans, **se dresse** la Vieille Charité de Marseille. Au tout début de son existence, **elle abritait les orphelins** et vagabonds. Le Corbusier, grand architecte de **renommée mondiale**, sera à l'origine de sa restauration **qui s'achèvera** en 1986.

Aujourd'hui, la Vieille Charité représente un des plus grands centres multiculturels de la ville de Marseille. **Désormais entretenue** par **la mairie**, elle est le lieu de **plusieurs** expositions **mondialement connues**. Par exemple, l'exposition de **peintres provençaux** intitulée « **Sous le soleil** » en hommage à **la** fameuse **chanson** de Serge Gainsbourg, a fait plus de 10 000 entrées en 2005. Cette exposition a été **assurée** à plus de 700 millions d'euros car elle présentait **des tableaux venant des** quatre coins du monde.

Le panier est **également au cœur** d'**un essor** touristique. **En effet**, **sa renommée** lui a valu **le tournage** d'une série française « Plus Belle La Vie », **diffusée** dans les pays francophones. Les touristes **viennent** aujourd'hui visiter les rues qu'**ils voient si souvent** sur leur petit **écran**.

Le petit village du Panier est **un endroit** emblématique de la ville de Marseille ! **Si vous vous rendez** sur la place, au centre du village, **vous pourrez siroter** un bon 51 ou un bon Ricard **selon les goûts**. **Cela aide** quand l'été arrive et que le soleil **cogne sec**. Les Marseillais y **sont attroupés** comme au cœur d'un petit village de Provence. **C'est assez surprenant** et **en même temps** très agréable **lorsque** l'on **sait** qu'il est **situé** au centre d'une des plus grandes métropoles de France.

---

vous trouverez (trouver): you will find (to find)
un ami: a friend
il fait (faire): he does (to do)
il conçoit (concevoir): he designs (to design)
les carrelages: tiled floors
salles de bain: bathrooms
il décore (décorer): he decorates (to decorate)
œuvres (une œuvre): works (of art)
(il) reçoit (recevoir): he receives (to receive)
commandes: orders

(elle) se dresse (se dresser): it stands up (to stand up)
elle abritait (abriter): it sheltered (to shelter)
les orphelins (le orphelin): orphans
renommée mondiale: world renowned
qui s'achèvera (s'achever): that ended (to end)

désormais: from now on
entretenue (entretenir): maintained (to maintain)
la mairie: the town council
plusieurs: several
mondialement connues (connaître): known worldwide (to know)
peintres (un peintre): painters
provençaux (provençal): from Provence
sous le soleil: under the sun
la chanson: song
assurée: insured
des tableaux (un tableau): paintings
venant des (venir): coming from (to come)

également: also
au cœur de: in the middle of
un essor: development
en effet: indeed
sa renommée (la renommée): its reputation
le tournage: filming
diffusée: broadcasted
viennent (venir): come (to come)
ils voient (voir): they see (to see)
si souvent: so often
un écran: screen

un endroit: a place
si vous vous rendez (se rendre): if you go (to go)
vous pourrez siroter (pouvoir): you will be able to sip (can, to be able to)
selon: according to
les goûts (le goût): tastes
cela aide (aider): it helps (to help)
il cogne sec (cogner): (the sun) hammers down (to hammer down, pound)
(ils) sont attroupés (attrouper): they are gathered (to gather)
c'est assez surprenant: it is rather surprising
en même temps: at the same time
lorsque: when
on sait (savoir): we know (to know)
situé: located

Belle-Île-en-Mer

je devais avoir (devoir): I must have been (must)
une dizaine d'années: about ten years old
la première fois: the first time
je suis allée (aller): I went (to go)
j'en ai toujours gardé (garder): I have always kept (to keep)
un souvenir: a memory
lumineux: bright
je suis retournée (retourner): I went back (to go back)
plusieurs: several
depuis: since
la semaine dernière: last week
j'ai accompagné (accompagner): I went with (to go with)
une amie (un ami): a friend
québécoise (québécois): from Québec
de passage: passing through

d'abord: firstly
prendre: to take
le bateau: a boat
partir: to leave
le plaisir: pleasure
voir: to see
prendre de l'ampleur: to increase, to gain
au fur et à mesure: as
on s'approche de (s'approcher): we approached (to approach)

passées à bord (passer): spent on board (to spend)
nous débarquons (débarquer): we land (to land)
(ils) iront (aller): they will go (to go)
visiter: to visit
a commencé (commencer): started (to start)
un siècle: century
en ce qui me concerne: as far as I'm concerned
savourer: to savor

des loueurs de voitures: people who rent cars
vélos (un vélo): bikes
vous y attendent (attendre): they wait for you (to wait)
vous pouvez (pouvoir): you can (can)
parcourir: travel all over
mieux encore: better than this
à pied: by foot
longue: with a length of
compte (compter): has (to have, count)
près de: almost
sentiers (un sentier): trails
côtiers (côtier): coastal

se régaler: to enjoy
bonnes chaussures: good shoes
une bouteille d'eau: a bottle of water
des lunettes de soleil: sunglasses
un coupe-vent: a windbreaker
vous serez équipés: you will be equipped
parfaitement: perfectly
découvrir: to discover
qui surplombe (surplomber): which overhangs (to overhang)
la mer: sea
une quarantaine: about forty

Je devais avoir une dizaine d'années **la première fois** que j'y **suis allée** et j'en ai toujours gardé un **souvenir lumineux**… J'y **suis retournée plusieurs** fois **depuis**, et, **la semaine dernière**, j'y **ai accompagné** une amie québécoise de **passage** dans la région.

D'abord, il y a la joie de **prendre le bateau**, l'impression de **partir** à l'aventure, et puis **le plaisir** de **voir** l'Île **prendre de l'ampleur au fur et à mesure** qu'**on s'approche** d'elle, comme hypnotisé.

Après environ 45 minutes **passées à bord, nous débarquons** au petit port de Palais. Les amateurs d'histoire **iront visiter** la citadelle dont la construction **a commencé** au XVIème **siècle**… **En ce qui me concerne**, mon plaisir, à Belle-Île, c'est … **savourer** Belle-Île !

Des loueurs de voitures (dont certaines électriques), scooters et **vélos vous y attendent**, mais **vous pouvez** aussi **parcourir** l'île en bus ou, **mieux encore, à pied**. **Longue** de 17km, large de 9km, Belle-Île **compte** près de 100 km de **sentiers côtiers**.

Voilà de quoi **se régaler** ! Avec de **bonnes chaussures**, un sac à dos, un petit pique-nique, **une bouteille d'eau, des lunettes de soleil** et **un coupe-vent, vous serez** parfaitement **équipés** pour **découvrir** les nombreux points de vue qu'offre cette île **qui surplombe la mer** d'**une quarantaine** de mètres.

Il n'y a ici pas (ou pratiquement pas) de grosses structures hôtelières. Dans les ports principaux, de jolies boutiques et de charmants petits restaurants (où l'on mange très bien !) s'alignent sagement face à la mer. La côte a conservé un caractère sauvage et pur dont on ne peut se lasser. L'air est vif, les odeurs de fleurs, d'embruns et d'aiguilles de pin séchées au soleil sont enivrantes.

On se sent vivre, revivre, ressourcer…

Pour accéder aux plages et aller vous baigner (attention, l'eau est limpide, mais fraîche !) vous devrez descendre des pentes souvent raides, si vous arrivez par le sentier, mais l'effort est toujours récompensé car si les odeurs de Belle-Île sont irrésistibles, les couleurs de cette île le sont tout autant. Une infinie palette de bleus et de verts cerne l'île tandis que la terre est couverte de fleurs jaunes, roses, rouges, blanches, d'une végétation variée et parfois étonnante puisque l'île bénéficie d'un microclimat qui lui permet d'abriter des espèces habituellement inconnues en Bretagne.

Véritable petit bijou de l'océan Atlantique, Belle-Île n'a pas encore perdu son âme à la fois douce et indomptée. Pourvu que ça dure !

il n'y a pas: there are no
grosses (gros): big
principaux (principal): main
jolies boutiques: pretty shops
charmants (charmant): charming
on mange (manger): we eat (to eat)
(ils) s'alignent (s'aligner): they are in line (to be in line)
sagement: wisely
a conservé (conserver): has kept (to keep)
sauvage: wild
on ne peut (pouvoir): we cannot (can)
se lasser: get bored
vif: bracing
des fleurs (une fleur): flowers
des embruns (masc): spindrifts
des aiguilles de pin: pine needles
séchées (sécher): dried (to dry)
le soleil: sun
enivrantes (enivrant): exhilarating

on se sent (se sentir): we feel (to feel)
vivre: alive
revivre: revived
ressourcer: recharged
accéder: to access
plages (une plage): beaches
vous baigner (se baigner): to swim
limpide: clear
fraîche (frais): cold
vous devrez (devoir): you will have to (to have to)
descendre: to go down
des pentes (une pente): slopes
souvent: often
raides (raide): steep
si vous arrivez (arriver): if you arrive (to arrive)
toujours: always
récompensé: rewarded
tout autant: as much
verts (vert): greens
(il) cerne (cerner): it surrounds (to surround)
l'île: the island
tandis que: while
la terre: the ground
couverte: covered
fleurs (une fleur): flowers
jaunes (jaune): yellows
rouges (rouge): reds
blanches (blanc): whites
parfois: sometimes
étonnante (étonnant): surprising
puisque: since
abriter: to shelter
inconnues (inconnu): unknown

véritable: real, true
un bijou: jewel
perdu: lost
une âme: soul
à la fois: at the same time
douce (doux): soft, sweet
indomptée (indompté): uncontrolled
pourvu que ça dure: let's hope it lasts

Saint Tropez

Si vous ne connaissez pas cette ville, cela signifie probablement que **vous êtes** indifférents à **la vie** des célébrités de notre planète. Cet oppidum du XVème **siècle** qui est actuellement l'une **des stations balnéaires les plus huppées** du **monde** est capable d'**offrir** à ses visiteurs plus que l'image mythique **imposée par** de nombreux magazines de **mode** et **luxe**.

C'est une commune française **située non loin d'une autre ville** côtière Marseille dans la région Provence-Alpes-Côte d'Azur **qui met** à votre disposition **non seulement** ses **plages** merveilleuses, **mais aussi** de nombreux monuments historiques. **Citons** entre autre l'**Église** de Saint-Tropez du XVIIIème siècle, la chapelle Sainte-Anne du début du XVIIème siècle, la chapelle de l'Annonciade, actuellement aussi Musée du **même nom**, qui date du XIVème siècle.

Commençons toutefois par les plages. C'est évident **parce que** la majorité des touristes **se rendent** principalement dans la station balnéaire et non dans la ville historique. **Les amoureux** de **bain de soleil** et de sports aquatiques **pourront se livrer** à leur activité favorite sur l'une des six plages publiques, car Saint Tropez c'est douze kilomètres de plages **dorées** et absolument sublimes. Saint Tropez, c'est aussi de nombreux magasins où les amateurs de shopping **se sentiront** comme au paradis ainsi que des restaurants où l'**on vous servira** de véritables délicatesses culinaires, trésors de la gastronomie française et internationale.

Une fois bronzé, détendu et **rassasié, vous pourrez enfin faire connaissance** avec l'histoire de la ville. **Toutefois**, même **si vous n'êtes pas** amateur d'histoire, **vous devez** visiter Saint-Tropez **tout au moins** pour vous livrer au sport favori de cette ville splendide « **voir et être vu** ». C'est logique dans une ville qui a pour devise « Ad usque fidelis » ce qui **se traduit** du latin comme « **Fidèle jusqu'au bout** ».

---

si vous ne connaissez pas (connaître): if you don't know (to know)
vous êtes (être): you are (to be)
la vie: life
un siècle: century
des stations balnéaires: seaside resorts
les plus huppées: the most posh
le monde: world
offrir: to offer
imposée par: imposed
la mode: fashion
le luxe: luxury

située: located
non loin d'une autre ville: not very far from another city
qui met (mettre): that put (to put)
non seulement: not only
plages (une plage): its beaches
mais aussi: but also
citons (citer): let's quote (to quote)
une église: church
même nom: same name

commençons (commencer): let's start (to start)
parce que: because
se rendent (se rendre): they go (to go)
les amoureux: people who like to
bain de soleil: sunbathe
(ils) pourront (pouvoir): they can (can)
se livrer: to give oneself up to
dorées: golden
(ils) se sentiront (se sentir): they will feel (to feel)
on vous servira (servir): it will be served to you (to serve)

une fois bronzé: once tanned
détendu: relaxed
rassasié: satisfied
vous pourrez (pouvoir): you will be able (can, to be able to)
enfin: finally
faire connaissance: get to know
toutefois: however
si vous n'êtes pas: if you are not
vous devez (devoir): you must (must)
tout au moins: at least
voir et être vu: see and be seen
se traduit (se traduire): it is translated (to translate)
Fidèle jusqu'au bout: Loyal until the end

Le Sud-Ouest de la France

Nichée au cœur du Sud-ouest de la France, à quatre heures de Paris en TGV (Train à Grande Vitesse), à **quarante** minutes à peine **des plages** de l'Atlantique et à deux heures de l'Espagne, Bordeaux est **une ville pleine d'attraits**. De nombreuses petites communes **des alentour**s comme *Pessac, Bègles* ou *Mérignac* **sont regroupées sous l'égide de** la *Communauté urbaine de Bordeaux* **qui compte** plus de **sept-cent mille** habitants.

Non contente de **représenter dignement le monde** de l'œnologie auprès des amateurs de **vin** du **monde entier, elle possède** une histoire riche et **parfois même douloureuse** et une architecture classique **qui lui a permis** d'être **inscrite** au *Patrimoine de l'Humanité de l'Unesco*.

La ville de Bordeaux est **située au bord de** la Garonne, ce **fleuve** qui a vu remonter **les navires s'adonnant à la traite des esclaves** d'Afrique. **De nos jours, elle accueille plutôt les plus gros bateaux de croisière** du monde, **qui ne manquent pas** d'y **faire une escale estivale**.

Venus pour visiter les vignes et les châteaux **qui pullulent dans** les villes environnantes, les touristes **sont ébahis** par la beauté de son architecture et par l'accueil de ses habitants. **Qu'il s'agisse** du Grand Théâtre, de la majestueuse Place de la Bourse **qui domine les quais**, de la Grosse Cloche ou de son jardin public, **le promeneur** est **ravi par** la majesté et la sérénité **des lieux**.

Ville étudiante par excellence, c'est dans le *quartier St-Michel* et à la *Place de la Victoire,* où un obélisque gigantesque domine la rotonde devant laquelle **s'arrête** le tramway tout neuf, que **les jeunes s'attardent** aux terrasses des cafés.

On va y faire **ses courses** à *Mériadeck*, mais c'est au Lac, situé en périphérie, que l'**on aime passer** son **dimanche** ou à *Lacanau*, l'une des plus belles plages de France.

---

nichée: nestled, located
au cœur du: in the heart of
quarante: forty
des plages (une plage): beaches
une ville: city
pleine de: full of
attraits (un attrait): attractions
des alentours: surroundings
(elles) sont regroupées (regrouper): (they) are gathered (to gather)
sous l'égide de: under the control of
qui compte (compter): that counts (to count)
sept-cent mille: seven hundred thousand

non contente de: not happy to
représenter: to represent
dignement: with dignity
le monde: world
le vin: wine
monde entier: the whole world
elle possède (posséder): it has (to have)
parfois même: sometimes even
douloureuse: painful
qui lui a permis (permettre): that allows it (to allow, to permit)
inscrite: registered

située: located
au bord de: on the shore of
le fleuve: river
les navires (le navire): ships
s'adonnant à: doing
la traite des esclaves: slave trading
de nos jours: nowadays
elle accueille plutôt (accueillir): it rather welcomes (to welcome)
plus gros: biggest
les bateaux de croisière: cruise ships
qui ne manquent pas (manquer): that do not miss (to miss)
faire une escale: to make a cruise stop
estivale: in the summer months

venus pour (venir): came to (to come)
visiter: to visiter
les vignes (la vigne): vineyards
qui pullulent dans: that are swarming with
(ils) sont ébahis (ébahir): (they) are dumbfounded (to dumbfound)
qu'il s'agisse: whether it involves
qui domine (dominer): that dominates (to dominate)
les quais (le quai): quays
le promeneur: walker
ravi par: delighted by
des lieux (un lieu): places

ville étudiante: college town
(il) s'arrête (s'arrêter): it starts (to start)
les jeunes (un jeune): young people
s'attardent (attarder:): stay until late (to stay until late, to linger)

on va (aller): we go (to go)
ses courses (une course): shopping
on aime passer: we like to spend
un dimanche: Sunday

Le Clos Montmartre

Si je vous dis « Montmartre », **vous pensez** à Paris, au Sacré Cœur, aux **peintres**, aux **écrivains**, aux petites **rues pavées**, aux **escaliers bordés de vieux lampadaires**, à Amélie de Montmartre, notre Amélie Poulain, mais probablement pas à **un endroit** où l'**on produit** du vin.

Et pourtant…

Situé sur le **flanc nord** de la butte Montmartre, le long de la rue Saint Vincent et de la rue des Saules, un petit **vignoble aujourd'hui appelé le clos** Montmartre **domine** la capitale française **depuis** déjà **plusieurs siècles**.

Près de 2 000 **pieds de vigne s'étendent** sur 1 556 m². C'est au 12ème siècle, avec la construction de l'Abbaye de Montmartre, que **les premières vignes avaient fait leur apparition. A l'époque, les religieuses** ont **leur propre pressoir** et la commercialisation du vin leur **permet de gagner** de quoi **entretenir** leur **communauté**, jusqu'à ce qu'avec l'appauvrissement de l'Abbaye, celles que l'**on appelait** « les Dames de Montmartre » **soient obligées** de **vendre** leurs **terrains**.

Dès **la fin** du 15ème siècle, des vignerons **s'installent** et cultivent des vignobles **tels que** le clos Berthaud, la Sauvageonne et la Goutte d'Or.

Jusqu'en 1995, le vin de Montmartre a la réputation d'être un vin **de mauvaise qualité** qui **fait « sauter** comme **une chèvre »** et aurait des qualités diurétiques. Au 17ème et 18ème siècle, c'était **un breuvage** que l'**on consommait** pour ses vertus médicinales. Les vignes **appartiennent aujourd'hui** à la ville de Paris et c'est **d'ailleurs** dans **les caves de la mairie** du 18ème arrondissement que l'**on presse** le raisin ! L'ambiance doit alors y être **plutôt joyeuse**…

Les vendanges, qui se font au **mois** d'octobre, **ne durent qu'**une **journée**. Quant à **la fête** des vendanges, célébrée début octobre, elle **dure trois jours** ! Au-delà d'une grande fête conviviale, cette célébration est aussi une **belle manifestation** de solidarité. L'intégralité des produits **réalisés durant** les vendanges, ainsi que ceux résultant de **la vente** des 1 700 bouteilles de 50cl du Clos Montmartre, est **en effet destinée** aux **œuvres sociales** du 18ème arrondissement.

Des pieds de vigne présents depuis des siècles au service d'une microéconomie, **ça fait** une belle histoire, non ?

la fin: the end
s'cultivent (cultiver): they grow (to grow)
tels que: such as

de mauvaise qualité: of poor quality
il fait sauter (sauter): it makes you jump (to jump)
une chèvre: a goat
un breuvage: a beverage, drink
on consommait (consommer): people drank (to drink)
appartiennent (appartenir): they belong (to belong)
aujourd'hui: today
d'ailleurs: besides, what's more
les caves de la mairie: the cellars of the town hall
on presse (presser): they press (to press)
plutôt joyeuse: rather happy

les vendanges: the grape-harvesting
le mois: month
ne durent qu' (durer): they only last (to last)
une journée: a day
la fête: the holiday
le début: the beginning
dure (durer): it lasts (to last)
trois jours (un jour): three days
au-delà: beyond
belle (beau): beautiful
une manifestation: expression
realisés (réaliser): created (to create)
durant: during
la vente: the sale
en effet: actually
destinée (destiner): intended for (to intend for)
les œuvres sociales: community services

des pieds de vigne: vines
ça fait (faire): it makes (to make)

Visite de quatre vignobles et châteaux de Gironde

Le nom de Bordeaux, en Gironde, est sans conteste le plus **souvent mentionné** dans **les ouvrages portant sur les vins** et leur histoire. **En effet**, la prolifique région du **sud-ouest** de la France **produit un éventail** de superbes vins plus vaste que **plusieurs autres** régions associées.

La plupart des gens associent ce **terroir béni** à de magnifiques châteaux **ornés de tours** majestueuses, de **jardins fleuris**, de **gens aimables** et **travaillants** et dont **l'accueil chaleureux** et **inimitable rend** simplement magique la simple **dégustation** du vin.

Certains châteaux **ont en effet** conservé leur splendeur d'**antan**, tandis que d'autres se sont **inclinés** sous **le passage du temps** et **les coûts monstrueux** d'**entretien** que **ne peuvent pas** toujours **assumer** même **les vignobles** les plus productifs. En voici quatre **qui valent** le déplacement:

Château Palmer

Le Château Palmer est un château **décrit** avec éloquence dans de nombreux **livres** sur le vin et il correspond tout à fait aux représentations les plus **élogieuses**. Ce château du 19e **siècle**, **qui produit** un Grand Cru Classé Margaux, ressemble en tous points aux châteaux de **contes de fées** avec son élégante façade de **pierre grise**, ses **tourelles coniques** et ses **trois étendards flottant au vent**.

L'architecte Charles Burguet a **habilement fusionné** les styles Baroque et Renaissance **pour élaborer** son concept architectural qui, avec la culture viticole du Merlot et du Cabernet Sauvignon, **vient compléter l'ensemble**. Le château **se targue** d'une cave moderne, **construite** en 1995, **reflétant** les tendances les plus récentes dans le domaine de la fermentation du vin.

---

le nom: the name
souvent mentionné (mentionner): often mentioned (to mention)
les ouvrages (un ouvrage): literature
portant sur les vins: (related to) on wines
en effet: indeed
sud-ouest: south-west
produit un éventail (produire): produces a range (to produce)
plusieurs autres: many others

la plupart des gens: most of people
terroir béni (bénir): blessed land (to bless)
ornés de tours (orner): adorned with towers (to adorn)
jardins fleuris (un jardin): flower gardens
gens aimables (une personne): friendly people
travaillants (travailler): hard working (to work)
l'accueil chaleureux: warm welcome
inimitable: inimitable
rend (rendre): makes (to make)
dégustation: tasting

ont en effet (avoir): have indeed (to have)
antan: from the past
inclinés (incliner): bowed (to bow)
le passage du temps: passage of time
les coûts monstrueux: monstrous costs
entretien: maintenance
ne peuvent pas (pouvoir): cannot (can)
assumer: afford
vignobles (un vignoble): vineyards
qui valent (valoir): are worth (to be worth)

décrit (décrire): described (to describe)
livres (un livre): books
élogieuses: laudatory
siècle: century
qui produit (produire): which produces (to produce)
contes de fées (un conte): fairy tales
pierre grise: grey stone
tourelles coniques: conical turrets
trois étendards (un étendard): three flags
flottant au vent (flotter): fluttering in the wind (to flutter)

habilement fusionné (fusionner): skillfully merged (to merge)
pour élaborer: to develop
vient compléter l'ensemble: completes the whole picture
se targue (targuer): boasts (to boast)
construite (construire): built (to build)
reflétant (refléter): reflecting (to reflect)

Château Pichon Longueville Baron

Un château classique **situé** dans la commune de Pauillac, près de Bordeaux, **comportant** des vignobles **qui s'étendent** sur **environ** 73 hectares. Il a été complété d'une extension moderne et d'un élégant bassin où **paressent des truites** et **des esturgeons**. **L'aimable hôte** du Château Pichon **se fera un plaisir** de **vous faire découvrir les tableaux**, porcelaines et autres objets d'art **qui s'y trouvent**. Mail **il vous parlera** surtout avec passion **des étapes** de la production d'un grand vin **tiré** des vignes de Cabernet Sauvignon, Merlot, Cabernet Franc et Petit Verdot.

Château Cos d'Estournel

Ce **ravissant** château en **pierre rose** d'inspiration orientale produit des Deuxièmes Crus Classés sur ses 173 hectares de vignes. **Ornée** d'un lion et d'**une licorne** sculptés dans la pierre, symboles de **royauté** et d'illumination, son arche majestueuse **accueille** les visiteurs avec noblesse et panache. Ces **derniers peuvent** également satisfaire leur curiosité **non seulement** en **visitant** la cave et en **découvrant les étapes** de production de certains **des meilleurs crus** de Saint-Estèphe, mais en visitant aussi **un musée consacré** à l'histoire de ce domaine d'activité ancestral.

Château du Tertre

Ce domaine viticole de 80 hectares, situé à Arsac Margaux en Gironde, **a été labellisé** en AOC Médoc. **Il bénéficie** d'une classification Cinquième Grand Cru dans la classification officielle des vins de Bordeaux de 1855. Élégante propriété **seigneuriale** en **briques rousses, elle vous offre** la possibilité de **demeurer** sur place **grâce à** sa **maison d'hôtes** aux **chambres ravissantes** et **confortables**. Tant pour **le plaisir des yeux** que pour celui du palais, la Gironde **regorge** de **fabuleux** châteaux et de vignobles classés. **Une promenade en voiture** sur la **célèbre** route des vins, au **nord** de Bordeaux **jusqu'à** la Pointe de Grave (Pauillac, Saint-Estèphe, Saint-Julien, Margaux et Moulis) **vous procurera un foisonnement impérissable** de **souvenirs** visuels et **gustatifs**.

---

situé (situer): located (to locate)
comportant (comporter): comprising (to comprise)
qui s'étendent (étendre): which covers (to cover)
environ: about
paressent (paresser): laze (to laze)
des truites (une truite): trout
des esturgeons (un esturgeon): sturgeons
aimable hôte: gracious host
se fera un plaisir: will be happy
vous faire découvrir: to show you
les tableaux (un tableau): paintings
qui s'y trouvent (trouver): that can be found there (to find)
il vous parlera (parler): he will talk to you (to talk)
des étapes (une étape): steps
tiré (tirer): produced from (to produce)

ravissant: charming
pierre rose: pink stone
ornée (orner): adorned (to adorn)
une licorne: a unicorn
royauté: royalty
accueille (accueillir): welcomes (to welcome)
derniers peuvent (pouvoir): latter can (can)
non seulement: not only
visitant (visiter): visiting (to visit)
découvrant les étapes (découvrir): discovering the steps (to discover)
des meilleurs crus: of the finest wines
un musée consacré (consacrer): a museum dedicated (to dedicate)

a été labellisé (être, labelliser): have been labelled (to be, to label)
il bénéficie (bénéficier): it has (to have)
seigneuriale: manorial
briques rousses: russet-red bricks
elle vous offre (offrir): it offers you (to offer)
demeurer: stay
grâce: thanks to
maison d'hôtes (une maison): guest houses
chambres ravissantes (une chambre): charming rooms
confortables: comfortable

plaisir des yeux: pleasure of the eyes
regorge (regorger): overflows (to overflow)
fabuleux: fabulous
une promenade en voiture: a car ride
célèbre: famous
nord: north
vous procurera (procurer): will give you (to give)
un foisonnement impérissable: lasting abundance
souvenirs (un souvenir): memories
gustatifs: gustatory

Découvrir la Côte Vermeille française

La **Côte Vermeille** est une région française **située** dans le **département** des Pyrénées-Orientales, **près** de **la frontière** avec **l'Espagne**. Elle **s'étend** d'Argelès-sur-Mer **jusqu'à** Cerbère, un village et une **station balnéaire pittoresques** et relativement tranquilles. Les villes de Collioure, Port-Vendres et Banyuls-sur-Mer **sont imbriquées le long d'un tronçon** de vingt kilomètres de plages, de **petites baies**, **criques** et **calanques**, **comportant** des promenades fabuleuses et **des sentiers empreints de charme**.

Les **magnifiques paysages** de la Côte Vermeille ont inspiré **certains des** artistes les plus **célèbres** du monde. Ses **panoramas à couper le souffle** ont **suscité** un style de **peinture** qui reflète sa **topographie escarpée**, les **humeurs changeantes** de la mer et sa **flore exubérante**. **Juché** sur l'un des nombreux **belvédères surplombant** la Méditerranée, vous pouvez admirer ses **côtes montagneuses** s'avançant vers la mer, ses **vignobles en pente raide** et **la foule déambulant tout en bas, le long du littoral**.

Considérée comme l'un des plus beaux paysages d'Europe, la Côte Vermeille **constitue un tremplin** idéal pour **explorer** deux régions: les Pyrénées et la Costa Brava espagnole, accessibles **en voiture**. **Contrairement** à la très touristique Côte d'Azur, ses **villages enchanteurs** demeurent **délicieusement inconnus**. **Bien que** ses plages **puissent attirer** un foule nombreuse **en été**, **il est rare de rencontrer** un Américain dans **ce petit coin** de France. Dans certains endroits, **vous croiriez être retourné** six siècles dans le passé, **tellement le mode de vie** et l'architecture **semblent inchangés**.

Ici, on est virtuellement **ni** en France, **ni** en Espagne, mais en Catalogne. On mange **à l'heure** de l'Espagne et les coutumes sont bien celles d'une **enclave culturelle** située entre les deux **pays qui l'ont tour à tour occupée**.

Malgré sa **taille compacte**, la zone est **étonnamment diversifiée**. Le joli village de Collioure, un paradis pour les **amateurs d'art**, a été le **berceau du fauvisme**, grâce à Henri Matisse, **dont les tableaux** reproduisent les **couleurs vives** de ses **rues** et de **la vie** de ses habitants. Argelès **constitue** une **escale merveilleuse** pour les familles, avec sa plage de **sable fin bordée de terrains** de camping **haut de gamme** et ses cafés aux terrasses **ensoleillées**. C'est aussi un pays de vin, comme le **riche vin rouge** de Collioure ou le **vin doux** de Banyuls, **élaboré** par les **Templiers** au **Moyen Âge** et utilisé comme **vin de messe** dans les églises de toute la France.

Cette **minuscule** région **comporte également** une **multitude** de sites historiques **allant des mégalithes préhistoriques** et des **vestiges** de la Grèce antique à des **trésors architecturaux** du 19e siècle. Elle offre aussi **la possibilité de pratiquer** plusieurs activités **de plein air**, notamment la **randonnée pédestre**, le vélo, **la pêche en haute mer**, **la plongée** et la voile. La Réserve naturelle marine de Cerbère- Banyuls-sur-Mer, un véritable paradis de la **vie sous-marine**, propose plusieurs activités à ses **observateurs humains**.

Il faut avoir visité cette côte fabuleuse au moins **une fois dans sa vie**. L'idéal est **de partir en voiture** de Perpignan et de **descendre paisiblement** vers l'Espagne. **La vie** y est **douce** et **langoureuse**. **Profitez** de longues **promenades pensives** le **long du littoral** ou offrez-vous **un repas** dans un restaurant local, la **nourriture**, **comme le paysage**, y est **incroyable** !

Évaluez votre compréhension

La grande et la merveilleuse, page 28

1. Normandy is a region born from war. However, what did the wars contribute to France?

2. What treat will you find in Normandy, made by the monks?

Les pâtisseries de Paris, page 29

1. What tip is given for picking out the best "elephant ear" pastry?

2. Where will you find the best *madeleines*? And what is this treat perfect for?

Le visage unique de Montréal, page 30

1. Montreal was founded in what year and what commerce started the city?

2. What is one of the striking characteristics of the city?

3. The underground tunnels in Montréal allow you to shop while avoiding what?

4. If you visit Montréal you will find the people are famous for what?

Des îles pleines de richesses, page 32

1. How and when was the island of *La Guyane* founded?

2. *Le carnaval guyanais* is famous for what?

Test your comprehension

Le quartier de la Croix-Rousse, page 36

1. Where is the *Le quartier de la Croix-Rousse* located?

2. What are some things the author looked forward to at the "fun fair"?

3. What is the *le Gros Caillou*?

Le vieux Marseille : le panier, page 38

1. If you go for a walk, what will you discover?

2. What purpose did *La Vieille Charité* serve? What is it now?

3. *Le panier* is in the heart of the touristic district. What made this area especially popular with tourists?

Belle-Île-en-Mer, page 40

1. Lovers of history will especially love to visit what?

2. How does the author prefer to travel around the island? And what should you be equipped with?

3. How do you access the beach?

Saint Tropez, page 42

1. Name three historical monuments.

2. How many kilometers of beaches does Saint Tropez have?

Tradition

Un jour, un chocolat

Le calendrier de l'Avent **n'est pas n'importe quel calendrier** ! Contrairement à **tous les autres**, **il ne comporte pas** 30 ou 31 **jours**, **ni même** 28. Ce calendrier si spécial **compte** en effet les jours **restants avant** Noël. Traditionnellement, **il commençait le** premier **dimanche** de l'avent, **quatre semaines** avant Noël, mais **l'usage veut maintenant qu'il commence** le 1er décembre et se finisse le 24, **le soir** de Noël.

Le calendrier de l'Avent a très probablement **été créé pour faire patienter les enfants** jusqu'à Noël. **Il est apparu en Allemagne** au début du XIXème siècle, quand des familles ont **commencé** à **dessiner des traits de craie** pour compter **les journées écoulées** avant le grand jour. Le premier véritable calendrier de l'avent, **tel qu'on le connaît aujourd'hui**, n'a cependant **été fabriqué qu'**en 1851.

Il se présente maintenant **comme un** grand rectangle de **carton** dans lequel **sont découpées, dans le désordre**, 24 petites **fenêtres**. **Derrière** ces petites fenêtres… **on trouve des trésors**. Images religieuses ou dessins de Noël, biscuits, chocolats, décorations de Noël miniatures et même de petits **jouets**. Ces « trésors » n'ont aujourd'hui comme limite que l'imagination **des fabricants**. **On voit** maintenant **fleurir** les calendriers Lego, Lindt, Playmobil ou même Barbie.

Mais pour nous, les enfants, qu'importe **le cadeau** ! L'important, c'est ce sentiment d'impatience au **creux** du **ventre**, ce sentiment qui grandit jour après jour. Ce sentiment qui **nous donne envie** d'**ouvrir** toutes les fenêtres **d'un coup** pour **accélérer le cours du temps**… Mais **il faut être patient**. Alors **on se console** avec un chocolat, un par jour, en attendant le jour où le Père Noël **arrivera enfin**.

Les vacances à la française

Dites à un Français **qu'il ne pourra** bénéficier que de **deux semaines** de vacances par **année** et **vous verrez** sa mine s'**allonger** considérablement, et l'**entendrez entamer** une diatribe dont **vous vous souviendrez**. Les longues vacances font tellement partie **des mœurs** françaises que nombreux sont ceux **qui n'hésiteraient pas à sortir** leurs **bannières poussiéreuses** pour **manifester** dans **les rues** si **les congés annuels** étaient écourtés.

C'est en 1920 que l'idée de **payer** des vacances aux employés **a germé** pour **la première fois au sein d'un quotidien** politique et économique parisien. En 1936, la victoire du *Front populaire*, un parti politique socialiste, **a fait éclore de** nouvelles revendications de la part **des travailleurs**. C'est suite à **la pression** des employés **qui se sont mis en grève** et ont pratiquement paralysé **le pays**, que **le droit** à des vacances payées a été **accordé à tous**.

La durée des vacances annuelles **n'a cessé de s'accroître** de manière exponentielle depuis cinquante ans, **passant** de deux semaines à cinq semaines annuellement. Au contraire, le nombre d'**heures** de la semaine de travail suit la tendance inverse, tournant, dans l'Hexagone, autour d'un petit trente-cinq heures. Les Français, **loin d'être paresseux**, sont de **bons vivants qui ont su conserver**, à l'âge adulte, **le doux souvenir** des longues journées de vacances de leur enfance passées à **la plage** ou à **la montagne**.

Souhaitant ardemment retrouver l'insouciance de leur **jeunesse** où les responsabilités étaient l'**apanage** exclusif des adultes, les Français voient dans les vacances prolongées l'occasion de **prendre un bain de jouvence** qui leur permet de **refaire** leur plein d'énergie pour l'année entière. **Mais non contents d'être parmi** les plus favorisés **en matière de congés** payés en Europe et dans **le monde, ils se permettent souvent quelques** « ponts » supplémentaires (addition des jours de **fin de semaine** et autres congés pour **étirer** les vacances) dès qu'ils en ont l'occasion.

---

qu'il ne pourra (pouvoir): that they will not be able (can, to be able)
deux semaines (une semaine): two weeks
une année: year
vous verrez (voir): you will see (to see)
allonger: to stretch
entendrez entamer (entendre): you will hear ….start (to hear)
vous vous souviendrez (se souvenir): you will remember (to remember)
des mœurs: customs
qui n'hésiteraient pas à: who would not hesitate to
sortir: to take out
bannières poussiéreuses: dusty flags
manifester: to demonstrate
les rues (la rue): the streets
les congés annuels: the annual holidays
ils étaient écourtés (écourter): were shortened (to cut short)

payer: to pay
a germé (germer): was formed (to form)
la première fois: the first time
au sein de: among
un quotidien: daily newspaper
a fait éclore de: was at the origin of
des travailleurs (un travailleur): workers
la pression: pressure
qui se sont mis en grève: who went on strike
le pays: the country
le droit: the right
accordé à tous: granted to all

la durée: the length
n'a cessé de (cesser): has kept (to keep doing)
s'accroître: to increase
passant (passer): going from ... to
heures (une heure): hours
loin d'être paresseux: far from being lazy
bons vivants: "bon vivant" *a person who enjoys luxuries, literally: good living*
qui ont su conserver (savoir): who managed to keep (to manage)
le doux souvenir: the happy memory
la plage: the beach
la montagne: the mountain

souhaitant ardemment retrouver: keenly wishing to recover
jeunesse: younger days
apanage: prerogative
prendre un bain de jouvence: to have a taste from the fountain of youth
refaire: to recuperate
mais non contents d'être: not only are they
parmi: among
en matière: in terms of
de congés: holidays
le monde: in the world
ils se permettent:: they indulge in
souvent quelques: often some
fin de semaine: weekend
étirer: to stretch

Le temps des sucres

C'est vers **la fin** du mois de mars et **au début** du mois d'avril, après **un hiver** rude et hostile, que les premières **chaleurs printanières annoncent enfin des jours meilleurs.** Quand **le mercure remonte au-dessus** de zéro, **la fonte des neiges s'amorce. On peut** enfin **se dépouiller** de nos **lourds habits** d'hiver et s'abandonner à **la chaleur rayonnante** du **soleil** qui **scintille de nouveau** avec force. Ce moment privilégié annonce également **le retour** du **temps des sucres**, période festive où l'**on récolte la sève** de l'**érable** à sucre (**l'eau d'érable**) qui est à l'origine du fameux **sirop d'érable**.

Des milliers de Québécois **se rendent** alors dans **les érablières,** qu'**on appelle** communément « **cabanes à sucre** », pour **se régaler** d'**un bon repas** copieux, en famille ou entre **amis**, et se « sucrer le **bec** ». Le menu, typique de la cuisine du **terroir**, est **composé d'aliments** riches en calories: **jambon**, **soupe aux pois**, omelette, **fèves au lard**, crêpes au sirop d'érable, tarte au sucre, et des célèbres « oreilles de Christ », **faites de couenne de lard frite** et **salée**. Un véritable **repas de bûcheron ! Après avoir dansé**, au son festif de la musique traditionnelle, **on se prépare** à savourer **la tire d'érable, servie** dans **des** grands **bacs de neige. Plus épaisse** et plus concentrée que le sirop d'érable, **elle durcit** au contact de la neige. **On peut alors l'enrouler autour** d'un **bâtonnet** et la **déguster** comme **un suçon**.

Mais la récolte de l'eau d'érable **ne date pas d'hier**. Ce sont les Amérindiens qui ont **découvert** les premiers **son goût** sucré et **prirent l'habitude** de la **faire bouillir** pour en **extraire** le sucre. **Ils enseignèrent** cette technique aux premiers colons **venus de** France qui l'**adoptèrent** et en firent, **avec le temps**, un élément essentiel des traditions québécoises.

---

la fin: the end
au début: at the beginning
un hiver: winter
chaleurs printanières: hot days of spring
annoncent (annoncer): announce (to announce)
enfin: finally
des jours meilleurs: better days
le mercure: mercury
remonte (remonter): goes up (to go up)
au-dessus: over
la fonte des neiges s'amorce: the snow starts to melt
on peut se dépouiller: we can take off
lourds (lourd): heavy
habits (masc.): clothing
hiver: winter
la chaleur: warmth
rayonnante (rayonnant): radiant
le soleil: sun
scintille (scintiller): that twinkles (to twinkle)
de nouveau: again
le retour: the return
temps des sucres: time of sugar
on récolte (récolter): we harvest (to harvest)
la sève: sap
une érable: maple tree
l'eau d'érable: maple water
le sirop d'érable: maple syrup

des milliers de: thousands of
(ils) se rendent (se rendre): they go (to go)
les érablières (la érablière): maple groves
on appelle (appeler): it is called (to call)
cabanes à sucre: maple cabin
se régaler: to enjoy
un bon repas: a good meal
amis (un ami): friends
le bec: *(here)* mouth
le terroir: land
composé de: composed of
aliments (un aliment): food
un jambon: ham
une soupe aux pois: pea soup
fèves au lard: fava beans with bacon
faites de couenne de lard frite: made with fried bacon
salée (salé): salted
repas de bûcheron: lumberjack meal
après avoir dansé: after having danced
on se prépare (prépare): we prepare (to prepare)
la tire d'érable: maple candy
servie (servi): served
des bacs de neige (un bac): tubs of snow
plus épaisse (épais): thicker
elle durcit (durcir): it hardens (to harden)
on peut alors l'enrouler autour: we can wrap it around
un bâtonnet: a stick
déguster: to savor, to enjoy
un suçon: a lollipop

ne date pas d'hier: is not something new
découvert (découvrir): discovered (to discover)
goût: taste
(ils) prirent l'habitude: they got into the habit
faire bouillir: to boil
extraire: to extract
ils enseignèrent (enseigner): they taught (to teach)
venus de (venir): came from (to come)
adoptèrent (adopter): adopted (to adopt)

Aujourd'hui, la technique a **quelque peu évolué**, mais le principe reste **le même**. Pour récolter l'eau d'érable, **il faut attendre les** premières **journées** de dégel. **C'est à ce moment** que les réserves de sucre de l'érable, **emmagasinées** dans ses **racines pendant** l'hiver, **commencent** à **remonter** dans **le tronc**. **On fait** alors **une entaille à environ** 1 mètre du **sol** et on y **enfonce un chalumeau**, **qui permet l'écoulement** de l'eau d'érable dans **une chaudière suspendue plus bas**. L'eau d'érable est ensuite **filtrée**, et **vidée** dans **un évaporateur**, qui permettra d'**augmenter** la concentration de sucre en éliminant l'excédant d'eau. **C'est ainsi** qu'**on obtient** le sirop d'érable. **Au départ**, l'eau d'érable **ne contient que** 2 à 3 % de sucre. Ainsi, pour produire un litre de sirop d'érable, il faut près de 43 litres d'eau d'érable. **Pourtant, on ne prélève qu'une partie minime** des réserves de sucre de l'arbre, ce qui **ne menace pas sa santé**.

Le temps des sucres **dure** environ un mois, et **s'achève** lorsque la sève est remontée dans le tronc jusque dans **les feuilles** et que son goût **est devenu âcre**. 75% de **la production mondiale** de sirop d'érable **est réalisée** au Québec. 85% en est exporté, majoritairement vers les États-Unis. Tout comme pour **le vin, il y a de bonnes et de mauvaises années** pour la récolte de l'eau d'érable. En 2009, les cycles de **gel** et de dégel ont été particulièrement favorables aux acériculteurs (les producteurs de sirop) et 2009 s'annonce excellente en termes de volumes et de qualité. Les produits de l'érable **se conservent bien** et sont **disponibles tout au long de l'année**. Mais il est **plus facile** et **plus amusant** de se rendre dans une cabane à sucre au **printemps** pour **boire** l'eau d'érable à même la chaudière et déguster la tire d'érable **servie** sur la neige.

avec le temps: with the times
aujourd'hui: today
quelque peu: a little bit
évolué (évoluer): evolved (to evolve)
le même: the same
il faut attendre: you have to wait
les journées (la journée): days
le dégel: thaw(ing)
c'est à ce moment: it is at this time
emmagasinées: stored
racines (la racine): roots
pendant: during
(elles) commencent (commencer): they start (to start)
remonter: to go up
le tronc: a trunk
on fait une entaille: we make a jag
environ: around
le sol: the ground
on enfonce (enfoncer): we push in (to push in)
un chalumeau: a blowtorch
qui permet (permettre): that allows (to allow)
un écoulement: a flow
une chaudière: a boiler
suspendue (suspendre): suspended (to suspend)
plus bas: lower
filtrée: filtered
vidée: emptied
un evaporateur: an evaporator
augmenter: to increase
c'est ainsi: it is (in) this way
on obtient (obtenir): we obtain (to obtain)
au départ: at the beginning
(elle) ne contient que (contenir): it contains only (to contain)
pourtant: however
on ne prélève que (prélever): they only take (to take)
une partie minime: a small part
ne menace pas (menacer): it does not threaten (to threaten)
sa santé (la santé): its health

dure (durer): lasts (to last)
cela s'achève (s'achever): it ends (to end)
les feuilles (la feuille): leaves
est devenu (devenir): becomes (to become)
âcre: acrid, sharp
la production mondiale: the world production
est réalisée (réaliser): is done (to be done)
le vin: wine
il y a de bonnes et de mauvaises années: there are good and bad years
le gel: frost
se conservent bien (se conserver): preserves well (to preserve)
disponibles (disponible): available
tout au long de l'année: all year long
plus facile: easier
plus amusant: more fun
printemps: spring
boire: to drink

le nouvel an (un an): the new year
une fête: a party
païenne (païen): pagan
qui vit le jour (voir): that originated
  (to originate)
vers: around
46 avant notre ère: 46 BC
qui décida (décider): who decided (to decide)
(il) était (être): (he) was (to be)
le Dieu: God
des portes (une porte): doors
des commencements (un commencement):
  beginnings
il donna (donner): he gave (to give)
un nom: name
des douze mois (un mois): twelve months

le changement: change
la tradition voulait que: traditionally
l'on s'échange (echanger): we exchange
  (to exchange)
des pièces (une pièce): coins
des médailles (une médaille): medals
perdure (perdurer): lasts (to last)
au travers: through
des fameuses (fameux): famous
des étrennes: gift of money
qui sont remises (remettre): that are given
  (to give)
l'époque (une époque): time
le réveillon: New Year's Eve party
indiquait (indiquer): indicated (to indicate)
à venir: next, still to come

une dizaine: about ten
après: after
des vœux (un vœu): wishes
copieux: copious
le repas: meal
des offrandes (une offrande): offerings
rameaux (un rameau): branches
verts (vert): green
confiseries (une confiserie): candies
(elle) était clôturée (clôturer): (it) was
  brought to an end (to bring to an end)
célèbres: famous
jeux du cirque: circus games

Noël: Christmas
consacré (consacrer): devoted (to devote)
(il) est passé (passer): (it) is spent (to spend)
entre: among
les amis (le ami): friends
fêter: to celebrate
très bon: very good
la veille: eve
c'est-à-dire: that is to say

Le nouvel an est **une fête** d'origine **païenne qui vit le jour vers 46 avant notre ère.** C'est Jules César **qui décida** que le 1er janvier serait le Jour de l'An. Janus **était le Dieu** païen **des portes** et **des commencements, il donna** ainsi son **nom** à janvier, premier **des douze mois** de l'année.

Dans la Rome antique, à l'occasion du **changement** d'année, **la tradition voulait que l'on s'échange des pièces** et **des médailles.** Cette coutume **perdure** de nos jours **au travers des fameuses étrennes qui sont remises** aux enfants le 1er janvier. A l'**époque** déjà, les Romains organisaient de gigantesques banquets à l'occasion du **réveillon** du Jour de l'An: le nombre de plats **indiquait** l'opulence de l'année **à venir...**

Une dizaine de jours **après,** les échanges **de vœux** étaient réalisés à l'occasion de **copieux repas** qui s'accompagnaient d'**offrandes** de **rameaux verts** et de **confiseries.** Cette période de fête **était** ensuite **clôturée** par les **célèbres jeux du cirque.**

En France, alors que le réveillon de **Noël** est souvent **consacré** à la famille, celui du 31 décembre **est** généralement **passé entre amis.** Il est de coutume de **fêter** le nouvel an par un **très bon** repas **la veille, c'est-à-dire** le 31 décembre au soir.

C'est l'occasion de faire la fête. Le repas, commencé **tardivement**, **est prévu pour durer** jusqu'à minuit, **heure à laquelle le décompte** des secondes sera fait **en chœur**, jusqu'à ce que **les douze coups de minuit retentissent**. A ce moment là, quelle que soit l'activité en cours, **tout le monde s'arrête** pour **s'embrasser** et chacun **se souhaite** bonne année **de façon joyeuse.** La phrase traditionnelle reste: « Bonne année et bonne **santé** » !

Les échanges de vœux, sont souvent associés à **des lancers** de **cotillons**, de **boules** et **rubans** de papiers… **cris** de joie, chants, concerts de **klaxons**, **défilés** et **farandoles** dans **la rue**….

Tout est prétexte à **se souhaiter** bonne année. La tradition veut également que l'on s'embrasse sous un bouquet de **gui suspendu**, afin de **se porter chance**. Ensuite, la fête continue jusqu'à « **épuisement** » **des convives**.

La période de la Saint Sylvestre est également un moment pour **faire preuve** de bonnes résolutions. Chacun **dresse la liste** des bonnes résolutions qu'**il compte entreprendre** dans l'année…. **arrêter de fumer**, faire un régime, **mieux travailler à l'école**…. sont autant de résolutions qui, tout le monde le sait, sont rarement **tenues**. Mais cela reste **un petit plaisir** auquel tout Français s'**adonne** avec innocence, histoire de faire le point sur ce qui doit être **amélioré** dans sa **vie**.

De nombreuses **villes** en France **célèbrent** la nouvelle année en organisant **des feux d'artifice la nuit du** 31 décembre.

---

tardivement: late
(il) est prévu (prévoir): (it) is scheduled (to schedule)
pour durer: to last
heure à laquelle (une heure): hour at which
le décompte: the count down
en chœur: in unison
les douze coups de minuit: the last stroke of midnight
(ils) retentissent (retentir): (they) rang out (to ring out)
tout le monde: everybody
s'arrête (s'arrêter): stops (to stop)
s'embrasser: to hug
(il) se souhaite (souhaiter): (they) wish each other (to wish)
de façon joyeuse: in a merry way
la santé: health

des lancers (un lancer): throws
cotillons (un cotillon): petticoats
boules (une boule): balls
rubans (un ruban): ribbons
cris (un cri): cries
klaxons (un klaxon): horns
défilés (un défilé): parades
farandoles: farandoles (dances)
la rue: street

se souhaiter: to wish
un gui: mistletoe
suspendu (suspendre): hung up (to hang up)
se porter chance: to be lucky
épuisement: exhaustion
des convives (un convive): guests

faire preuve: to show
(il) dresse la liste (dresser): (he) makes a list (to make a list)
(il) compte entreprendre (compter): (he) plans to undertake (to plan)
arrêter de fumer: to stop smoking
mieux travailler: to work harder
à l'école: at school
tenues (tenir): kept (to keep)
un petit plaisir: a little pleasure
(il) s'adonne (s'adonner): (he) devotes (to devote)
améliorer: to improve
la vie: life

villes (la ville): cities
célèbrent (célébrer): celebrate (to celebrate)
des feux d'artifice: fireworks
la nuit du: the night of

Des chants sacrés

De toutes **les fêtes** guadeloupéennes, la plus fêtée est celle de **Noël que ce soit par** les chrétiens ou les non-chrétiens. **En effet, depuis longtemps,** Noël en Guadeloupe **est devenue autant** la fête des familles et du **partage qu'**une fête religieuse.

Pour une grande partie des Guadeloupéens, la tradition de Noël en Guadeloupe est symbolisée par **la nourriture** locale **consommée** en famille: plat d'igname (**tubercule** locale), de **riz** accompagné de **pois d'angole** en sauce, de porc en **fricassée** et de **jambon** de Noël **épicé.**

Pourtant, pour la majorité d'**entre eux,** ce qui symbolise avant tout la période de Noël, ce sont les « Chanté Nwel ». Cette expression **qui désigne** en créole les réunions où l'**on chante en cœur** et à **tue-tête les cantiques** de Noël, représente l'un **des temps forts** de Noël dans les Antilles françaises.

Le Chanté Nwel est donc une tradition **ancrée au cœur de** la célébration de Noël car depuis **la fin du mois** de novembre, **jusqu'à la veille** de Noël, **des anonymes,** des associations ou **des entreprises invitent le plus grand nombre** de personnes à **venir,** avec leur **recueil** de cantiques, afin de **chanter ensemble.**

Lors de ces Chanté Nwel, les **mêmes** cantiques **reviennent** régulièrement, si bien que toutes les générations **les connaissent**, **même s'ils subissent parfois** des modifications dans leurs airs ou leurs accompagnements **musicaux**. Il est parfois **assez surprenant pour les non-initiés** d'entendre « Michaux veillait » ou « Oh la bonne nouvelle », chants religieux à l'origine, ainsi chantés à tue-tête, avec **un verre de** punch à **la main**. Mais depuis longtemps, les cantiques de Noël **ont trouvé** leur place dans le folklore et la culture antillais, bien au delà de leur dimension **sacré**.

D'ailleurs, l'**engouement** de la population pour les Chanté Nwel **devient** même un argument commercial car les Chanté Nwel sont **enregistrés** et **gravés** sur des CD ou alors des associations et autres formations musicales **se spécialisent** dans l'animation des grands Chanté Nwel et **font payer** leurs prestations, comme **n'importe** quelle prestation artistique. **Il faut croire** alors que les Chanté Nwel **ont encore** de **beaux jours devant eux**.

lors de ces: during those
mêmes: same
(ils) reviennent (revenir): they are often sung
  (to sing)
les connaissent: know them
même si (s'): even if
ils subissent (subir): they undergo
  (to undergo)
parfois: sometimes
musicaux: instrumental
assez surprenant pour: quite puzzling for
les non-initiés: the untrained
entendre: to hear
un verre de: a glass of
la main: the hand
(ils) ont trouvé (trouver): they found
  (to find)
sacré: sacred, religious

d'ailleurs: by the way,
engouement: infatuation
devient (devenir): has become (to become)
enregistrés (enregistrer): recorded (to record)
gravés (graver): burnt (to burn)
se spécialisent: get specialized into
(elles) font payer (faire): they charge
  (to charge)
n'importe: whatever
il faut croire: here is the proof that
ils ont encore (avoir): they still have (to have)
beaux jours: good times
devant eux: ahead of them

CULTURE NOTE Christmas carols first appeared in France in the 15th century as part of religious drama. At the beginning of the 18th century, Christmas songs came to include dances such as gavottes and minuets. The 19th-century carols have a rather pompous character. Typically performed in cathedral squares at Christmas, these dramas give rise to the French theater. Puppet shows are also given every year at Christmas and are often combined with Christmas carols, especially in Paris and in Lyon. One of the most famous Christmas puppet plays, written by de Marynbourg, is called "Bethlehem 1933" and is considered a masterpiece of popular art.

Some of the most popular French Christmas carols are:

♦ *Minuit Chrétiens*, also known as *Cantique de Noël*. This is a traditional French Christmas carol. It is equivalent to the English carol "O Holy Night," though the lyrics are different.

♦ *Ah ! Quel grand mystère !* is a traditional French Christmas carol from the 19th century.

♦ *Douce nuit* is the French equivalent of "Silent Night" and is sung to the same tune.

La tradition du pastis

produites (produire): produced (to produce)
célèbre: famous
aujourd'hui: today
une boisson: a drink
parfumée: flavored
à partir de: from
la macération: soaking
la réglisse: licorice
le fenouil: fennel
il fait partie de (faire partie): it is part
  (to be part of)
anisées (anisé): flavored with aniseed
reste (rester): remains (to remain)

la loi: the law
est votée (voter): was voted (to vote)
il faudra (falloir): it was necessary
  (to be necessary)
attendre: to wait
soient fabriqués (fabriquer): to be made
  (to make, to manufacture)
de nouveau: again
ils ne contiennent pas plus de (contenir):
  they do not contain more than (to contain)
ce ne sera qu'en (être): it will be only in (to be)
le vrai: the real
il sera inventé (inventer): it will be invented
  (to invent)

ils adorent (adorer): they love (to love, adore)
siroter: to sip
les terrasses (la terrasse): terraces
ensoleillées (ensoleillé): bathed in sunlight
renferme (renfermer): contains (to contain)
étonnant: surprising
un pouvoir: power
désaltérant: thirst-quenching
(il) se boit (boire): it is drunk (to drink)
en fin de: at the end of
un après-midi: afternoon
plutôt: rather
ambrée (ambré): amber
il s'éclaircit (s'éclaircir): it gets lighter
  (to get lighter)
l'eau: water
jusqu'à: until
donner: to give
jaune: yellow

le sud: the South
nombreuses (nombreux): numerous
recettes (une recette): recipes
ma préférée: my favorite
les gambas: jumbo shrimp
ils sont souvent cuisinés (cuisiner): they are
  often cooked (to cook)
la badiane: star anis
il y a encore plus: there are even more

une façon: a way
très appréciées (apprécier): very appreciated
  (to appreciate)
le pourtour: region
il s'agira: it will be about
l'aguardiente: firewater

Le pastis est l'une des plus fameuses liqueurs **produites** en Provence. Très **célèbre aujourd'hui** dans toute l'Europe, le pastis est **une boisson** alcoolisée **parfumée** à l'anis. Il est produit **à partir de la macération** de **la réglisse** et du **fenouil**, qui est une plante parfumée typiquement provençale. **Il fait** donc **partie de** la grande famille des boissons **anisées** dont la plus célèbre **reste** l'absinthe, 72% d'alcool.

En 1915 **la loi** de la prohibition de la consommation d'absinthe et de tous les produits similaires **est votée**. **Il faudra attendre** 1920 pour que les alcools anisés **soient fabriqués de nouveau** à condition qu'**ils ne contiennent pas plus** d'un certain pourcentage d'alcool, mais **ce ne sera qu'en** 1938 que **le vrai** pastis **sera inventé** avec 45%.

Les Marseillais **adorent siroter** leur pastis en été sur **les terrasses ensoleillées**. Cette boisson qui **renferme** un **étonnant pouvoir désaltérant**, **se boit** lors de l'apéritif **en fin d'après midi**. Sa couleur à l'origine **plutôt ambrée** s'éclaircit beaucoup avec **l'eau jusqu'à donner** une couleur **jaune** très pale.

Dans **le sud**, le pastis est utilisé dans de **nombreuses recettes** de cuisine dont **ma préférée est** : **les gambas** flambées au pastis. C'est un délice ! Les poissons de Méditerranée **sont souvent cuisinés** avec les aromates anisés, **badiane**, fenouil, ou pastis, pour parfumer les préparations. **Il y a encore plus** simple comme l'omelette au pastis.

Les boissons anisées sont de **façon** générale **très appréciées** dans **le pourtour** méditerranéen. En Espagne, par exemple, **il s'agira** plutôt de **l'aguardiente** ou encore en Italie, de la sambuca.

La tradition **remonterait au temps des Romains** qui, eux, **buvaient** du **vin** d'anis aux plantes. Au XIIIème siècle, **une confrérie** produit différents **onguents** et élixirs à base d'anis, **utilisés** pour **guérir** de multiples **maladies**. **Les Maures** et **plus tard les croisés introduisent** l'anis en France et notamment à Marseille. Avec le temps la plante est adaptée, **raffinée** et **donne naissance** à l'ancêtre du pastis: l'absinthe.

Aujourd'hui, il existe **un véritable culte** autour du pastis. **Non seulement** le tout Marseille réinvente la cuisine avec les nombreuses recettes à base de pastis mais **il innove également** dans la création de nouveaux cocktails, dont en **voici quelques** exemples:

- La *Mauresque* : à base de pastis et de **sirop d'orgeat**
- La *Tomate* : a base de pastis et de sirop de grenadine
- Le *Perroquet* : a base de pastis et de sirop de **menthe**
- Le *Mazout* : à base de pastis et de soda au cola
- Le *Diesel* : à base de pastis et de **vin blanc**

Mais le culte du pastis **va bien au-delà** encore. Aujourd'hui **on peut même trouver** un dictionnaire du pastis **qui fait sourire** les Marseillais et **les touristes avisés**. Dans le dictionnaire **on trouve** : <u>Pastis</u> : Liquide indispensable à l'exercice de certaines activités sportives de **haut niveau**, la pétanque par exemple. (Définition Impertinente - Edouard Huguelet).

Plus qu'une boisson, **vous l'aurez bien compris**, le pastis représente **en lui** toute la grande tradition de l'apéritif marseillais. Il est **5 heures et quart**… **le soleil tape toujours** et **les cigales ne se sont pas** encore **arrêtées** de **chanter**. **Je suis** sur la terrasse d'un café **au cœur d'**un petit village au centre de Marseille… Il fait chaud mais ici, **on sait se désaltérer**. **C'est l'heure de** l'apéritif.

remonterait au temps de (remonter): goes back to the time of (to go back)
des Romains (un Romain): Romans
(ils) buvaient (boire): they drank (to drink)
un vin: wine
une confrérie: brotherhood
onguents (un onguent): salves, ointments
utilisés (utiliser): used (to use)
guérir: to cure
maladies (une maladie): diseases
les Maures: Moors
plus tard: later
les croisés: crusaders
ils introduisent (introduire): they introduced (to introduce)
raffinée (raffiné): refined
elle donne naissance (donner): it gave birth (to give)

un véritable culte: a real cult
non seulement: not only
il innove (innover): it is used innovatively (to innovate)
également: also
voici: here are
quelques: some
le sirop d'orgeat: orgeat syrup
la menthe: mint
le vin blanc: white wine

va bien au-delà (aller): goes far beyond (to go)
on peut (pouvoir): we can (can, to be able to)
même: even
trouver: find
qui fait sourire: that makes smile
les touristes avisés: informed tourists
on trouve (trouver): we find (to find)
un haut niveau: high level

vous l'aurez bien compris (comprendre): you will have understood (to understand)
en lui: in itself
5 heures et quart: a quarter past five
le soleil: sun
(il) tape (taper): is scorching, beats down (to be scorching, hot)
toujours: still, always
les cigales (la cigale): cicadas
ne se sont pas arrêtées (s'arrêter): have not stopped (to stop)
chanter: to sing
je suis (être): I am (to be)
au cœur de: in the heart of
il fait chaud: it is warm
mais ici: but here
on sait se désaltérer (savoir): we know how to quench our thirst (to know)
c'est l'heure de: it is the hour of

les vins (le vin): the wines
les fromages (le fromage): the cheeses
font partie de (faire partie de): are part of
  (to be part of)
intégrante: integral
très peu de: very few
repas (un repas): meals
ne se passent sans (se passer): take place
  without (to happen, take place)

célèbres (célèbre): famous
comment voulez-vous: how do you want?
gouverner: to govern
un pays: a country
en fait: in fact, actually
plus de: more than
un dicton: a saying
il dit (dire): it says (to say)
un pour chaque jour: one for every day
l'année (une année): year
le nombre: the number
écrit (écrire): written (to write)
communément: generally
recensées (recenser): listed (to list, compile)

délivré au: given to
mais également: but also
il garantit (garantir): it guarantees
  (to guarantee)
non seulement: not only
ceci permet (permettre): it allows (to allow)
une traçabilité: traceability
facilement: easily
reproductibles (reproductible): reproducible

on distingue (distinguer): you can discern
  (to discern)
le lait de vache: cow milk
le lait de chèvre: goat milk
le lait de brebis: ewe milk
etant donné que (donner): given that (to give)
de nombreux adjectifs: a lot of adjectives
décrivent (décrire): that describe (to describe)
le goût: the taste
il peut être (pouvoir): it can be
  (can, to be able to)
pâte molle: soft
pâte pressée: pressed
une croûte naturelle: natural rind
dure (dur): hard
forts (fort): strong
ils méritent tous (mériter): they are all worth
  (to be worth, deserve)

portent (porter) le nom de: have the name of
  (to have)
appellation: designation
la ville: city
la feuille: leaf

Le vin et le fromage français

Les vins et **les fromages font partie intégrante** de la culture gastronomique française. **Très peu de repas** en France **ne se passent sans** qu'il n'y ait du vin et du fromage à table.

Une des citations **célèbres** du Général de Gaulle est : « **Comment voulez-vous gouverner un pays** où il existe 246 variétés de fromage ? » Il en existe **en fait plus de** 400 différents types. **Un dicton** célèbre **dit** qu'il en existe 365, **un pour chaque jour** de l'année, mais **le nombre** exact est absolument impossible à déterminer. Quant au vin, 340 Appellations d'Origine Contrôlées (**écrit communément** AOC) sont **recensées** sur le seul territoire français.

Ce label AOC, **délivré au** vin, **mais également** au fromage, est donné par l'Institut National des Appellations d'Origine (dépendant du Ministère de l'Agriculture). **Il garantit non seulement** la qualité, mais également l'authenticité de l'origine géographique du produit. **Ceci permet une traçabilité** et un respect de la labellisation des fromages et vins qui, de part leurs nombres, sont **facilement reproductibles**.

On distingue trois types de fromages : les fromages au **lait de vache**, ceux au **lait de chèvre** et ceux au **lait de brebis**. **Etant donné** qu'il existe un grand nombre de fromages en France, **de nombreux adjectifs décrivent** la texture, **le goût** et le type de pâte le caractérisant : le fromage **peut être** frais, à **pâte molle**, à pâte normale, à **pâte pressée**, à **croûte naturelle**, à croûte **dure**... Il y a des fromages **forts** (Roquefort, Maroilles, Cancoillote...), ou des fromages plus doux (Brie, Tomme...), mais **ils méritent tous** un détour.

Certains fromages **portent** dans leur **appellation** le nom de **la ville** d'origine de leur fabrication. Ainsi, le *St Marcellin*, le Brie de *Meaux*, **la feuille** de *Dreux* ou le bleu de *Sassenage* fournissent directement les informations sur la ville de provenance du fromage.

D'autres possèdent juste le nom d'une région, comme le *Cantal*, **le carré** du *Poitou*, **la tomme** de *Savoie*, ou l'Epoisses de *Bourgogne*.

De **la même façon**, **la plupart des** vins français sont issus de régions spécifiques du pays. Ces régions, de part leur climat, la caractéristique et **la richesse** de leurs **terres**, font les spécifités de **chacun** des vins et **qui y sont produits**. Par exemple, la Champagne et l'Alsace (régions du nord et nord-est) **produisent des vignes** très différentes **de celles** des régions de Bordeaux et de Provence (sud et sud-est). La région d'origine des vignes et l'un des facteurs **les plus importants** dans la production du vin. Ces caractéristiques sont déterminées **sous le terme** de « terroir ». Un terroir est donc **un ensemble** de **vignobles** d'une **même** région géographique, avec le même type de **sol** (terre) et de conditions climatiques. La dénomination du terroir **garantit** ainsi de **retrouver** un certain type de vin **qui aura** les mêmes caractéristiques générales, mais avec des subtilités de goût différentes.

Les vins français sont issus des 9 grandes régions **suivantes** : Alsace, Beaujolais, Bordeaux, Bourgogne, Côtes du Rhône, Languedoc Roussillon, Loire, Provence/Corse et Sud Ouest. Le **casse-tête des non-initiés** au **savoir viticole** est de **pouvoir choisir** le vin adéquat en accompagnement d'**un repas**. Ainsi, la majorité **des recettes** de cuisine **publiées comporte une annotation** sur le type de vin à **servir** avec le plat en question. **En cas de doute**, **il vaut mieux laisser** les choix du vin à **quelqu'un qui s'y connait**, ou **demander conseil**, **plutôt que** de **tenter sa chance au hasard**. Choisir un vin **qui ne se marie pas** du tout avec un plat est **une faute de goût** certaine à la table des Français et **vu** le nombre de vins **disponibles**, **on ne peut laisser** la chance **décider** pour soi **sans prendre** un certain risque.

Pour ce qui est de l'alliance du fromage et du vin, **le top du top** est de **savoir marier** le **bon** fromage avec le bon vin. Tout un art, **mais quel délice** pour **le palais** !

les feuilles (la feuille): leaves
l'érable (masc.): maple tree
les champignons (le champignon): mushrooms
des bois (un bois): woods
jaune: yellow
le soleil: sun
(il) se voile (se voiler): (it) veils (to veil)
marron: brown
le tronc: trunk
belles (beau): beautiful
l'automne: autumn

les arbres (la arbre): trees
la survie: survival
adapté: adapted
ils sont implantés (implanter): they are settled (to settle)
tempérées (tempéré): mild
froides (froid): cold
utilisent (utiliser): use (to use)
avec parcimonie: sparingly
(ils) déclenchent (déclencher): (they) start (to start)
la veille: (here) dormancy
un hiver: winter
les parties (la partie): parts
(elles) sont protégées (protéger): (they) are protected (to protect)
écorce: bark
un tissu: tissue
tendre: soft
qui ne résiste pas (résister): that cannot withstand (to withstand, resist)

dès que: as soon as
commence à (commencer): start to (to start to)
baisser: to decrease
vers: around
la fin: end
le mois: month
la sève: sap
véhiculée (véhiculer): carried (to carry)
(elle) ne peut plus accéder (pouvoir): (it) can no longer access (can, to be able)
nourrir: to feed
arrivent (arriver): manage (to manage)
survivre: to survive
pendant: for
propre: own
mais: but
petit à petit: bit by bit, slowly
elles se déshydratent: they become dehyrdrated
(elles) se durcissent (durcir): (they) harden (to harden)
la perte: loss
n'est plus produite (produire): is no longer produced (to produce)

Le flamboyant automne

Rouge, **les feuilles** de l'érable.
Orange **les champignons des bois.**
Jaune le soleil qui **se voile.**
Marron, comme **le tronc.**
Belles sont les couleurs de l'**automne** !

Les arbres ont un système de **sur-vie adapté** aux régions où **ils sont implantés.** Ainsi, dans les régions **tempérées** et **froides**, les arbres **utilisent** leur énergie **avec parcimonie** et **déclenchent** un système de **veille** en **hiver.** Alors que **les parties** so-lides de l'arbre comme le tronc et les branches **sont protégées** par l'**écorce**, les feuilles quant à elles ont **un tissu tendre qui ne résiste pas** aux basses températures.

Dès que les températures **commencent à baisser, vers la fin** du **mois** de septembre en France, **la sève, véhiculée** habituellement dans toutes les parties de l'arbre, **ne peut plus accéder** aux feuilles car le système de veille de l'arbre n'a plus suffisamment d'énergie pour **nourrir** ses extrémités. Les feuilles **arrivent** donc à **survivre pendant** une période avec leur **propre** réserve, **mais petit à petit, elles se déshydratent** et **se durcissent.** Cette déshydratation est symbolisée par **la perte** de leur couleur verte, représentant la chlorophylle qui **n'est plus produite.**

Ainsi, quand arrive l'automne en France, **les paysages** sont illuminés par des **couleurs féeriques plus flamboyantes les unes que les autres:** orange, jaune, violet, rouge, ocre, **mordoré**, **or** … Ce phénomène **dure** habituellement **trois à quatre semaines**, mais **la douceur** des températures de certains automnes prolonge souvent ces magnifiques **tableaux quelques** semaines de plus.

En automne, **les enfants se régalent à faire voler** les feuilles **mortes en donnant de grands coups de pieds** dans **les tas** de feuilles **qui se sont amassées par terre.**

Les feuilles, **châtaignes** et autres **trésors trouvés à même le sol**, dans les bois et **forêts** sont autant d'**outils précieux** pour la réalisation de tableaux et natures mortes dont **les enseignants s'inspirent souvent** pour **créer** des activités de **bricolage** avec **leurs élèves.**

A cette période, **des** petits **stands apparaissent un peu partout** dans **les rues** pour **vendre** des châtaignes grillées, à **déguster** sur place, **encore chaudes.** Ces châtaignes sont grillées dans **des poêles** spécifiques (avec **des trous au fond**), sur **des braises**, **afin que** l'écorce **se craquèle** et permette ainsi au **fruit de cuire** rapidement **tout en gardant** sa texture.

De Paul Verlaine (avec sa « Chanson d'automne »), à Jacques Prévert (avec son **œuvre** « Les feuilles mortes »), les thèmes de l'automne et des feuilles mortes ont inspiré plus d'**un auteur français** et de nombreux poèmes **ont été écrits** à ce sujet. **En voici deux**, pour **le plaisir des yeux.**

---

les paysages (le paysage): landscapes
couleurs féeriques: magical colors
plus flamboyantes les unes que les autres: each more fiery than the next
mordoré: golden brown
or: gold
(il) dure (durer): (it) lasts (to last)
trois à quatre semaines: three to four weeks
la douceur: mildness
ces tableaux (un tableau): scenes
quelques: some

les enfants (le enfant): children
se régalent à (se régaler): enjoy (to enjoy)
faire voler: to make fly
mortes (mort): dead
en donnant de grands coups de pieds: by kicking their feet
les tas (le tas): heaps, piles
qui se sont amassées par terre: that have piled up on the ground

châtaignes (une châtaigne): chestnuts
trésors (un trésor): treasures
trouvés (trouver): found (to find)
à même le sol: right on the ground
forêts (une forêt): forests
outils (un outil): tools
précieux: precious
les enseignants (le enseignant): teachers
s'inspirent (inspirer): are inspired (to inspire)
souvent: often
créer: to create
le bricolage: arts and crafts
leurs élèves (un eleve): their students

des stands (un stand): stalls
apparaissent (apparaître): appear (to appear)
un peu partout: just about anywhere
les rues (le rue): streets
vendre: to sell
déguster: to taste
encore chaudes (chaud): still warm
des poêles (une poêle): pans
des trous au fond: holes in the bottom
des braises (une braise): embers
afin que: in order to
se craquèle (se craqueler): cracks (to crack)
le fruit: *(here)* nut
cuire: to cook
tout en gardant: while keeping

une œuvre: work
un auteur français: French author
ont été écrits (écrire): have been written (to write)
en voici deux: here are two of them
le plaisir: pleasure
des yeux (un œil): eyes

La cérémonie du mariage

En France, le mariage **se déroule** en général en deux cérémonies. La première **a lieu à la mairie alors que la deuxième** se déroulera **selon les croyances** et pratiques religieuses du couple à marier. Pour un mariage « traditionnel » français, la cérémonie religieuse a lieu dans **une église**, où **le prêtre bénira** et **unira les deux époux** selon les rituels de la religion catholique.

Le passage devant Monsieur le Maire **se fait** généralement **assez rapidement**. L'officier d'etat civil s'**assure** de l'identité des deux futurs époux et procède à la lecture d'articles du code civil relatif au mariage **tels que**, **entre autres**:

- « Les époux **se doivent mutuellement fidélité, secours**, assistance ».
- « Les époux **assurent ensemble** la direction morale et matérielle de la famille. **Ils pourvoient** à l'éducation **des enfants** et préparent leur **avenir** ».

Quant à la cérémonie religieuse, elle nécessite un investissement plus important de la part des futurs mariés. **En effet**, pour la cérémonie à l'église, **il leur revient de choisir** les textes qu'**ils souhaitent** voir lire, de **décider** de la musique **qui sera jouée pendant** les différentes **étapes** de la cérémonie (l'entrée dans l'église, après la lecture des textes par le prêtre, **la marche nuptiale** et **la clôture** de la cérémonie).

L'entrée dans l'église **se fait souvent sur un fond** de musique classique et **solennelle**. Le marié **entre** en premier et attend devant l'**autel** sa future épouse **qui fera** son entrée au **bras** de **son père**. A l'arrivée des mariés, le prêtre formule **un petit discours** d'**accueil** à leur attention. **S'en suivra** la lecture de psaumes et de textes lus par des membres de la famille et **amis**, comme l'**auront préparés** les futurs mariés. Le moment **le plus émouvant** de la cérémonie religieuse est **sans nul doute** le moment où le prêtre procède à l'échange **des consentements**.

L'étape d'échange des consentements **terminée**, l'échange des alliances et la bénédiction concrétisent l'union **devant Dieu. Une fois** l'échange **des alliances** faites, le prêtre déclare « **Désormais, vous êtes unis** par Dieu par **les liens sacrés du mariage** ».

S'en suit **la bénédiction** nuptiale et la signature des registres, **pour laquelle les témoins rejoignent** les époux. **La sortie** de l'église se fait généralement sur une musique **entraînante et gaie**. Il est de coutume de **lancer des poignées de riz**, symbole de fertilité et de prospérité, **au-dessus** des mariés sur **les marches** de l'église.

Après cette cérémonie **un vin d'honneur** est généralement proposé. Il permet d'**inviter** les personnes avec qui les relations **ne sont pas suffisamment proches** pour **les convier** à **la soirée**. La soirée de mariage **se poursuivra** ensuite une grande partie de la nuit. Les mariés, qui sont généralement **les derniers** à partir, **passeront** la majeure partie de **leur temps** à aller de table en table **afin de pouvoir** parler et **profiter** de **chacun** des invités.

De nombreux mariages ont lieu en France **pendant les mois** de juin, juillet et août quand le temps est **clément** et **les journées plus longues** et **propices à la fête**. D'un point de vue pragmatique, **il faut donc** s'assurer bien à l'avance de **la disponibilité** des lieux que les futurs époux **ont choisi** pour leur soirée de mariage. En effet, **les salles sont** souvent **réservées plusieurs** mois à l'avance.

Une fois **unis** par les liens du mariage, **il ne reste plus qu'**à respecter **la dernière** tradition : la légende **raconte** que si la mariée **trébuchait en entrant** pour la première fois dans **la demeure conjugale**, alors son mariage **serait promis** à **un avenir** catastrophique ! Pour conjurer le sort et pour **éviter** cet incident, le marié **porte** donc la **nouvelle** épouse pour **franchir le seuil** de leur porte et la **ferme** afin d'éviter qu'**elle ne ressorte**.

---

terminée (terminer): ends (to end, to finish)
devant Dieu: in front of God
une fois: once
des alliances (une alliance): wedding rings
désormais: from now on
vous êtes unis (unir): you are united (to unite)
les liens sacrés du mariage: holy matrimony

la bénédiction: blessing
pour laquelle: for which
les témoins (le témoin): witnesses
rejoignent (rejoindre): join (to join)
la sortie: exit
entraînante et gaie: lively and happy
lancer: to throw
des poignées de riz: fistfuls of rice
au-dessus: above
les marches (la marche): steps

un vin d'honneur: reception
inviter: to invite
(ils) ne sont pas suffisamment proches: (they) are not close enough
les convier: to invite them
la soirée: evening party
se poursuivra (poursuivre): will continue (to continue)
les derniers (le dernier): the last ones
(ils) passeront (passer): (they) will spend (to spend)
leur temps: their time
afin de pouvoir: in order to be able to
profiter: to make the most of
chacun: each

pendant les mois: during the months
clément: mild
les journées plus longues: longer days
propices à: favorable
la fête: party
il faut donc (falloir): it is therefore necessary (to be necessary)
la disponibilité: availability
ont choisi (choisir): have chosen (to choose)
les salles (la salle): rooms
sont réservées (réserver): are booked (to book)
plusieurs: several

unis (uni): married, united
il ne reste plus qu' (rester): all that remains (to remain)
la dernière: the last
raconte (raconter): tells (to tell)
trébuchait (trébucher): stumbled (to stumble)
en entrant: when coming in
la demeure conjugale: family home
(il) serait promis: *(here)* it will be destined
un avenir: future
éviter: to avoid
porte (porter): carries (to carry)
nouvelle (nouveau): new
franchir: to cross
le seuil: doorstep
(il) ferme (fermer): (he) closes (to close)
elle ne ressorte (ressortir): she does not go out again (to go out again)

la mode: fashion
retrouvé: finding
à la fois: both
des consommateurs: consumers
des couturiers: fashion designers
le chapeau: hat
(il) se décline: (it) presents the range
dorénavant: from now on
les tissus (le tissu): fabrics
très prisé: very sought after
les années (l'année): years
il fait un retour: it makes a comeback
joliment: nicely
les tenues (la tenue): clothes
décontractées: casual
la plage: beach

né: born
le besoin: need
se protéger: to protect
des intempéries: bad weather
le soleil: sun
étrangères (étranger): foreign
le casque militaire: military helmet
le siècle: century
les hommes (l'homme): men
ont commencé (commencer): started (to start)
arborer: to wear
les calots: brimless hats
toile: cloth, linen
feutre: felt (hat)
paille: straw (hat)
les femmes (la femme): women
se contentaient: were content themselves
un voile: veil
plus tard: later
drape: folds of fabric
par la suite: therafter
porté: worn
la crépine: *a pleated or gathered head covering*
la barbette: *a hat which is worn on top of a veil*
la guimpe: *a piece of starched cloth covering the shoulders of a nun's habit*
la coiffe: *a headdress*
pelerine a capuche: hooded cape
Petit Chaperon rouge: Little red riding hood

(il) ne tient pas lieu: (it) is not only used as
un couvre-chef: hat
selon: according to
qui lui est dû: that it owed to him/her
on pense (penser): we think (to think)
entre autres: among others
la mitre de l'évêque: *a bishops headdress*
la calotte des cardinaux: cardinal's cap
la casquette: cap
képi de l'agent de police: police hat
la toque: chef's hat
calot du cuisinier: chef's hat
béret béarnaise: traditional beret made in Béarn

portait (porter): (she) wore (to wear)
il n'y a pas si longtemps: not a long time ago
le voile de la nonne: veil of a nun
la toque de l'infirmière: nurse's hat
la femme de chambre: chamber maid
l'hôtesse de l'air: airline stewardess
sans oublier: without forgetting
le bibi: *a style of hat with a specific shape*
la capeline: *a style of hat with a specific shape*
la charlotte: mobcap
le canotier: boater hat
l'époque: time

Le chapeau en France: origines et traditions

Accessoire de **mode** ayant **retrouvé à la fois** la faveur **des consommateurs** et **des couturiers**, le chapeau se décline dorénavant sous toutes les formes, et dans tous **les tissus** et couleurs. **Très prisé** en France entre **les années** 20 et 60, **il fait un retour** en force et accompagne **joliment les tenues** élégantes ou **décontractées**, à **la plage** comme à la ville.

Origines du chapeau

Né du **besoin** de **se protéger des intempéries**, du **soleil** ou des agressions **étrangères (le casque militaire)**, le chapeau était à l'origine un accessoire essentiellement masculin. Dès le XIIIe **siècle, les hommes ont commencé** à **arborer** des chapeaux de formes diverses comme **les calots** de **toile**, les bonnets, **les chapeaux** de **feutre** ou de **paille. Les femmes se contentaient** habituellement d'**un voile** et **plus tard** d'un simple bonnet **drapé. Par la suite**, la femme a **porté la crépine**, **la barbette, la guimpe** et **la coiffe** ou une simple **pèlerine à capuche** tout comme celle du **Petit Chaperon rouge**!

Chapeau et statut social

Le chapeau **ne tient pas** lieu seulement de **couvre-chef**; dans plusieurs régions, ou **selon** les activités ou professions, il détermine le statut social de l'individu et le respect **qui lui est dû**. Que l'on **pense, entre autres**, à **la mitre de l'évêque** ou à **la calotte des cardinaux**, à **la casquette** ou au **képi** de l'agent de police, à la toque ou au **calot du cuisinier**, au **béret béarnais** ou encore au chapeau de cowboy.

La femme **portait il n'y a pas si longtemps** encore **le voile de la nonne, la toque de l'infirmière**, la coiffe de **la femme de chambre** ou de **l'hôtesse de l'air, sans oublier le bibi, la capeline, la charlotte, le canotier** et de nombreuses variantes selon la mode ou **l'époque**.

Traditions **liées** au chapeau

En France

Il y a la Sainte-Catherine **bien sûr**, **quoique** cette tradition **se soit étiolée** dans certaines régions, ainsi que celle de **porter un voile léger** ou un chapeau en signe de respect dans **les lieux** de culte. Cette dernière a presque complètement **disparu**, sauf dans certains **pays** ou régions majoritairement catholiques (comme le sud de l'Italie, la Corse ou les pays de l'Europe de l'Est) où nombre de **femmes âgées la font perdurer**.

Au **Royaume-Uni**

À cause de l'omniprésence de la monarchie et de ses fastes, la tradition du chapeau est davantage **ancrée** en Angleterre, où **l'ouvertur**e de **la saison** des courses, les réceptions ouvertes au public dans les jardins du château de Buckingham ou **les mariages mondains requièrent impérativement le port du chapeau.**

Pendant l'été, la large capeline en tulle, le bibi **à voilette** ou **à pointe**, le bandeau à large **boucle portée sur le dessus** de **la tête** ou sur **le côté feront parfaitement l'affaire**. **Évitez cependant** d'être trop extravagant, **sinon** votre chapeau pourrait attirer davantage d'attention **que vous ne le souhaiteriez**! En **automne** ou en **hiver**, portez **plutôt** le Trilby et le Borsalino masculins avec **une jupe** ou **un pantalon ajusté** et **un chemisier à froufrous**, sous une petite **veste cintrée** ou **un imperméable**. Le chapeau **cloche en feutre** ou **en daim** est tout aussi idéal en cette **saison venteuse**, tout comme **la casquette**, le béret ou la toque de **fausse fourrure**.

Chapeaux et mariage

Souvent associé au mariage, le chapeau demeure un accessoire très utile **pour rehausser une tenue jugée un peu terne** ou trop simple. La mariée **optera** évidemment pour **le voile**, **une couronne** de fleurs d'oranger ou **un diadème**, quoique **la recrudescence** des mariages à **la mairie** favorise dorénavant le port du chapeau pour la mariée. Un bibi **orné** de fleurs ou une capeline **légère** accompagneront alors **n'importe quelle tenue**. **Et n'oubliez pas, si vous êtes seulement une invitée**, évitez **le tailleur blanc** et le chapeau **assorti**, il **serait dommage** de **voler la vedette** à celle pour qui ce **jour devrait** demeurer unique et **inoubliable**.

---

liées: linked
bien sûr: of course
quoique: though
se soit étiolée (s'étioler): (it) had declined (to decline)
un voile léger: light veil
les lieux (le lieu): places
disparu: disappeared
pays (un pays): countries
femmes âgées: old women
la font perdurer (faire): (they) make it last (to make)

Royaume-Uni: UK
ancrée: rooted
Angleterre: Great Britain
l'ouverture: opening
la saison: season
les mariages mondains: jet set weddings
requièrent impérativement le port du chapeau: wearing a hat is mandatory

pendant l'été: during the summer
à voilette: with a veil
à pointe: spiked
une boucle: buckle
sur le dessus la tête: on the top of the head
le côté: side
(ils) feront parfaitement l'affaire: (it) will work (to work)
évitez (eviter): avoid (to avoid)
cependant: nevertheless
sinon: otherwise
que vous ne le souhaiteriez (souhaiter): than you wish (to wish)

l'automne: fall
l'hiver: winter
plutôt: rather
une jupe: skirt
un pantalon: trouser
un chemisier a froufrous: shirt with frou-frou
une veste cintrée: waisted jacket
un imperméable: raincoat
la cloche en feutre: felt hat
en daim: in suede
une saison venteuse: windy season
la casquette: cap
fausse fourrure: fake fur

pour rehausser: to boost
une tenue: clothes
jugée: seen
un peu terne: lightly drab
optera (opter): (she) will opt for (to opt)
une couronne: crown
un diadème: tiara
la recrudescence: increase
la mairie: city hall
orné: ornate
n'importe quelle tenue: whatever clothes
et n'oubliez pas (oublier): and don't forget (to forget)
si vous êtes seulement une invitée: if you are only a guest
le tailleur blanc: white suit
assorti: matching
il serait dommage: it would be a shame
voler la vedette: to steal the show
le jour: day
(il) devrait (devoir): it should (should)
inoubliable: unforgettable

La tradition de la Sainte-Catherine

Comme il y a eu **une légère recrudescence** des mariages **au cours des dernières années** en France, **on peut s'attendre** à ce que la jolie tradition de la Sainte-Catherine **perdure** encore un moment. C'est le 25 novembre, alors que **le ciel** et **les cœurs se sont assombris**, que l'**on fête** les Catherinettes, ces **jeunes filles qui ne sont pas encore mariées**.

Il était en effet autrefois mal vu d'être encore **célibataire** à cet âge « avancé », et c'est avec **désespoir** que les « **laissées-pour-compte** » **envisageaient** un avenir de solitude auprès de leurs vieux parents ou avec un chat **pour seul compagnon**.

La tradition veut que les jeunes filles « en mal de mari » **se rendent** à un bal ou participent à une procession **en arborant un chapeau** extravagant **orn**é de **ver**t et de **jaune**, une peu à la manière d'**un oiseau** exotique **montrant** son plumage **pour attirer les prétendants**.

L'origine de la tradition **remonte** à Catherine d'Alexandrie, une sainte et martyre de l'Église **qui a vécu** au 3ème **siècle** de la chrétienté et **qui aurait été suppliciée pour avoir préféré** son **époux** mystique **plutôt** que d'**épouser** l'empereur Maxence, qui lui a tout de même **tranché la tête** après trois tentatives.

C'est au **Moyen Âge** (12ème siècle) que l'**on a commencé** à **se rendre en cortège devant** une statue de Sainte Catherine pour la parer de **fleurs**, **rubans**, chapeaux … c'est ce qu'**on appelait** « **coiffer** Sainte Catherine », et tout cela dans **le but d'éviter le sort infamant** du célibat.

une légère recrudescence: light increase
au cours: during
des dernières années: last years
on peut s'attendre (pouvoir): we can expect (to expect)
perdure: last
encore un moment: for a while
le ciel: sky
les cœurs (le cœur): hearts
(ils) se sont assombris (assombrir): (they) get darker (to get darker)
on fête (fêter): we celebrate (to celebrate)
jeunes filles (une fille): young girls
qui ne sont pas encore mariées: who are not yet married

il était (etre): it was (to be)
en effet: indeed
autrefois: before
mal vu: not well seen
célibataire: single
désespoir: despair
une laissée-pour-compte: outcast
envisageaient (envisager): (they) imagine (to imagine)
pour seul compagnon: as unique companion

se rendent (se rendre): (they) go to (to go to)
en arborant: by wearing
un chapeau: hat
orné: ornate
vert: green
jaune: yellow
un oiseau: bird
montrant: showing
pour attirer: to attract
les prétendants (le prétendant): suitors

remonte (remonter): (it) comes from (to come from)
qui a vécu (vivre): who lived (to live)
un siècle: century
qui aurait été suppliciée: who was persecuted
pour avoir préféré: for having prefered
un époux: husband, spouse
plutôt: rather
épouser: to marry
tranché: cut
la tête: head

Moyen Âge: Middle Ages
on a commencé (commencer): we started (to start)
se rendre en cortège: to parade
devant: in front of
fleurs (une fleur): flowers
rubans (un ruban): ribbons
on appelait (appeler): we called (to call)
coiffer: to put on
le but: goal
d'éviter: to avoid
le sort infamant: infamous fate

Dans **le nord** de la France, les jeunes filles **remplies d'espoir s'envoient** ce **jour-là des cartes** de la Sainte Catherine **pleines** de **souhaits** et d'encouragements. Au début du 20ᵉ siècle, les Anglaises **invoquaient** la sainte le jour de sa **fête** en des termes éloquents: « Sainte Catherine, Sainte Catherine, aide-moi. Et promets de **ne pas me laisser mourir** célibataire. Un mari, Sainte Catherine, un bon, Sainte Catherine; mais plutôt un, que pas du tout. »

Cette **fête** a même **donné lieu** à **des dictons** dont: « À la Sainte-Catherine, tout **bois** planté **prend racine** » (**la fin** novembre est **le début** de la période propice au **bouturage** des branches d'**arbres** ; par extension le dicton fait référence au bois **qui prend racine**, ce qui est valable **jusqu'à la fin de l'hiver**).

En Franche-Comté, la Sainte Catherine est **encore fêtée**: on organise ce jour-là de grandes **foires** agricoles notamment à Vesoul (Haute-Saône). La plupart **des pâtissiers vendent** aussi du **pain d'épices** de la Sainte Catherine (au chocolat), et **une gâterie** en forme de **cochon** avec **un sifflet** à la place **de la queue**. Au Canada, le jour de la fête de la sainte, **on prépare toujours une sucrerie** à base de **mélasse**, la tire de la Sainte-Catherine, que les enfants **on plaisir** à **étirer** jusqu'à ce que la préparation ait la consistance **voulue** et qu'elle soit prête à **être découpée** et enveloppée dans **une papillote**.

« Dans **le bon vieux temps**, disait le journaliste Hector Berthelot en 1884, cette fête **était célébrée** dans presque toute **les maisons** canadiennes. C'était un jour de grande **liesse**. **Le travail** était suspendu et le plaisir était partout à l'ordre du jour. **La ménagère passait** la journée à préparer le festin avec rigueur. Dans toutes les familles, c'était une fête que personne **n'aurait voulu manquer**. **La soirée** et **la nuit** entière étaient consacrées à la danse. »

Curieusement, un dicton du Languedoc évoque qu'il est de **mauvaise augure** de **se marier** en novembre: « **Mois des morts, noces mortelles** », y **dit-on**… Mais avec l'aide de la fameuse sainte, **nul ne doute** que ces mariages-là seront **les plus heureux** qui soient !

le nord: north
remplies d'espoir: filled with hope
s'envoient (s'enoyer): send each others (to send)
jour-là: this day
des cartes (une carte): cards
pleines (plein): full
souhaits (un souhait): wishes
invoquaient (invoquer): (they) invoked (to invoke)
la fête: celebration
ne pas me laisser mourir: do not let me die

a donné lieu (donner lieu): (it) led to (to lead to)
des dictons (un dicton): sayings
le bois: wood
prend racine (prendre): (it) takes root (to take)
la fin: end
le début: beginning
le bouturage: taking of cuttings
arbres (un arbre): trees
jusqu'à: until
la fin de l'hiver: the end of winter

encore fêtée: still celebrated
foires (une foire): fairs
des pâtissiers (un pâtissier): pastry chefs
(ils) vendent (vendre): (they) sell (to sell)
un pain d'épices: ginger bread
une gâterie: sweet
le cochon: pork
un sifflet: whistle
la queue: tail
on prépare (preparer): we prepare (to prepare)
toujours: always
une sucrerie: sweet
la mélasse: molasses
(ils) ont plaisir: they enjoy
étirer: to pull
voulue: wanted
être découpée: to be cut
une papillote: *name of a sweet candy*

le bon vieux temps: old times
était célébrée (célébrer): (it) was celebrated (to celebrate)
les maisons (la maison): houses
liesse: jubilation
le travail: work
la ménagère: housewife
passait (passer): (she) spent (to spend)
n'aurait voulu manquer (vouloir): wouldn't want to miss (to want)
la soirée: evening
la nuit: night

une mauvaise augure: bad omen
se marier: to get married
le mois: month
des morts (un mort): dead, deceased
noces mortelles: deadly weddings
dit-on (dire): it says (to say)
nul ne doute (douter): nobody doubts (to doubt)
les plus heureux: happiest

Évaluez votre compréhension

Un jour, un chocolat, page 54

1. Where and when did the advent calendar originate?

2. How did the families mark the days leading up to Christmas?

Le temps des sucres, page 56

1. What is a *cabane à sucre* and what happens here?

2. How do you make *la tire d'érable*?

3. What is the technique to harvest the syrup?

Les vacances à la française, page 55

1. What new idea concerning vacations came about in 1920?

2. How did employees make this change happen?

3. In the last 50 years what has happened to the length of paid vacations in France?

Le réveillon de la Saint Sylvestre, page 58

1. In ancient Rome what gifts were exchanged?

2. At the Roman banquets what did the number of plates represent?

3. Why is the New Year's Eve meal scheduled later in the day?

Test your comprehension

Des chants sacrés, page 60

1. What are some of the traditional meals enjoyed at Christmas?

2. What represents the highlight of Christmas in Guadeloupe?

3. What is the tradition of *Le Chanté Nwel* and when does it start?

La tradition du pastis, page 62

1. Pastis is flavored by what seed?

2. What law was passed in 1915?

3. When is this apéritif generally enjoyed?

Le vin et le fromage français, page 64

1. What does the label AOC guarantee?

2. What does the term *terroir* guarantee or indicate?

3. How many main French wine regions are there?

La cérémonie du mariage, page 68

1. What does the author consider the most moving part of the wedding?

2. Exiting the church is done to what type of music?

3. When do most French weddings take place and why?

Célébration

Pâques en France

Pâques: Easter
des fêtes chrétiennes: Christian holidays
l'année (une année): the year
elle rappelle (rappeler): it commemorates (to commemorate)
trois jours (un jour): three days
sa mort (une mort): his death
la croix: the cross
ce jour (le jour): this day
marque (marquer): marks (to mark)
la fin: the end
le Carême: Lent
pratiquants (pratiquer): practicing (to practice)
qui veut dire (vouloir dire): which means (to mean)
les fidèles (le fidèle): the faithful, believers
doivent arrêter (devoir): must stop (to have to)
travailler: to work
aller: to go
la messe: mass
ils vont (aller): they go (to go)
se confesser: to confess
on appelait (appeler): one called (to call)
utilisée (utiliser): used (to use)

aujourd'hui: today
surtout: mainly
célèbre: famous
les œufs (le œuf): eggs
elle dit (dire): it says (to say)
les cloches (la cloche): bells
deviennent (devenir): become (to become)
le Jeudi Saint: Holy Thursday
le deuil: mourning
rappellent (rappeler): remind (to remind)
sont parties (partir): have gone (to go, leave)
elles reviennent (revenir): they come back (to come back)
leur passage: their passing through

le siècle dernier: last century
était encore (être): was still (to be)
cher: expensive
prenaient (prendre): would take (to take)
une poule: hen
les décoraient (décorer): they decorated it (to decorate)
revient (revenir): comes back (to come back)
lentement: slowly
à la mode: in fashion
un roi: king
on trouve (trouver): you can find (to find)
des lapins (un lapin): rabbits

vont (aller): go (to go)
les cacher: to hide them
une chasse: hunt
celui qui trouve: the one who finds
le plus: the most
gagne (gagner): wins (to win)
chercher: to look for
partager: to share
il arrive (arriver): it happens (to happen)
on rencontre (rencontrer): one comes across (to come across)
un coin: a corner
joyeuses (joyeux): happy
bonne chasse: happy hunting

Pâques est une **des fêtes chrétiennes** les plus importantes de **l'année**. **Elle rappelle** la résurrection de Jésus Christ, **trois jours** après **sa mort** sur **la croix**, et **ce jour marque la fin** du **Carême** pour les chrétiens **pratiquants**. C'est une fête « d'obligation », ce **qui veut dire** que **les fidèles doivent arrêter** de **travailler** pour **aller** à **la messe**, où **ils vont** généralement **se confesser**. **On appelait** cela « faire ses Pâques » mais l'expression n'est plus très **utilisée**.

Aujourd'hui, Pâques est **surtout célèbre** pour… **les œufs** en chocolat. La légende populaire **dit** que **les cloches deviennent** silencieuses **le Jeudi Saint**, en signe de **deuil**. Les parents **rappellent** aux enfants que les cloches **sont parties** à Rome pour célébrer la mémoire du Christ. **Elles reviennent** ensuite le jour de Pâques, distribuant des œufs sur **leur passage**.

Au **siècle dernier**, le chocolat **était encore cher**, alors les parents **prenaient** des œufs de **poule** et **les décoraient**. Ce phénomène **revient lentement à la mode**, comme activité familiale. Mais aujourd'hui, le chocolat est **roi**! **On trouve** des œufs, grands ou petits, mais aussi **des lapins,** des poules et des cloches en chocolat.

Les parents **vont les cacher** dans le jardin ou dans l'appartement pour **une « chasse » à l'œuf »**, au grand plaisir des enfants. Certains villages organisent aussi des « chasses à l'œuf » dans un parc, pour enfants et adultes. **Celui qui trouve le plus** d'œufs **gagne**… mais le plus grand plaisir est de **chercher** et de **partager**. Évidemment, tous les œufs ne sont pas trouvés et **il arrive** souvent qu'**on rencontre** des œufs abandonnés dans **un coin**. Alors, **joyeuses** Pâques et **bonne chasse** à l'œuf !

La fête du Travail

La Fête du Travail est une fête **connue qui rend hommage** aux **travailleurs** dans **le monde entier**. **Tout commence** aux États-Unis, le 1er mai 1884, quand **les syndicats décident** de commencer **une grève : ils demandent** la réduction du **temps de travail**. **Deux ans plus tard**, le 1er mai 1886, les patrons américains acceptent **la journée de huit heures**.

En 1889, les syndicats français **veulent** aussi une réduction du temps de travail et décident donc que, **chaque** 1er mai, **il y aura des manifestations** en France. Pendant la manifestation de 1891, **neuf ouvriers** sont tués par la police : le 1er mai **devient** alors un symbole de **lutte** pour les ouvriers. Les syndicats **continuent** les manifestations chaque année et **appellent** le 1er mai « la Fête des Travailleurs ».

Ce n'est qu'en 1921 que le Sénat français **ratifie** la journée de huit heures. L'année **suivante**, le Maréchal Pétain déclare le 1er mai « Journée du Travail et de la Concorde Sociale » mais la Fête du Travail devient **un jour férié seulement** en 1947, **peu après la guerre**.

Si vous vous promenez en France au début du **mois** de mai, **vous verrez beaucoup** de **gens vendre** du **muguet**. C'est une tradition associée au 1er mai car le muguet est **un porte-bonheur**. **Le roi** Charles IX a en effet **reçu un brin** de muguet en 1561 et il a décidé d'en **donner** aux **dames** de **la cour** chaque année, pour **leur porter chance**.

Depuis, on offre du muguet à **nos amis** et à nos familles le 1er mai. **Chacun peut** en **cueillir** dans **son jardin** et en vendre dans **la rue ce jour-là**, **sans payer** de taxes **à l'état**. **Si vous êtes** en France à cette période, **n'oubliez pas** d'offrir un brin de muguet à **vos proches** mais **faites attention**, car cette **jolie fleur** est aussi toxique.

La Fête du Travail: Labor Day
connue (connaître): well-known (to know)
qui rend homage (rendre homage): which pays tribute (to pay tribute)
travailleurs (un travailleur): workers
le monde entier: the whole world
tout commence (commencer): it all started (to start)
les syndicats (un syndicat): labor union
décident (decider): decided (to decide)
une grève: a strike
ils demandent (demander): they asked (to ask)
temps de travail: working hours
deux ans: two years
plus tard: later
la journée de 8 heures: the 8-hour (work) day

ils veulent (vouloir): they want (to want)
chaque: each
il y aura (avoir): there will be (to have)
des manifestations (une manifestation): demonstrations
neuf ouvriers (un ouvrier): nine workers
(il) devient (devenir): it became (to become)
la lutte: fight
continuent (continuer): carry on (to carry on)
ils appellent (appeler): they call (to call)

ce n'est qu' (être): it is only (to be)
ratifie (ratifier): ratifies (to ratify)
suivante (suivant): following
un jour férié: a public holiday
seulement: only
peu après: shortly after
la guerre: the war

si vous vous promenez (se promener): if you go for a walk (to go for a walk)
le mois: month
vous verrez (voir): you will see (to see)
beaucoup: lots
des gens: people
vendre: selling
le muguet: lily of the valley
un porte-bonheur: a lucky charm
le roi: the king
(il) a reçu (recevoir): he received (to receive)
un brin: a sprig
donner: to give
dames (une dame): ladies
la cour: the court
leur porter chance: to bring them luck

depuis: since then
nos amis (un ami): our friends
chacun peut (pouvoir): everybody can (can, to be able to)
cueillir: to pick
son jardin (le jardin): his garden (the garden)
la rue: the street
ce jour-là: on that day
sans payer: without paying
à l'état: to the state
si vous êtes (être): if you are (to be)
n'oubliez pas (oublier): don't forget (to forget)
vos proches (un proche): your relatives
faites attention: careful
jolie (joli): pretty
fleur (une fleur): flower

Le carnaval aux Antilles

Chaque année, les Caraïbes **vibrent** aux **sons** du carnaval et dans les **Antilles françaises**, Guadeloupe et Martinique, c'est une tradition très **vivante**. Aux Antilles, l'Épiphanie ou **la fête des Rois**, qui est le **premier dimanche** de **janvier** est aussi le premier dimanche du Carnaval.

Mais **comment expliquer** la force de cette tradition aux Antilles françaises? Le carnaval a des origines européennes très **lointaines**. *Carne levare* **qui signifie** en italien « **lever la chair** » était une célébration religieuse qui **précédait** le **Carême**, période d'abstinence où **les croyants ne mangent pas** de **viande**. Ainsi, pour compenser **les manques** du Carême, on mangeait en abondance et en **se faisant plaisir**.

Au delà de ces origines européennes, il faut aussi **rappeler** que les Antilles françaises, **ont été peuplées** par les Africains, venus comme **esclaves**, avec des traditions et des célébrations très **fortes** aux Antilles. Le Carnaval était une période où ils étaient **un peu plus libres** d'**exprimer** leurs cultures **par des chants** et des danses.

De nos jours, le Carnaval commence le premier dimanche de janvier, **jusqu'à** la date officielle du **Mercredi des Cendres**, avec **des défilés** tous les dimanches. Chaque dimanche, de très **nombreux groupes** carnavalesques défilent dans des costumes variés et colorés et au son d'une musique traditionnelle. **On les appelle** les « groupes **à pied** », parce que **les carnavaliers** défilent à pieds, sans **chars**. Il en existe trois catégories.

Il y a tout d'abord, les groupes qui s'inspirent d'un carnaval très coloré comme **celui** de Rio. **Ils se reconnaissent** à leur musique « à **caisse claire** » et à leurs costumes très colorés **faits** de **plumes**, de **tissus** très **chatoyants** et à leurs chorégraphies.

Ils font partie de la tradition du carnaval guadeloupéen. Ils participent aux **concours** de la saison pour déterminer **le meilleur** groupe du carnaval et **élisent** une **Reine** du carnaval.

Les « ti-mass » sont des groupes d'**enfants** ou de **jeunes** qui se déguisent d'un **même** costume, d'une même couleur et **qui se cachent le visage** avec des masques de **singes** ou de **sorcières** de manga. C'est une évolution du carnaval en Guadeloupe car ces groupes ont une musique très innovante et très appréciée par les jeunes.

Pour finir, **le troisième** type de groupe s'appelle les groupes « à peaux » qui portent le nom **des tambours** faits avec **une peau de cabri** très **tendue**. Ces groupes sont dits traditionnels et font un carnaval **plus proche** des traditions africaines **qu'**européennes. **Les déguisements** sont souvent **des éléments** recyclés : **feuillages**, tissus, **bouteilles** en plastique. Ils défendent une vision du carnaval et de la société.

Ils ne défilent pas mais **marchent**, ils ne font pas de chorégraphies mais **chantent en avançant** avec un rythme très **soutenu**, comme une d'activité physique et spirituelle. **Devant** les groupes, il y a **toujours** de l'encens pour **appeler** l'esprit des ancêtres et de **fouets** pour annoncer leur arrivée.

Si dans certains **pays** c'est le **dernier jour** du carnaval, en Guadeloupe, deux **semaines plus tard**, les défilés **reprennent** le **jeudi** de la mi-Carême. Ce jeudi est exactement à **la moitié** du **mois** du Carême. On défile en rouge et noir, couleurs qui symbolisent **la renaissance** du carnaval pour l'**année suivante**.

Le carnaval **dure parfois** un mois, un mois et demi et même deux mois selon le calendrier de l'année, **mais malgré tout** les carnavaliers **n'en ont jamais assez**.

---

ils font partie (faire partie): they are a part of (to be a part of)
concours (un concours): contests
le meilleur: the best
ils élisent (élire): they elect (to elect, choose)
une reine: queen

enfants (un enfant): children
jeunes (un jeune): young people
même: same
qui se cachent (cacher): that hide (to hide)
le visage: face
des singes (un singe): monkeys
sorcières (une sorcière): witches

pour finir: in the end, finally
le troisième: the third
des tambours (un tambour): drums
une peau de cabri: young goat skin
tendue (tendre): stretched (to stretch)
plus proche... que: closer than
les déguisements (le déguisement): costumes
des éléments (un élément): items
feuillages (un feuillage): foliage, leaves
bouteilles (une bouteille): bottles

(ils) marchent (marcher): they walk (to walk)
(ils) chantent (chanter): they sing (to sing)
en avançant (avancer): while moving forward (to move forward)
soutenu: steady
devant: in front of
toujours: always
appeler: to call for
des fouets (un fouet): whips

des pays (un pays): countries
dernier jour (un jour): last day
des semaines (une semaine): weeks
plus tard: later
reprennent (reprendre): start again (to start again)
jeudi: Thursday
la moitié: half
un mois: month
la renaissance: rebirth
la année: year
suivante (suivant): following

dure (durer): lasts (to last)
parfois: sometimes
mais malgré tout: despite all this
n'en ont jamais assez (en avoir assez): never have enough of it (to have enough of it)

Faites de la musique !

La Fête de la Musique est **aujourd'hui** un événement international, **célébré** dans **plus de cent pays. Mais tout a commencé** en France, en 1982. **Après** les élections présidentielles de 1981, Jack Lang **devient** Ministre de la Culture et **adapte** une idée de Joel Cohen, un musicien de Radio France – Radio Musique. La première édition de la Fête de la Musique est donc **lancée** le 21 juin 1982 et **rencontre** un grand succès: les éditions **se succèdent** alors **chaque année** et la Fête devient un des événements culturels les plus importants de l'année. **Au fil du temps**, elle **s'exporte** en Europe puis dans **le monde entier,** avec plus de 340 **villes** participantes.

La Fête **a lieu** le 21 juin, **jour du solstice** d'été. C'est **la nuit la plus courte** de l'année et **on en profite** aussi pour célébrer l'arrivée de **l'été** et des vacances. C'est donc le moment idéal pour **descendre dans les rues** et **s'amuser jusqu'au lendemain matin** !

À la Fête de la Musique, **faites de la musique** ! **Ce jour-là,** des concerts **improvisés** ont lieu dans **les écoles,** les hôpitaux, **les musées,** les bars, les restaurants, **les salles de spectacles… mais surtout** dans les parcs et dans la rue ! Tout le monde peut organiser un petit concert pour exposer son talent ou, tout simplement, pour **partager** sa passion de la musique. Musiciens professionnels, groupes amateurs, **élèves** d'écoles de musique, débutants complets: **au moins** un Français sur dix **a déjà participé** à la Fête de la Musique, **soit en jouant, soit en chantant.** C'est en effet une bonne occasion de se produire **sur scène** !

Ce jour-là, la SACEM (Société des Auteurs Compositeurs et Éditeurs de Musique) **ne demande aucun droit d'auteur** pour les concerts **gratuits**. Les musiciens **jouent** donc bénévolement. Mais c'est l'occasion de **se faire connaître** et de **toucher** un large public. 80% des Français **ont en effet assisté** à l'événement **au moins une fois depuis** 1982 ! Pour les « simples » spectateurs, la Fête de la Musique est une occasion formidable pour assister à des concerts gratuitement mais aussi pour **découvrir** de **nouveaux** styles de musique. Jazz, rock, musique du monde, RnB, musique classique, rap, musique traditionnelle… Tous les genres sont représentés !

La Fête a **d'ailleurs servi de tremplin** à de **nombreux** groupes dans certains genres récents, comme le hip-hop ou la techno. C'est aussi l'occasion de **prouver** que certains styles, considérés « **ringards** » ou **dépassés**, sont **toujours** d'actualité et appréciés par le public. Mais, **on assiste surtout** à un **joyeux mélange** des genres, qui **témoigne** de la vitalité de la scène musicale française.

Malgré tout, la Fête a aussi **ses mauvais côtés** et **la polémique renaît** chaque année. **Les nuisances sonores** ont en effet été critiquées par les habitants de certains quartiers et des restrictions **ont dû être imposées** sur les **lieux et heures** des concerts, ainsi que sur **les niveaux sonores**. Plus que **le bruit**, l'alcool est **le trouble-fête** le plus important. La consommation excessive de **bière** a ainsi dégradé l'image de la Fête de la Musique dans certaines villes, où la soirée s'est **parfois terminée** dans **des affrontements**. Le nombre d'accidents de la route est en augmentation cette nuit-là, à cause de **la vente** d'alcool à une population **jeune** et **souvent insouciante**. Pour l'occasion, le métro et certains transports publics sont gratuits toute la soirée, **afin d'**encourager **les gens** à ne pas utiliser leur voiture.

Malgré ces désagréments, la Fête de la Musique est **en bonne santé**. Avec 18 000 concerts chaque année, 5 millions de musiciens et 10 millions de spectateurs, elle reste un **des événements majeurs** et **incontournables** du **paysage culturel français**.

ne demande aucun (demander): asks for no (to ask for)
un droit d'auteur: royalties
gratuits (gratuit): free
jouent (jouer): play (to play)
se faire connaître: to introduce oneself
toucher: to reach
ont assisté (assister): have attended (to attend)
en effet: indeed
au moins: at least
une fois: once
depuis: since
découvrir: to discover
nouveaux (nouveau): new

d'ailleurs: besides
(elle) a servi de tremplin (servir): it has served as as a springboard (to serve)
nombreux: numerous
prouver: to prove
ringards (ringard): tacky, out of date
dépassés (dépassé): old-fashioned
toujours: always
on assiste à (assister): one witnesses (to witness)
surtout: most of all
joyeux mélange: joyful blend
témoigner: to witness

malgré tout: regardless
ses mauvais côtés (un côté): its bad sides
la polémique: a debate
renaît (renaitre): starts again (to start again)
les nuisances sonores: noise pollution
ont dû être imposées: had to be imposed
lieux et heures: where and when
les niveaux sonores: noise levels
le bruit: noise
le trouble-fête: a spoilsport, killjoy
une bière: beer
parfois: sometimes
terminée (se terminer): ended (to end)
des affrontements (un affrontement): confrontations
la vente: sale
jeune: young
souvent: often
insouciante (insouciant): carefree
afin de: in order to
les gens: people
ne pas utiliser: not to use
leur voiture (une voiture): their car

en bonne santé: healthy, carefree
des événements (un événement): events
majeurs (majeur): main, major
incontournable: indispensable, unmissable
le paysage culturel français: the French cultural scene

Poisson d'avril !

Pourquoi cette date ? Il est de **coutume** d'**offrir un** petit **cadeau** (**appelé les étrennes**) à **ses proches**, **ses amis**, **le jour de l'An** pour leur **souhaiter la bonne année** et leur **espérer santé**, **bonheur** et prospérité pour les **douze mois** à **venir**.

En France, jusqu'en 1564, l'année calendaire **débutait** le 1er avril, également jour de Pâques. **Le Roi** Charles IX (1550-1574) **institua** par ordonnance le début de l'année au 1er janvier. Jusqu'en 1564, les étrennes **se faisaient** donc le 1er avril. En 1565, la coutume des étrennes de bonne année se fit donc le 1er janvier. **Mais** en date du 1er avril de cette **même** année, certains **plaisantins eurent l'idée de faire des cadeaux**, pour faire comme avant **le changement** de date **marquant** le début de l'année. Ceci, soit par rébellion, soit par pure **moquerie vis-à-vis** du changement **instauré** par Charles IX.

Pour parfaire la plaisanterie, **ils eurent** l'idée de faire des **faux** cadeaux **puisque** la date n'était plus la **vraie**, mais la **fausse**. Les cadeaux furent donc sans **valeur** particulière, pour rire et faire **des blagues** à leurs amis et proches avec des présents ridicules. Depuis cette date, la tradition de faire des blagues et **farces est restée** au 1er avril de chaque année.

La blague la **plus connue, utilisée** par les plus petits **enfants, consiste** à **accrocher en cachette, un poisson** dans le dos de **quelqu'un**. La personne **se promène** donc avec un poisson accroché dans son dos sans qu'elle s'en **aperçoive**. Les petits plaisantins **réalisent** leurs poissons en **découpant** et **coloriant** du papier. Il y en a de très élaborés et multicolores. Les petits enfants **s'appliquent** souvent pour faire leurs poissons et **s'amusent** beaucoup de cette blague à laquelle les adultes **se laissent prendre**, pour **leur faire plaisir**.

Le 1er avril **n'est pas réservé** aux plus petits, et les adultes, qui sont de grands enfants, **se prennent** également **au jeu**. De nos jours, les blagues sont plus **variées** et les nouvelles technologies **permettent** de laisser **libre cours** aux imaginations les plus **débordantes**. Faux PV, e-mails informatifs erronés, faux **courriers des impôts,** sont **autant de** farces dont il faut **se méfier** le 1er avril. **Quelle que** soit la blague effectuée, le farceur **s'écrit** « Poisson d'avril ! » **en riant**, au moment où la personne **se rend compte** qu'elle a été la victime d'une plaisanterie.

Mais pourquoi un poisson ? **Il y a plusieurs** explications possibles. La première, et la plus **répandue**, consiste dans le fait que le 1er avril est la date **qui marque la fin** du **carême**. **Pendant** cette période il est **d'usage** pour **les chrétiens** de faire abstinence et de **remplacer la viande** par du poisson. Le « faux » poisson marque donc la fin de **la durée** de carême et **le retour** à la consommation de la viande. C'est une bonne blague d'offrir un poisson quand on peut **justement** ne plus en **consommer**.

Ensuite, la pêche est une activité très répandue en France, et cette **époque** de l'année est réservée **au frai** des poissons (**c'est-à-dire** à la reproduction des poissons). Pendant cette période, **la pêche** est donc **interdite**. Certains plaisantins **eurent** l'idée de **jeter des harengs** (qui sont des poissons **d'eau de mer**) dans **la rivière**, pour faire une bonne blague aux **pêcheurs**, d'où **le terme** de « Poisson d'avril ».

Enfin, **d'autres** attribuent aussi l'utilisation de cet animal au fait que le signe zodiacal de cette période est le poisson. Quelle que soit l'explication, le 1er avril reste un jour où **tout le monde** s'amuse en **se moquant des autres** et en **faisant de blagues**. Bon poisson d'avril !

n'est pas réservé (être réservé): is not just for (to be just for, set aside for)
ils se prennent au jeu: they get involved (to get involved)
au jeu (un jeu): in the game
variées (varié): varied
permettent (permettre): allow (to allow)
libre cours: free rein to
débordantes (débordant): wild
courriers (un courrier): mail, letters
des impôts (un impôt): taxes
autant de: as many
se méfier: to be wary of, watch out for
quelle que: whatever
s'écrit (s'écrier): exclaims (to exclaim)
en riant (rire): in laughter (to laugh)
se rend compte (se rendre compte): becomes aware (to become aware)

il y a (avoir): there are (to have)
plusieurs: several
répandue (répandu): widespread
qui marque (marquer): which marks (to mark)
la fin: the end
le carême: Lent
pendant: during
d'usage: usual
les chrétiens (le chrétien): Christians
remplacer: to replace
la viande: meat
la durée: period
le retour: the return
justement: actually
consommer: to eat

ensuite: then
l'époque (une époque): time
au frai: spawning
c'est-à-dire: that is to say
la pêche: fishing
interdite (interdit): forbidden
(ils) eurent (avoir): they had (to have)
jeter: to throw
des harengs (un hareng): herrings
d'eau de mer: sea water
la rivière: river
pêcheurs (un pêcheur): fishermen
le terme: the term

d'autres (un autre): others
tout le monde: everybody
se moquant de (se moquer de): making fun of (to make fun of)
des autres (un autre): others
faisant des blagues: playing tricks

Le 14 juillet

La fête nationale française **a lieu tous les étés**, lors du 14 juillet. Cette date est **attachée** à un sentiment certain de patriotisme. **En effet, elle commémore la prise** de la Bastille du 14 Juillet 1789 qui a été pris comme symbole de la Révolution. La Révolution **qui a vu tomber la royauté** en faveur du peuple. C'est l'unité du peuple **qui est donc célébrée** en **ce jour**.

On se lève de **bonne heure** le jour du 14 Juillet : **il ne faudrait pas rater** le début du **défilé** sur les Champs-Élysées. **Si l'on veut** s'y **rendre soi-même, il faut se déplacer** à **des heures** impossibles pour **avoir** la chance de **se faire** une petite place près de **la barrière**.

Si **on relève la tête** au bon moment, **on peut également profiter** du défilé **aérien** : plusieurs **avions** en formation **relâchent** de **la fumée blanche**, de la fumée bleue, et de la fumée rouge, pour symboliser **les trois couleurs** du **drapeau** français.

Si on est chanceux, **on peut apercevoir** les véhicules de l'armée et les soldats **eux-mêmes**, en uniforme. Le président de la République honore le peuple par **un discours unificateur**.

En attendant **le soir**, **les rues s'agitent** de **la foule qui ne travaille pas** ce jour-là. C'est jour de fête et ce soir, on aura **le droit** à **un feu d'artifice**. À Paris, **vous pourrez admirer** la Tour Eiffel s'illuminer de **mille feux**. Mais dans toute la France, même les plus petits villages **ont préparé**, pour ce jour-là, des festivités. On attend de voir les feux d'artifice **éclater**, puis, c'est l'heure d'**aller danser**.

Traditionnellement, le jour du 14 Juillet **ont lieu des bals**, des soirées dansantes qui voient **exploser des rires** et **des cris** de joie.

La fête de la Saint-Jean Baptiste

Le Québec **possède** un fort sentiment d'identité nationale. **Pays** francophone **noyé au milieu du** grand Canada anglophone, **il a gardé**, depuis **des siècles**, sa **propre** culture. Ainsi c'est avec **fierté** que Québécoises et Québécois **célèbrent** leur **fête nationale** le 24 juin de **chaque année**.

L'idée d'une fête nationale du Québec **naît** en 1834 dans l'esprit du journaliste Ludger Duvernay **qui organise** un grand banquet en **ce jour**. **Il pense** qu'il est important de **donner** au Québec un jour pour célébrer son unité, ce qui favorise l'union des Français-Canadiens.

La date du 24 juin a été **choisie** parce qu'elle correspond à la célébration du **solstice d'été**, le jour le plus long de l'année. Cette date correspond **également** à celle de la fête de la Saint-Jean Baptiste, célébrée traditionnellement par **un** grand **feu de joie**.

Bien que **célébrée** par les habitants du Québec depuis des années, cette fête **ne devient** officielle qu'en 1925. **Mais il faudra attendre** 1950 pour **voir** une évolution : cette célébration devient alors plus populaire et l'on organise **des soirées dansantes** avec **des chansons** traditionnelles. **Vers la fin des** années 1950 **apparaissent les défilés qui attirent des foules** de plus en plus importantes.

Petit à petit, la fête **perd** sa signification religieuse pour **devenir** davantage une représentation culturelle et artistique. Cependant, le feu de joie et **les feux d'artifices** illuminent toujours ses **nuits**, car **ils représentent le partage** et la solidarité.

Aujourd'hui, la fête nationale du Québec **compte plus de** 700 projets organisés dans autant de lieux différents. **On peut admirer** les plus grands feux de joie et des concerts impressionnants sur les Plaines d'Abraham à Québec et au parc Maisonneuve à Montréal.

possède (posséder): has (to have)
un pays: country
noyé: swallowed up
au milieu du: among
il a gardé (garder): it has preserved (to preserve)
des siècles (un siècle): centuries
propre: own
fierté: pride
célèbrent (célébrer): celebrate (to celebrate)
fête nationale: National Day
chaque année: every year

naît (naître): was born (to be born)
qui organise (organiser): who organized (to organize)
ce jour (un jour): this day
il pense (penser): he thought (to think)
donner: to give

choisie (choisir): chosen (to choose)
le solstice d'été: summer solstice
également: also
un feu de joie: bonfire

célébrée (célébrer): celebrated (to celebrate)
ne devient (devenir): only became (to become)
mais il faudra attendre: but it was not before
voir: to see
des soirées dansantes: dances
des chansons (une chanson): songs
vers: around
la fin des: the end of
apparaissent (apparaître): appeared (to appear)
les défilés: parades
qui attirent (attirer): which attracted (to attract)
des foules (une foule): crowds

petit à petit: little by little
perd (perdre): has lost (to lose)
devenir: to become
les feux d'artifices: fireworks
nuits (une nuit): nights
ils représentent (représenter): they represent (to represent)
le partage: sharing

aujourd'hui: nowadays
compte plus de (compter): there are more than (to count)
on peut admirer: people can admire

Le festival de musique créole

Si vous êtes aux Antilles **à la toute fin** du **mois** d'octobre, **voici l'événement incontournable** de **la saison.** Cette **année, comme toutes les autres depuis** 1997, **l'île anglophone** de la Dominique dans **les Caraïbes vibre** aux **sons** de la musique du "World Creole Music Festival" du 30 octobre au 1er novembre.

Malgré son nom, ce festival **n'a pas pour unique objet** la musique. **En effet**, les dates **choisies chaque** année ne le sont pas **au hasard, elles correspondent** à deux événements majeurs **pour l'île**: le 28 octobre, Journée Internationale du Créole et le 3 novembre, célébration de l'indépendance de l'île de la République Dominique. **Autour de** ces deux dates, le gouvernement de la Dominique **a décidé** de **mettre en place un événement artistique qui rend hommage** à **la diversité culturelle** de la population dominiquaise, ainsi qu'à **la langue** créole.

Le créole **n'est pas juste** un prétexte **mais** un élément fondamental qui **justifie** l'existence du festival. **Il faut rappeler** que les Dominiquais sont généralement anglophones et créolophones, **ce qui constitue** un pont linguistique avec **leurs voisins** antillais Guadeloupéens et Martiniquais qui sont eux francophones et créolophones.

La programmation du festival, qui en est à sa 13ém édition, **rappelle** le positionnement de l'île **par rapport** à ses voisins de la Caraïbe **mais aussi** la place centrale **réservée** au créole. **Si l'on peut** venir à la Dominique **pour écouter** des célébrités caribéennes **qui ont atteint une reconnaissance** internationale comme Kassav, Maxi Priest, Carimi ou Morgan Heritage, c'est aussi l'occasion de participer aux concerts de **nombreux** artistes antillais **moins connus** et **entre autres** de nombreux artistes créolophones **venant de** Guadeloupe, Martinique et Haïti.

Cet événement, qui **est devenu au fil des années un repère** pour les amateurs de musique, permet aux musiques **les plus diverses**, comme le « bouyon » de la Dominique, le reggae de la Jamaïque, le zouk des Antilles françaises ou le compas d'Haïti, de **se côtoyer**. **D'ailleurs**, **l'engouement qu'il suscite** est tel qu'**il faut** s'y prendre bien **à l'avance** pour **trouver un logement** pratique pour participer à toutes **les manifestations proposées autour du** festival.

(elle) rappelle (rappeler): (it) recalls (to recall)	
par rapport: in relation	
mais aussi: but also	
réservée (réserver): kept (to reserve, to keep)	
si l'on peut (pouvoir): if we can (can, to be able to)	
pour écouter: to listen	
qui ont atteint (atteindre): who have attained (to attain)	
une reconnaissance: recognition	
nombreux: numerous	
moins connus: less known	
entre autres: among others	
venant de (venir): coming from (to come)	
est devenu (devenir): has become (to become)	
au fil des années: over the years	
un repère: landmark	
les plus diverses: the most diverse	
se côtoyer: to mix	
d'ailleurs: besides	
engouement (masc.): passion	
qu'il suscite (susciter): that it arouses (to arouse)	
il faut (falloir): it is necessary (to be necessary)	
à l'avance: in advance	
trouver: to find	
un logement: accommodation	
les manifestations (la manifestation): events	
proposées: suggested	
autour du (autour de): around	

French Vocabulary for Celebrations and Good Wishes!

Happy birthday! - Bon anniversaire !

Happy Bastille Day! - Joyeux quatorze juillet !

Happy Easter! - Joyeuses Pâques !

Happy Hanukkah! - Bonne fête de Hanoukka !

Happy Holidays! - Joyeuses fêtes !

Happy New Year! - Bonne Année !

Happy Saints' Day! - Bonne fête !

Merry Christmas! - Joyeux Noël !

Seasons greetings! - Joyeux Noël et bonne Année !

Best wishes - Mes/Nos meilleurs vœux

Cheers! - À ta/votre santé ! À la tienne/vôtre !

Congratulations! - Félicitations !

Good luck! - Bon courage !

To your new house! - À ta nouvelle maison !

Quid des Vieilles Charrues

Ils étaient 500, **ils sont maintenant plus de** 200 000. **Depuis** sa première édition en 1992, le festival des Vieilles Charrues **est devenu** de plus en plus populaire. C'est **désormais** le festival de musique le plus fréquenté en France.

Tout a donc commencé il y a **17 ans**. Christian Troadec et **ses amis décident** d'organiser **une fête** à Landeleau, dans le Finistère. **Le but** était de « *se faire une bonne bouffe, de chanter et de boire un coup* ». **L'année suivante**, la fête est organisée **de nouveau**. **Cette fois**, elle est **ouverte** au public: 1 300 personnes **viennent apprécier** la musique de groupes locaux.

Au fil des années, le festival **connaît** un succès grandissant. On commence à y inviter des groupes et **des chanteurs** français **célèbres**, **comme** Miossec, Zebda, Les Innocents **ou encore** Maxime le Forestier. Le festival **passe** d'un à **trois jours**. **Pendant** les premières années, **le nombre des** festivaliers **va même doubler** à **chaque** édition ! Il faut donc rapidement **déménager** et le festival **s'installe** à Carhaix, où **il se célèbre maintenant** chaque année.

---

ils étaient (être): they were (to be)
ils sont maintenant: they are now
plus de: more than
depuis: since
est devenu (devenir): became (to become)
désormais: from then on

tout a donc commencé (commencer): everything started (to start)
17 ans (un an): 17 years
ses amis (un ami): his friends
décident (décider): decided (to decide)
une fête: a party
le but: the goal
se faire une bonne bouffe: to have some good food
chanter: to sing
boire un coup: to have a drink
l'année suivante: the following year
de nouveau: again
cette fois: this time
ouverte (ouvrir): opened (to open)
viennent (venir): came (to come)
apprécier: to appreciate

au fil des années: over the years
connaît (connaître): has, enjoys (to have)
des chanteurs (un chanteur): singers
célèbres (célèbre): famous
comme: like, such as
ou encore: or even
il passé de … à (passer): it goes from … to (to pass)
trois jours (un jour): three days
pendant: during
le nombre des: the number of
cela va même doubler: it is even going to double
chaque: each
déménager: to move
il s'installe (s'installer): it settles (to settle)
il se célèbre (célébrer): it is celebrated (to celebrate)
maintenant: now

Carhaix est **une petite ville** de 8 000 habitants mais, chaque juillet, la ville **accueille environ** 200 000 festivaliers. Les concerts **ont** maintenant **lieu** sur la plaine de Kerampuilh, **en dehors** du centre-ville. Le camping, **gratuit**, s'organise sur 30 hectares **autour du** site et **des milliers** de tentes **poussent comme des champignons**. Il est évidemment possible de **dormir** à l'hôtel à Carhaix ou dans **les villes voisines**, **une aubaine** pour la région et le secteur touristique.

Aujourd'hui, le festival **s'étend** sur 4 **jours** mais **beaucoup** de festivaliers **ne viennent que** trois jours, **profitant ainsi** du week-end. **Les billets se vendent** sur Internet ou dans **des points de vente** spécialisés, comme La Fnac. **On peut acheter** des « pass 4 jours », les très populaires « pass 3 jours » à 75€ ou **se contenter** de tickets à **la journée**, à 32€. Et **il vaut mieux** s'y **prendre** à l'avance ! Car chaque année, les pass sont **très vite épuisés** et certains jours **se font à guichet fermé**.

Les Vieilles Charrues **sont devenues** le plus grand festival de rock français. Sa programmation est éclectique, avec des groupes locaux, français ou internationaux. **On y rencontre** des chanteurs de la *Nouvelle Scène* française, comme Raphaël ou Cali, **côte à côte** avec des grandes stars du rock, comme Placebo, Franz Ferdinand, R.E.M ou Muse. La programmation **n'oublie cependant pas d'inviter** des groupes **moins** célèbres **pour les faire ainsi connaître**.

Enfin, et **depuis quelques années**, les Vieilles Charrues accueillent aussi quelques **comiques** français, tels Jamel Debouze ou Gad Elmaleh, ce qui donne un petit air de **kermesse** au festival.

une petite ville: a small town
accueille (accueillir): welcomes (to welcome)
environ: approximately
ont lieu (avoir lieu): they take place
  (to take place)
en dehors: outside
gratuit: free
autour du: around
des milliers (un millier): thousands
poussent comme des champignons: they
  sprout up like mushrooms
dormir: to sleep
les villes voisines: the bordering cities
une aubaine: a good opportunity

aujourd'hui: today
s'étend (s'étendre): stretches out
  (to stretch out)
des jours (un jour): days
beaucoup: a lot
(ils) ne viennent que (venir): they only come
  (to come)
profitant ainsi: and so taking advantage of
les billets (le billet): tickets
se vendent (vendre): are sold (to sell)
des points de vente: points of sale
on peut acheter (pouvoir): we can buy
  (can, to be able to)
se contenter: to limit oneself
la journée: the day
il vaut mieux (valoir): it is better (to be worth)
prendre: to get
très vite: very quickly
épuisés: sell out
se font à guichet fermé: are sold out

sont devenues (devenir): became
  (to become)
on y rencontre (rencontrer): we come across
  (to come across, meet)
côte à côte: side by side
n'oublie pas (oublier): does not forget
  (to forget)
cependant: nevertheless
inviter: to invite
moins: less
pour les faire ainsi connaître: in order to
  make them known

enfin: finally
depuis quelques années: for some years
comiques (un comique): comic actors
une kermesse: fair

bien connu: well known	
on adore (adorer): we love (to love)	
être en vacances: to be on vacation	
malgré: despite	
la semaine: the week	
on court toujours après (courir): we always run after (to run)	
les jours fériés: public holidays	
Noël: Christmas	
avant l'heure: early	
le mois: the month	
des ponts (un pont): long weekends	
annonce (annoncer): announces (to announce)	
détente: relaxation	
se débarrasser: to get rid of	
automnale (automnal): autumnal	
mais aussi: but also	
se rappeler: to remember	
(ils) nous invitent (inviter): they invite us (to invite)	
en effet: indeed	
replonger: to dive again	
le passé: the past	
cependant: nevertheless	
le lendemain: the day after	
célèbre: celebrate	
la Toussaint: All Saints' Day	
une fête: celebration	
comme son nom l'indique (indiquer): as its name indicates (to indicate, point out)	
(elle) commémore (commémorer): (it) commemorates (to commemorate)	
reconnus (reconnaître): recognized (to recognize)	
l'église: church	
des morts (un mort): the dead	
(elle) ne l'est pas (être): (it) is not (to be)	
les deux: both	
le même jour: the same day	
c'est le temps d'aller: it is time to go to	
nettoyer: to clean	
refleurir: to flower again	
les tombes (la tombe): graves	
de ceux qui sont déjà partis (partir): of those who are already gone (to go)	
noirs de monde: crowded	
on ramasse (ramasser): we pick up (to pick up)	
les feuilles mortes (une feuille): dead leaves	
on passe un coup de chiffon: we wipe	
on arrose (arroser): we water (to water)	
les fleurs (une fleur): flowers	
on se rappelle (se rappeler): we remember (to remember)	
les bons souvenirs: good memories	
on parle (parler): we talk (to talk)	
les voisins (un voisin): neighbors	
qui fleurit (fleurir): that flowers (to flower)	
à cette époque: at this time	
décorer: to decorate	
(il) est devenu (devenir): (it) became (to become)	

C'est **bien connu**. Nous, les Français, **on adore être en vacances**. **Malgré la semaine** des 35 heures, **on court toujours après les jours fériés**. Un jour de vacances en plus, c'est comme **Noël avant l'heure** !

Si mai reste **le mois des « ponts »** et des longs week-ends, novembre **annonce** aussi généralement quelques jours de **détente**. C'est une bonne occasion de **se débarrasser** de la dépression **automnale mais aussi** de « **se rappeler** ». Les deux jours fériés de novembre **nous invitent en effet** à nous **replonger** dans **le passé**…

Halloween n'est pas un grand succès en France. **Cependant, le lendemain** représente une tradition pour beaucoup de familles. Le 1er novembre, on **célèbre** en effet **la Toussaint**. C'est **une fête** catholique qui, **comme son nom l'indique, commémore** tous les saints **reconnus** par l'**Église** catholique. La Toussaint

est un jour férié mais le lendemain, la Fête **des Morts, ne l'est pas**. Il est donc de coutume de « célébrer » **les deux le même jour**, le 1er novembre. Pour la majorité des familles, **c'est** alors **le temps d'aller nettoyer** et **refleurir les tombes de ceux qui sont déjà partis**.

À la Toussaint, les cimetières sont donc **noirs de monde : on ramasse les feuilles mortes, on passe un coup de chiffon** sur le marbre, **on arrose les fleurs, on se rappelle les bons souvenirs, on parle** avec **les voisins**… Le chrysanthème, **qui fleurit à cette époque**, est la fleur de prédilection pour **décorer** les tombes et est ainsi **devenu** un des symboles de la Toussaint.

Le 1er novembre reste donc **plutôt un événement familial**, que **chaque** famille **aborde** à sa **manière**. Quelques jours **plus tard**, le 11 novembre **nous ramène** en 1918. Bien que cette journée reste un événement national important, **la plupart** des Français **ne se sentent plus connectés** à l'importance de cette journée.

Le 11 novembre 1918, à 5h15, l'Armistice signale en effet **la fin de la première guerre mondiale**. L'**Allemagne** capitule, **le cessez-le-feu** est **déclaré** et les églises des villages font **sonner les cloches** : c'est la fin d'un des plus grands massacres d'Europe, avec ses quinze millions de **morts** et ses vingt millions d'**invalides**.

Ironiquement, **ce jour-là**, il y a eu **un sursaut belliqueux** et **vengeur** de certains capitaines et compagnies : 11 000 personnes **vont mourir** ou **être blessées**, entre la signature de l'Armistice et le début du cessez-le-feu.

Aujourd'hui, les Français commémorent **toujours** la fin de la guerre chaque 11 novembre, appelé le « Jour du Souvenir ». **Pas de défilé**, comme pour le 14 juillet, mais des cérémonies dans de **nombreuses communes**. À Paris, sous l'Arc de Triomphe, le président **se recueille** généralement sur la tombe **du soldat inconnu**. Ce soldat français n'a **jamais** été identifié et représente ainsi tous les morts de la guerre.

Cependant, **le dernier** « **poilu** » français, Lazare Ponticelli, est mort en 2008. Avec lui, une page **se tourne**. La **nouvelle** génération **se sent de moins en moins concernée par** la Grande Guerre, **se contentant d'en apprendre** les événements pour **les contrôles** en classe d'histoire.

Espérons que ce jour férié **contribuera à préserver** la mémoire de ce qui a été un des événements **fondamentaux** de notre histoire commune.

---

plutôt: rather
un événement familial: a family event
chaque: each
aborde (aborder): addresses (to address)
à sa manière: in its own way
plus tard: later
nous ramène (ramener): bring us back (to bring back)
la plupart: most
(ils) ne se sentent plus connectés (se sentir): (they) no longer feel connected (to feel)

la fin de: the end of
la première guerre mondiale: the first world war
Allemagne: Germany
le cessez-le-feu: ceasefire
déclaré (déclarer): declared (to declare)
sonner: to ring
les cloches (la cloche): bells
des morts (un mort): dead people
des invalides (un invalide): disabled people

ce jour-là: that day
un sursaut: surge
belliqueux: aggressive
vengeur: vengeful
(elles) vont mourir (aller): (they) are going to die (to go)
être blessés: to be wounded

aujourd'hui: today
toujours: always
pas de défilé: no parade
nombreuses (nombreux): numerous
communes (une commune): towns
se recueille (se recueillir): prays alone (to pray alone)
le soldat inconnu: the unknown soldier
jamais: never

le dernier: the last
un poilu: WWI veteran
se tourne (se tourner): is turned (to turn)
nouvelle (nouveau): new
se sent (se sentir): feels (to feel)
de moins en moins concernée par: less and less concerned by
se contentant de (se contenter de): contenting itself with (to content with)
apprendre: to learn
les contrôles (le contrôle): tests

espérons (espérer): let's hope (to hope)
contribuera à (contribuer): will contribute to (to contribute)
préserver: protect
fondamentaux: basic, fundamental

La fête des Rois en France

Pour beaucoup de Français, **la fête des rois consiste à manger une bonne galette à la frangipane (la galette des rois)** ! En réalité, l'origine de cette tradition est religieuse et plus particulièrement **chrétienne puisqu'il s'agit** de l'Épiphanie. **Le sens** chrétien de cette fête réside dans **la visite** de l'enfant Jésus par **les trois rois mages qui s'appellent** Gaspard, Melchior et Balthazar.

Cette fête religieuse **est célébrée** le 6 janvier. Comme **il ne s'agit pas** d'**un jour férié** en France, elle est généralement fêtée **le deuxième dimanche** après Noël. Dans la pratique, c'est tout au long du **mois** de janvier que l'on fête les rois. **En effet**, il est possible de **trouver** durant toute cette période de magnifiques galettes à la frangipane dans **les pâtisseries** et **boulangeries** françaises … à la grande joie des enfants **qui peuvent ainsi** tirer les rois **plusieurs fois de suite**.

Mais que **signifie « tirer les rois »** et **pourquoi** les petits Français **adorent-ils cela** ? La tradition veut que l'Épiphanie soit l'occasion de tirer les rois : **une fève** est **cachée** dans une pâtisserie et la personne **qui l'obtient devient le roi** (ou **la reine**) **de la journée**. La fève a été progressivement **remplacée par** de petites **figurines** représentant un roi, une reine, l'enfant Jésus et **de nos jours** bien d'**autres choses**. Les galettes **sont** généralement **vendues** avec **des couronnes en carton dorée** ou **argentée**.

La personne **obtenant** la fève peut donc être symboliquement **couronnée** roi ou reine pour la journée et **choisir son partenaire royal**. **L'usage veut aussi** que s'il y a des enfants, **le plus jeune d'entre eux se cache** sous la table pendant que la personne **qui sert** la galette **la découpe** en parts. Avant que l'adulte ne serve une part, l'enfant **doit désigner qui sera** le destinataire de la portion. Ce rituel **très apprécié** des enfants permet de distribuer au hasard les parts de la galette.

La tradition culinaire de cette fête **diffère** aussi **selon que** l'**on se trouve** dans le nord ou le sud de la France. Dans **la moitié** nord du **pays**, on mange traditionnellement une galette des rois **réalisée** avec **une pâte feuilletée** et **garnie** d'une crème à la frangipane. Dans le sud de la France et plus particulièrement en Provence, on tire les rois en mangeant une brioche en forme de couronne décorée de **fruits confits** et de **sucre granulé**. Un **santon** minuscule **a tendance à remplacer** la fève traditionnelle.

Néanmoins, la galette des rois à la frangipane **gagne du terrain** puisqu'elle est **de plus en plus courante** en Provence. **Cela s'explique** par le fait que la galette est **moins chère** que la brioche aux fruits confits et aussi **plus facile** à **réaliser** et à **conserver**. **De surcroît**, de plus en plus de **gens** originaires de la moitié nord de la France s'**installent** en Provence **amenant** avec eux **leurs propres** traditions et **goûts** culinaires.

Si vous ne trouvez pas de galettes à la frangipane dans votre pays, rien de plus facile que d'en réaliser une **vous-même**. **Pendant ce temps**, vos enfants ou petits enfants **peuvent s'amuser** à **créer** de superbes couronnes colorées. **Bref, de quoi les occuper** pendant tout **un dimanche après-midi** !

---

obtenant (obtenir): getting (to get)
couronnée (couronné): crowned
choisir: to choose
son partenaire royal: his/her royal partner
l'usage veut aussi: the custom is also to
le plus jeune: the youngest
d'entre eux: among them
se cache (cacher): hides it (to hide)
qui sert (servir): that serves (to serve)
(elle) la découpe (découper): (he) cuts it (to cut)
doit désigner (devoir): must point out (to point out)
qui sera (être): who will be (to be)
très apprécié: very much liked

(elle) diffère (différer): (it) differs (to differ)
selon que: according to
on se trouve (se trouver): we are (to be)
la moitié: half
le pays: country
réalisée (réalisé): made
une pâte feuilletée: a puff pastry
garnie (garni): filled
des fruits confits: candied fruits
sucre granulé (le sucre): granulated sugar
un santon: *little saint, manger figurine*
(il) a tendance à: (it) tends to
remplacer: to replace

néanmoins: nevertheless
gagne du terrain: gains ground (to gain)
de plus en plus: more and more
courante (courant): common
cela explique (expliquer): that explains (to explain)
moins chère (cher): less expensive
plus facile: easier
réaliser: to make
conserver: to keep
de surcroît: moreover
les gens: people
(ils) s'installent (s'installer): (they) settle (to settle)
amenant: bringing
leurs propres (propre): their own
goûts (un goût): tastes

si vous ne trouvez pas (trouver): if you cannot find (to find)
vous-même: yourself
pendant ce temps: meanwhile
(ils) peuvent (pouvoir): (they) can (can, to be able to)
s'amuser: to entertain
créer: to create
bref: in short
de quoi les occuper: to keep them busy
un dimanche après-midi: a Sunday afternoon

Le Noël: Christmas
comme ailleurs: as elsewhere
une fête: a celebration
avant tout... mais aussi: mostly ... but also
haute en couleurs: colorful
chargée de: full of
le début: beginning
commencent (commencer): start (to start)
la fin de l'année: the end of the year

dit (dire): says (to say)
une jeune fille: young girl
qui souhaitait (souhaiter): who wished
  (to wish)
consacrer: to devote
sa vie (une vie): her life
Dieu: God
elle se fit baptiser: (she) was baptized
l'avis: the permission
son père (un père): her father
il l'a fit emprisonnée: he had her put in jail
mourir: to die
un énorme orage: huge thunderstorm
éclata (éclater): started (to start)
foudroya (foudroyer): struck (to strike)
ses bourreaux: her executioners
on fasse (faire): we make (to make)
germer: to sprout
des graines (une graine): seeds
le blé: wheat
trois soucoupes (une soucoupe): three saucers
couvertes (couvert): covered
humide: damp
on dépose (déposer): we set (to set)
le dessus: the top
la cheminée: hearth
pousser: to grow
faire des présages: to make predictions
suivante (suivant): following
les tiges (une tige): stalks
poussaient (pousser): (they) grew (to grow)
bien droites (droit): very straight
vertes (vert): green
les anciens (un ancien): elders
disaient (dire): said (to say)
les récoltes (une récolte): crops
seraient bonnes: would be good
une année de vaches maigres: lean year

aujourd'hui: today
(ils) placent (placer): (they) put (to put)
les carrés (le carré): squares
le réveillon de Noël: Christmas Eve feast

cinq temps forts: five signifiant times
allumer le feu: to light the fire
il s'agit de: it is about
allumage: lighting
la bûche de Noël: Yule log
au soir: at night
le benjamin: the youngest child
ils tiennent (tenir): they hold (to hold)
ils font le tour de: they go around
(ils) l'allument: (they) set fire to it
arrosée (arroser): watered (to water)
le vin cuit: fortified wine
prononçant (prononcer): saying (to say)
des paroles (une parole): words (word)

Noël en Provence

Le Noël en Provence est **comme ailleurs** en France **une fête avant tout** familiale **mais aussi** collective, **haute en couleurs** et **chargée de** symboles chrétiens. Dès **le début** du mois de décembre, les provençaux **commencent** à préparer les festivités de **la fin de l'année**.

C'est la Sainte Barbe, le 4 décembre, qui marque le début des festivités. La légende **dit** que Barbe était une magnifique **jeune fille qui souhaitait consacrer sa vie** à **Dieu**. **Elle se fit baptiser** sans **l'avis** de **son père**. **Il la fit emprisonner** et torturer. Alors qu'elle était sur le point de **mourir**, **un énorme orage éclata** et **foudroya ses bourreaux**. Depuis, la tradition provençale veut que l'**on fasse germer des graines** de **blé** ou de lentilles dans **trois soucoupes couvertes** de coton **humide** que l'**on dépose** sur **le dessus** de **la cheminée**. Les graines vont germer et **pousser** pendant le mois de décembre et le 25, il sera possible de **faire des présages** pour l'année **suivante**. Si **les tiges poussaient bien droites** et **vertes**, **les anciens disaient** que **les récoltes seraient bonnes**. Dans le cas contraire, cela serait **une année de vaches maigres**.

Aujourd'hui les provençaux perpétuent cette tradition et **placent** ces petits **carrés** de verdures soit dans la crèche familiale soit sur la table du **réveillon de Noël**.

Le Noël provençal traditionnel est marqué par **cinq temps forts**:

• Le cacho-fio: « Cacho-fio » signifie en provençal « **allumer le feu** ». **Il s'agit** donc **de** l'**allumage** de **la bûche** de Noël, le 24 décembre **au soir**. Ce sont **le benjamin** et le plus ancien de la famille qui procèdent à ce rituel. **Ils tiennent** la bûche ensemble et **font** trois fois **le tour de** la table puis **l'allument**. Elle est **arrosée** trois fois de **vin cuit** en **prononçant des paroles** qui varient d'une famille à l'autre mais qui ont pour thème commun la prospérité.

• **Le gros souper**: **il est servi** après l'allumage de la bûche et avant de **se rendre** à **la messe** de minuit. Il s'agit d'**un repas maigre** dont **la mise en scène** est essentielle. Il y a toute une symbolique et **les chiffres** sont très importants. Ainsi, le chiffre trois **fait référence à** la Trinité. La table **doit être recouverte** de trois **nappes blanches**, de **trois bougies** ou chandeliers **allumés** et des trois soucoupes de blé et lentilles germés de la Sainte Barbe. Les trois nappes **serviront** pour les trois repas des fêtes de fin d'année. **Un couvert** doit être **ajouté**: c'est le couvert du **pauvre**. Le menu **est composé de sept plats** maigres **en souvenir de**s sept **douleurs** de la Vierge Marie. Ils sont accompagnés de **treize petits pains** en référence à **la Cène**.

• Les treize desserts: La composition et le moment auquel **ils doivent** être servis varient d'**une ville à l'autre**. Certains **les mangent** avant la messe de minuit et d'autres **au retour de** celle-ci. Les treize desserts sont composés des produits **suivants: des figues sèches**, **des amandes**, des raisins secs, **des noix**, des dattes, du nougat blanc qui représente **le bien,** du nougat **noir** qui symbolise **le mal**, une fougasse, des fruits **confits** et **frais**.

• **La veillée** de Noël: c'est un moment de **recueillement** ou l'**on écoute** les anecdotes et les histoires des anciens. Il s'agit d'un moment de **partage** ou l'**on chante** et **discute** tout **en dégustant** de l'**anchoïade**.

• La messe de minuit: **parfois** en **langue** provençale dans certains villages, elle est **rythmée** par **des cantiques** provençaux, des pastorales et parfois la cérémonie du **pastrage**.

Si ces traditions **sont transmises** de générations en générations, **elles sont vécues** et organisées le plus souvent par les communautés locales et **en amont** des fêtes de Noël. **Si bien que** les familles provençales **peuvent vivre** leurs traditions mais aussi **fêter** Noël plus classiquement comme **la plupart** des Français.

le gros souper: the great supper
il est servi (servir): it is served (to serve)
se rendre: to go
la messe: mass
un repas maigre: meal without meat
la mise en scène: staging, set up
les chiffres (le chiffre): numbers
fait référence à: refers to
doit être recouverte (devoir): must be covered (to cover)
nappes (une nappe): tablecloths
blanches (blanc): white
trois bougies (une bougie): three candles
allumés (allumé): lit
serviront (servir): will be used (to use)
un couvert: place setting
ajouté (ajouter): added (to add)
pauvre: poor
est composé de (composer): is composed of (to compose)
sept plats (un plat): seven dishes
en souvenir de: in memory of
les douleurs (la douleur): pains
treize petits pains: thirteen bread rolls
la Cène: the Last Supper

ils doivent (devoir): they must (must)
une ville à l'autre: from one city to another
(ils) les mangent (manger): (they) eat it (to eat)
au retour de: back from
suivants (suivant): following
des figues sèches (une figue): dried figs
des amandes (une amande): almonds
des noix (une noix): walnuts
le bien: good
noir: black
le mal: bad, evil
confits: candied
frais: fresh

la veillée: the evening
recueillement: meditation, contemplation
on écoute (écouter): we listen to (to listen to)
partage: sharing
on chante (chanter): we sing (to sing)
discute (discuter): talk (to talk)
en dégustant: while tasting
une anchoïade: anchovy pate

parfois: sometimes
langue: language
rythmée: accompanied
des cantiques (un cantique): songs
pastrage: offering of a lamb

sont transmises (transmettre): are passed down (to transmit)
elles sont vécues (vivre): they are alive (to live, be alive)
en amont: before
si bien que: so well that
peuvent vivre (pouvoir): can keep alive (can, to be able to)
fêter: to celebrate
la plupart de: most of

Le Trophée Andros

Courses automobiles et motocyclistes sur **pistes glacées**, le Trophée Andros a lieu **pendant la saison d'hiver**. **Né** en 1990, ce championnat, **qui se déroule** essentiellement en France, **est devenu incontournable** pour tous les fans de **vitesse** et de **pilotage**.

C'est **grâce à l'envie** de **deux hommes**, Max Mamers, pilote professionnel, et Frédéric Gervoson, dirigeant d'Andros, qu'est née cette idée d'un championnat automobile sur **glace** dans les stations de ski françaises.

La compétition **se compose aujourd'hui** de plusieurs championnats: le « Pilot Bike » pour **les motos depuis** 1997, le « Sprint Car » et le Trophée Andros Féminin (2002), deux championnats **qui utilisent** des buggys de 600 cm^3. **Citons également** le championnat Elite, championnat original, **qui a fait la renommée** du Trophée Andros, grâce à la participation de grands champions issus de divers sports automobiles (Formule 1, tourisme, rallye, rallycross, **courses de côte**, …) mais aussi des sportifs et des personnalités de tous horizons (cyclistes, skieurs, tennismen, **marins, vedettes** de la télévision, …) **qui partagent** la **même** passion de **la glisse**.

L'édition 2009-2010 du Trophée Andros **a été marquée par** l'introduction du Trophée Andros Électrique, un championnat **entièrement dédié** aux **voitures électriques**. Ce **virage** écologique **n'a toutefois pas enlevé** le côté **convivial**, spectaculaire et **palpitant** de ces courses sur glace.

Cette année, la 22e édition du Trophée **commence** le 4 décembre 2010 à Val Thorens et **se finit** par une finale le 29 janvier 2011 dans la station de ski SuperBesse près de Clermont-Ferrand. Et pour ceux et celles qui n'ont pas eu la chance d'assister aux épreuves du championnat, une super finale, **spectacle de clôture** alliant courses et démonstrations, **se joue** au Stade de France à Paris le 5 mars 2011. **Ne manquez pas** la chance de **voir courir des virtuoses** de la glisse dans un spectacle atypique !

Le 22 janvier : la fête de la Saint Vincent et des vignerons en France

Chaque année, **autour** du 22 janvier, lorsque **les vendanges** sont **terminées depuis** quelques **mois** déjà, que **la vigne ne nécessite plus de soins** et que **l'hiver est bien engagé**, **les vignerons se réunissent** pour fêter Saint-Vincent, patron des viticulteurs. **On prétend** que c'est en Bourgogne que cette tradition **a pris racine**, et qu'**elle s'est étendue** ensuite en Champagne, région contigüe.

Le choix de St-Vincent comme patron des vignerons **demeure nébuleux**. Certains prétendent que c'est à cause du **nom** du saint **qui commence par le mot** « vin », d'autres affirment **qu'il aurait été torturé** par **une roue** de pressoir à raisins, mais **personne ne semble certain** de l'origine de cette joviale tradition. Les participants font généralement partie d'**une confrérie**, chacune d'elle ayant **ses propres coutumes** et **sa façon** de **célébrer**. La fête, organisée par des comités de vignerons dans les villages, **débute habituellement** par **la collecte**, auprès des vignerons environnants, d**es bouteilles qui seront servies** lors de **la fête**.

Puis le jour de la fête, **un cortège** composé de vignerons en costumes, de leurs familles et de leurs **amis**, **se rend** au domicile de celui **qui a reçu** le « bâton de St-Vincent » l'année précédente pour **se diriger** ensuite avec lui v**ers l'église** au son d'une fanfare, où **aura lieu** une cérémonie et des bénédictions de **tonnelets de vin** et de pain. Après l'office religieux, **on écoute le discours** du président du comité **dresser le bilan** de l'année écoulée, puis on se dirige vers la fête qui comporte de nombreuses activités conviviales où le vin et **les outils** du vigneron sont à l'honneur.

Avec l'année nouvelle, la Fête de la Saint-Vincent Tournante, **qui passe** dans un village différent chaque année, aura lieu à Corgoloin, en Côte-d'Or, **une semaine après** la date prévue soit les 29 et 30 janvier. Les festivités comprennent **des dégustations**, du théâtre de **rue**, des concerts et des musiciens ambulants. Le chablis, quant à lui, **fêtera** la Saint Vincent du Chablisien, à Chablis.

---

chaque année: each year
autour: around
les vendanges: harvests
terminées (terminer): finished (to finish)
depuis: since
mois (un mois): months
la vigne: vineyard
ne nécessite plus de soins (nécessiter): no more cares are needed (to need)
l'hiver: winter
est bien engagé (engager): is started (to start)
les vignerons (le vigneron): winemakers
se réunissent (se réunir): gather (to gather)
on prétend (prétendre): it is claimed (to claim)
a pris racine (prendre): it started (to start)
elle s'est étendue (s'étendre): it spread (to spread)

demeure nébuleux: (it) is unclear
le nom: name
qui commence (commencer): that starts (to start)
par le mot: by the word
qu'il aurait été torturé (torturer): that he might have been tortured (to torture)
une roue: wheel
personne ne semble certain (sembler): nobody seems to be sure (to seem)
une confrérie: brotherhood
ses propres coutumes: their own customs
sa façon (une façon): its way
célébrer: to celebrate
débute (débuter): (it) starts (to start)
habituellement: usually
la collecte: raising
des bouteilles (une bouteille): bottles
qui seront servies (servir): that will be served (to serve)
la fête: celebration

un cortège: procession
amis (un ami): friends
se rend (se rendre): going to (to go to)
qui a reçu (recevoir): who received (to receive)
se diriger vers: to head toward
l'église: church
aura lieu (avoir lieu): (it) will occur (to occur)
tonnelets de vin: small barrels of wine
le vin: wine
on écoute (écouter): we hear (to hear)
le discours: speech
dresser le bilan: to assess
les outils: tools

qui passe (passer): that goes (to go)
une semaine après: a week after
des dégustations (une dégustation): tastings
une rue: street
(il) fêtera (fêter): it will celebrate (to celebrate)

Évaluez votre compréhension

La fête du Travail, page 79

1. What will you find vendors selling on this day?

2. Why and when did this tradition begin?

3. What word of caution does this story end with?

Le carnaval aux Antilles, page 80

1. The carnaval became a period for the Africans to express what aspect of their culture?

2. What are the costumes of the *à caisse claire* like?

3. What are the *ti-mass*?

Faites de la musique !, page 82

1. How many cities now particpate in this festival?

2. When does the festival begin and what is it celebrating?

3. What problem came about during the festival and how was it fixed?

Poisson d'avril !, page 84

1. This holiday was originally celebrated on what day?

2. What is the most common trick played on this day?

3. Why is the fish the symbol on this day?

Test your comprehension

Le 14 juillet, page 86

1. This holiday, also called Bastille Day, is attached to what sentiment? Why?

2. People wake up early on this day to do what?

3. The aerial show puts on a special display. What is it?

Jours de mémoire, page 92

1. What holiday occurs on November 1st, and what does this holiday commemorate?

2. What holiday takes place on the day after? What is done on this day?

3. What flower is used to decorate graves and symbolizes All Saints' Day?

La fête des Rois en France, page 94

1. When does *La fête des Rois* usually take place?

2. Describe the tradition of the Twelfth Night Cake?

3. How does the recipe differ in the north and south of France?

Noël en Provence, page 96

1. According to the *Sainte Barbe* tradition, what will happen if your seeds sprout straight green stalks?

2. Who carries out the tradition of lighting the Yule log?

3. *Le gros souper* is a meal without what type of food? What do the 13 bread rolls indicate?

Biographie

arches métalliques (une arche): metal arches
impressionnantes: impressing
amoureux: lovers
font initialement connaissance (faire connaissance): initially meet (to meet)

un ingénieur: engineer
né (naître): born (to be born)
au sein: within
aisée: well-off
avoir été admis (admettre): having been enrolled (to enroll)
une École: school
entre (entrer): got in (to get in)
il obtient (obtenir): he got (to get)
ingénieur chimiste: chemical engineer
une rencontre: encounter
un essor: development
changera (changer): will change (to change)
confirmera (confirmer): will reinforce (to reinforce)
intérêt: interest
matériau d'avenir: promising material

entreprendre: to undertake
qui fera sa renommée (faire): which will make him famous (to make)
conçoit (concevoir): designed (to design)
vingt-six ans: twenty-six years old
la passerelle: gangway
la célèbre: the renowned, famous
avoir fondé (fonder): having established (to establish)
sa propre société: his own company
il se lance (lancer): he got thrown into (to throw)
envergure: substantial
ponts (un pont): bridges
gares (une gare): train stations
églises (une église): churches
charpentes: roof structures

découle (découler): resulted from (to result)
engouement: infatuation
en hauteur: high rise
qui constituent (constituer): which represented (to represent)
réelles prouesses: real technical feats
inaugurée (inaugurer): inaugurated (to inaugurate)
s'élève (s'élever): stands at (to stand)
une hauteur de: high
pèse (peser): weighs (to weigh)
les plus visités: the most visited
le monde: the world

ne se démentira jamais (démentir): will never be denied (to deny)
s'intéressera: will take interest in
par la suite: later
au sommet: on top of
il décédera (décéder): he passed away (to pass away)
(il) demeurera (demeurer): he will remain (to remain)
à jamais: forever
un génie: genius

C'est sous ses **arches métalliques impressionnantes** et si caractéristiques que de nombreux **amoureux font initialement connaissance** avec le Paris romantique : la Tour Eiffel.

Son concepteur est l'**ingénieur** français Alexandre Gustave Eiffel, **né** le 15 décembre 1832 à Dijon (Côte-d'Or) **au sein** d'une famille **aisée**. Après **avoir été admis** à l'**École** centrale des arts et manufactures de Paris, Gustave Eiffel **entre** ensuite à l'École polytechnique où **il obtient,** en 1855, un diplôme d'**ingénieur chimiste**. Sa **rencontre** avec Charles Nepveu, entrepreneur spécialisé dans les constructions métalliques, dont l'**essor** suit l'évolution récente de la métallurgie, **changera** le cours de sa carrière professionnelle et **confirmera** son **intérêt** pour ce **matériau d'avenir**.

Avant d'**entreprendre** la construction de la Tour Eiffel, **qui fera sa renommée,** Gustave Eiffel **conçoit,** à **vingt-six ans**, **la passerelle** Eiffel à Bordeaux et contribue à la création de **la célèbre** statue de la Liberté de New-York. Après **avoir fondé sa propre société**, **il se lance** avec succès dans des projets d'**envergure** tels la construction de viaducs, de **ponts**, de **gares**, d'**églises** ainsi que de diverses **charpentes** métalliques.

La construction de la Tour Eiffel **découle** directement de l'**engouement** des ingénieurs et architectes de l'époque pour les structures **en hauteur, qui constituent** alors de **réelles prouesses** techniques. **Inaugurée** lors de l'Exposition universelle de Paris de 1889 après quelques polémiques, la tour Eiffel **s'élève** à **une hauteur de** 313 mètres et **pèse** plus de 10,100 tonnes. Il s'agit d'un des monuments **les plus visités** au **monde**.

Gustave Eiffel, dont le succès **ne se démentira jamais**, **s'intéressera par la suite** au développement de la technologie en faisant installer des antennes radio **au sommet** de la Tour Eiffel. **Il décédera** à Paris le 27 décembre 1923 et **demeurera à jamais** dans les esprits un ingénieur et un industriel de **génie**.

Une femme, une artiste

Peu de femmes ont connu un destin aussi exaltant et particulier que Camille Claudel. Sculpteure exceptionnelle, **dotée** d'une prescience peu commune, **elle connaissait** avec certitude, dès son **plus jeune âge**, l'orientation **que prendrait** son destin.

Ainée d'**une fratrie** de quatre enfants, **elle naît** le 8 décembre 1864 à Fères-en-Tardenois, une petite **bourgade** de l'Aisne **située** dans le nord-est de la France, **au sein d'**une famille bourgeoise. C'est à 17 ans que cette artiste à l'**esprit libre** et indépendant **décide** de **se consacrer** exclusivement à la sculpture. **Elle se rend** à Paris en 1882 **afin de suivre les cours** de l'Académie Colarossi où **elle fait la rencontre** du sculpteur Auguste Rodin, avec qui **elle entretiendra** une relation **amoureuse** au long cours.

Ses premières **œuvres** connues répertoriées, *La Vieille Hélène* ou *Paul à treize ans* **datent de** cette **époque bienheureuse** où **la puissante** influence du **maître n'avait pas encore** marqué son œuvre de son empreinte indébile. **Toutefois**, son talent exceptionnel **ne tarde pas** à faire une **forte** impression sur Rodin **qui l'incite à se joindre** à son **atelier** de la rue Université en 1885. Cette collaboration fructueuse **donne lieu à** la réalisation du monument des *Bourgeois de Calais* et des **célèbres** *Portes de l'Enfer*.

Inextricablement liés par le talent et le cœur, Camille Claudel et Rodin **produisent** des œuvres dont il est **parfois** difficile d'identifier l'auteur avec certitude. Cette symbiose artistique **se produit malheureusement** aux dépends de la carrière de Camille. **Confrontée au refus de** Rodin de **quitter sa fidèle** compagne Rose Beuret, Camille Claudel **parvient à retrouver** une certaine autonomie en 1898, **ce qui la conduit** à la réalisation d'œuvres plus personnelles comme *La Valse* ou *La Petite Châtelaine*.

Souffrant de **paranoïa aiguë** et **accusant** Rodin de **s'approprier** ses œuvres, **elle sera internée** dans un hôpital psychiatrique où **elle finira ses jours** en 1943.

---

peu de: few
femmes (une femme): women
ont connu (connaître): knew (to know)
dotée (doter): endowed (to endow)
elle connaissait (connaître): she knew (to know)
plus jeune âge: youngest age
que prendrait (prendre): that would take (to take)

ainée: eldest
une fratrie: sibling
elle naît (naître): she was born (to be born)
bourgade: village
située (situer): located (to locate)
au sein d': among, in middle of
esprit libre: free spirit
décide (décider): decide (to decide)
se consacrer (consacrer): devote herself (to devote)
elle se rend (se rendre): she goes (to go)
afin de: in order to
suivre (suivre): attend (to attend)
les cours (le cours): the class, the lessons
elle fait la rencontre (rencontrer): she meets (to meet)
elle entretiendra (entretenir): she will maintain (to maintain)
amoureuse: love (affair)

œuvres (une oeuvre): works
datent de (dater): date to (to date)
époque bienheureuse: happy time
la puissante: the powerful
maître (des maîtres): master
n'avait pas encore (avoir): did not still have (to have)
toutefois: however
ne tarde pas à faire: did not delay making
forte: strong
qui l'incite (inciter): incite her (to incite)
se joindre (joindre): to join (to join)
atelier: artist studio
donne lieu à (donner): give place to (to give)
célèbres: famous

produisent (produire): generate (to generate)
parfois: sometimes
se produit (produire): happens (to happen)
malheureusement: unfortunately
confrontée (confronter): confronted (to confront)
au refus de: by his refusal
quitter (quitter): leave (to leave)
sa fidèle: his faithful
parvient à (parvenir): succeeds in (to succeed)
retrouver (retrouver): finding (to find)
ce qui la conduit (conduire): that drives her to (to drive)

souffrant (souffrir): suffering (to suffer)
paranoïa aiguë: acute paranoia
accusant (accuser): accusing (to accuse)
s'approprier (approprier): taking (to take)
elle sera internée (interner): she will be interned (to intern)
elle finira (finir): she will finish (to finish)
ses jours (un jour): her days

Albert Camus et l'absurde

Albert Camus (1913-1960) **compte parmi** les plus grandes figures de la littérature française du XXème **siècle**. C'est avec *L'Étranger*, **son roman le plus connu,** que **j'ai fait sa connaissance.**

L'Étranger **figurait** dans mon programme de littérature au **lycée. À 16 ans**, la musique m'intéressait plus que la littérature, **et pourtant...** **ce livre** m'a fascinée **de la première** à la **dernière** page.

J'y ai découvert le thème de l'absurde, **si cher à** Camus. **Athée, il définit** l'absurde comme « cette confrontation **entre l'appel humain** et le silence déraisonnable du **monde** ». Pour lui, **non seulement il n'y a pas** de **Dieu**, mais l'existence **n'a pas de sens**. Attention ! **Ce n'est pas pour autant** un appel au **désespoir** et au suicide !

En fait, **il faut considérer** l'absurde comme un générateur d'énergie. Si **on ne choisit pas** le suicide, **on doit** choisir l'exaltation de **la vie. Être solidaire des opprimés**, ou bien **profiter pleinement** de l'instant présent sont des formes de révolte **contre** l'absurde. Le monde n'a **peut-être** pas de sens, mais **ça ne l'empêche pas** d'être **beau** et ça n'empêche pas les humains d'être solidaires et **justes**. Au contraire.

D'ailleurs, en plus d'**être quelqu'un d'engagé** (il a **mené plusieurs** combats politiques, a été résistant...) Camus était **un homme sensuel**, qui avait une **véritable** passion pour **le soleil** et **la mer**.

Je me souviens que **la première fois** que **j'ai lu** *l'Étranger*, **j'ai été frappée par** la sensualité présente dans le livre. Meursault, le personnage principal, **semble impassible, passif**.

---

compte parmi (compter): figures among (to figure)
un siècle: century
son roman (un roman): his novel
le plus connu: the best known
j'ai fait sa connaissance (faire la connaissance): I met him (to meet)

figurait (figurer): was listed (to be listed)
un lycée: high school
à 16 ans: at the age of 16
et pourtant: and yet
ce livre (un livre): this book
de la première (premier): from the first
dernière (dernier): last

j'y ai découvert (découvrir): there I discovered (to discover)
si cher à: so important to
athée: atheistic
il définit (définir): he defines (to define)
entre: between
l'appel humain: the cry of humanity
le monde: world
non seulement: not only
il n'y a pas: there is no
Dieu: God
n'a pas de sens: there is no meaning
ce n'est pas pour autant: it is not necessarily
le désespoir: despair

il faut (falloir): one has to (to have to)
considérer: to consider
on ne choisit pas (choisir): we do not choose (to choose)
on doit (devoir): we must (to must)
la vie: life
être solidaire de: to stand united with
des opprimés: the oppressed
profiter: to profit
pleinement: fully
contre: against
peut-être: maybe
ça ne l'empêche pas (empêcher): it does not prevent it (to prevent)
beau: beautiful
justes (juste): fair

d'ailleurs: besides
être quelqu'un d'engagé: to be committed
il a mené (mener): he led (to lead)
plusieurs: several
un homme sensuel: a sensual man
véritable: true
le soleil: the sun
la mer: the sea

je me souviens (se souvenir): I remember (to remember)
la première fois: the first time
j'ai lu (lire): I read (to read)
j'ai été frappée par (frapper): I was struck by (to strike, knock)
(il) semble (sembler): he seems (to seem)
impassible: impassive, unmoved
passif: passive

On l'accuse même d'être insensible parce qu'**il ne pleure pas** à l'enterrement de **sa mère**. **Il ressent** pourtant de **façon très aiguë la chaleur, la lumière, les rayons** du soleil **sur sa peau, le goût du café au lait** et de la cigarette… **Il perçoit les bruits,** les odeurs…

Il semble en fait être en état d'« hyper conscience » permanente. C'est **sans doute** ce qui **l'empêche** de **se comporter** comme **les gens qui l'entourent.** C'est ça, l'absurde: une conscience aiguë du monde **qui ne laisse pas de place** aux mythes, aux **croyances** ou au kitsch.

Pas la peine de mentir, de **faire croire** ou de se faire croire **que tout va bien. Mais si** s'obliger à **voir** le monde tel qu'il est peut être une expérience **effroyable,** c'est aussi un exercice qui **peut nous rendre** plus humains, **plus à l'écoute des autres** et de la nature.

À vrai dire, cette vision du monde **me semble** particulièrement pertinente en 2009. **Nous vivons** dans **une époque confuse.** L'avenir est incertain et **parfois angoissant,** mais le fait de **se soucier** de l'environnement, de s'extasier **devant** la beauté d'**un paysage** ou de **militer** pour plus de justice **pourrait nous permettre, chacun à notre façon,** de combattre l'absurdité du monde **en donnant un sens** à notre vie.

Quoi qu'il en soit, je vous invite à **découvrir** ou à redécouvrir **les œuvres** de ce grand homme, **qu'il s'agisse** de *La Mort heureuse, L'Étranger, La Peste* ou *La Chute* … **Bonne lecture !**

---

on l'accuse même (accuser): he is even accused (to accuse)
il ne pleure pas (pleurer): he doesn't cry (to cry)
sa mère (une mère): his mother
il ressent (ressentir): he feels (to feel)
une façon: a way
très aiguë (aigu): very keen
la chaleur: the warmth
la lumière: the light
les rayons (le rayon): the rays
sur sa peau (la peau): on his skin
le goût de: the taste of
café au lait: coffee with milk
il perçoit (percevoir): he feels (to feel)
les bruits (le bruit): noises

il semble (sembler): he seems (to seem)
en fait: in fact
être en état: to be in a state of
sans doute: probably
l'empêche (empêcher): prevents him (to prevent)
se comporter: to behave
les gens: people
qui l'entourent (entourer): who are around him (to surround)
qui ne laisse pas de place (laisser): that doesn't let any space (to let)
croyances (la croyance): beliefs

pas la peine de mentir: no need to lie
faire croire: to make believe
que tout va bien: that everything is going well
mais si: but if
s'obliger: to oblige oneself
voir: to see
effroyable: dreadful
cela peut nous rendre: it can make us
plus à l'écoute: to listen more
des autres: others

à vrai dire: to tell the truth
me semble (sembler): seems to me (to seem)
nous vivons (vivre): we live (to live)
une époque: time
confuse (confus): confusing
l'avenir: future
parfois: sometimes
angoissant: alarming
se soucier: to care about
devant: in front of
un paysage: a landscape
militer: to campaign
cela pourrait (pouvoir): it could (can, to be able to)
nous permettre: allow us
chacun à notre façon: each in our own way
en donnant: by giving
un sens: meaning

quoi qu'il en soit: be that as it may
je vous invite (inviter): I invite you (to invite)
découvrir: to discover
les œuvres (la œuvre): the works
qu'il s'agisse: whether it be about
Bonne lecture !: Enjoy your reading!

Cinéaste français

À la fin des années 50, François Truffaut a été l'un des premiers, avec Jacques Rivette et Jean-Luc Godard, **à faire** des films dans un style qu'**un critique de cinéma baptisera « la Nouvelle Vague »**. D'un point de vue technique, ce style novateur **se caractérise entre autres** par **des éclairages** naturels (**au revoir**, les studios !) ainsi que l'introduction d'un équipement (son et caméra) **plus léger**, **moins bruyant**, **qui permet** donc de **se déplacer** et de **suivre les personnages**.

Une proximité et une connivence **s'installent** alors **entre** les personnages et le spectateur **qui n'est plus comme** au théâtre, mais **aux côtés des** acteurs et dans **la vie** des personnages. Le résultat est **plus réaliste**, les émotions plus palpables.

Dans *Les quatre cents coups*, par exemple, la caméra **suit pas à pas** la vie et **les malheurs** du **jeune** Antoine Doinel. **Souvent** mobile, **parfois** instable, cette caméra **semble** aussi imprévisible que la vie d'Antoine. **Nous sommes entraînés** dans l'histoire et **surtout** LES histoires du jeune garçon, **ses mensonges**, **ses espoirs**, ses interrogations…

Avec la Nouvelle Vague, **le montage évolue** lui aussi. **Il n'est plus contraint** de **respecter** des critères de continuité. Les images **nous apparaissent un peu comme des pensées** spontanées, dans **le désordre,** comme dans **la « vraie vie »**.

Il **faut dire** que les films de la Nouvelle Vague **reflètent une époque** de **bouleversements**, de jeunes **qui cherchent** à **se comprendre** et à comprendre **le monde dans lequel ils vivent**.

La seconde guerre mondiale est **terminée, le pays se reconstruit, on accède** à un plus grand confort matériel, les mouvements **étudiants**, anticolonialistes et féministes sont de plus en **plus actifs**, le modèle familial **évolue**…

On sent souvent, dans les films de François Truffaut, des personnages **en quête de sens**, **en décalage avec** la société ou leur environnement direct. C'est là que réside, **selon moi**, l'intérêt des films de Truffaut car ce décalage **est traité** avec humour, poésie et tendresse. Les personnages sont **parfois** ridicules… **presque toujours touchants et attachants**. Les **amoureux**, eux, sont toujours passionnés !

On dirait que dans ses films, Truffaut **nous signifie** que la vie est **trop précieuse pour ne pas être vécue pleinement**.

Pour cet **homme** qu'un cancer a **emporté à 52 ans seulement**, le cinéma aura **en tout cas** été une passion **dévorante**. De cette passion, **nous avons hérité** de petits bijoux cinématographiques dont, **je crois**, **nous ne sommes pas près de nous lasser**.

Quelques-uns des films de François Truffaut :

- *Vivement dimanche !* (1983)
- *La femme d'à côté* (1981)
- *Le dernier métro* (1980)
- *L'homme qui aimait les femmes* (1977)
- *L'histoire d'Adèle H.* (1975)
- *La nuit américaine* (1973)
- *Baisers volés* (1968)
- *Jules et Jim* (1962)
- *Les quatre cents coups* (1959)

il faut dire (falloir): it has to be said (to have to)
reflètent (refléter): reflect (to reflect)
une époque: a time
bouleversements: disruptions
qui cherchent (chercher): that look for (to look for)
se comprendre: to understand
le monde: the world
dans lequel: in which
ils vivent (vivre): they live (to live)

la seconde guerre mondiale: the Second World War
terminée (terminer): ended (to end)
le pays: country
se reconstruit (reconstruire): is rebuilt (to rebuild)
on accède (accéder): we reach (to reach)
les étudiants (le etudiant): students
plus actifs: more active
évolue (evoluer): evolves (to evolve)

on sent souvent (sentir): we can often feel (to feel)
en quête de sens: in quest of meaning
en décalage avec: at odds with
selon moi: according to me, for me
(il) est traité avec (traiter): it is dealt with (to deal)
parfois: sometimes
presque toujours: almost always
touchants (touchant): touching
attachants (attachant): engaging, endearing
amoureux: in love

on dirait (dire): it seems (to seem)
nous signifie (signifier): told us (to tell)
trop précieuse (précieux): too precious
pour ne pas être vécue: to not be lived
pleinement: fully

un homme: man
emporté: taken away
à 52 ans seulement: at just 52
en tout cas: in any case
dévorante: all-consuming
nous avons hérité (hériter): we have inherited (to inherit)
je crois (croire): I believe (to believe)
nous ne sommes pas près de nous lasser: we are not about to tire of them

on dit (dire): it is said (to say)
qu'il a été (être): that he was (to be)
le plus discuté: the most discussed
un siècle: century
doit (devoir): owes (to owe)
surtout: above all
sa renommée: his fame
romans (un roman): novels
publiés (publier): published (to publish)

né (naître): born (to be born)
un père: father
qui décède (décéder): who died (to die)
deuxième année: two years old
il est élevé par (élever): he was brought up by
(to be brought up)
sa mère(une mère): his mother
un grand-père: grandfather
qui est apparenté: who was a relative to
un récipiendaire: recipient
prix nobel de la paix: Nobel Peace Prize
il s'est fait connaître: he became famous
les polémiques suscitées: controversies incited
ses écrits (un écrit): his written works
sa vie amoureuse: his love life
hors du commun: exceptional
la vie: life
sa mort: his death
la gauche: left-wing
il n'hésite pas (hésiter): he did not hesitate
(to hesitate)
aller: to go
à contre-courant: against the tide
son époque: his time
en rejetant (rejeter): by refusing (to refuse)

elle propose (proposer): it suggests
(to suggest)
l'être doit agir: the human being must act
ouvrir: to open up
un monde: world
selon: according to
un postulat: a statement
un homme: man
se résument (résumer): sum up (to sum up)
la peur: fear
le néant: nothingness
étant (être): being (to be)
la seule: the only

échoué (échouer): failed (to fail)
un concours: competitive examination
une École: school
qui lui aurait permis (permettre): which
would have allowed him (to allow to)
d'enseigner: to teach
il le réussit (réussir): he passed (to pass)
l'année suivante: the following year
il fonde (fonder): he created (to create)
se tourne (tourner): he turned to (to turn)
par la suite: later
il devient (devenir): he became (to become)
un auteur: an author
il refuse(refuser): he refused (to refuse)
qui lui est attribué: which was given to him
il s'est... fait un devoir: he ... made a point of

On dit de lui **qu'il a été** le philosophe **le plus discuté** du 20ème **siècle**. Mais Jean-Paul Sartre **doit surtout sa renommée** à sa théorie de l'existentialisme et à ses nombreuses pièces de théâtre et **romans**, dont *l'Être et le Néant* et *La Nausée*, **publiés** respectivement en 1938 et en 1943.

Né à Paris, le 21 juin 1905 d'**un père** officier de la marine **qui décède** avant sa **deuxième année**, **il est élevé par sa mère** et son **grand-père** maternel **qui est apparenté** au docteur Albert Schweitzer, **récipiendaire** du **prix Nobel de la paix** en 1952. **Il s'est fait connaître** tant par **les polémiques suscitées** par **ses écrits** que par **sa vie amoureuse hors du commun**. Compagnon de **vie** de Simone de Beauvoir jusqu'à **sa mort**, c'est un ardent défenseur de **la gauche** radicale. **Il n'hésite pas** à **aller à contre-courant** des tendances de **son époque en rejetant**, notamment, le mariage et la paternité.

Sa théorie philosophique s'oppose au matérialisme, et à l'idéalisme traditionnel. **Elle propose** une vision de la vie humaine où **l'être doit agir** et s'**ouvrir** au **monde** pour exister. **Selon** son **postulat**, les éléments fondamentaux de l'existence de l'**homme se résument** à l'engagement, l'aliénation, l'ennui, **la peur**, **le néant**, l'absurde et à la liberté. L'éventualité du suicide **étant**, selon lui, **la seule** question véritable.

Jean-Paul Sartre a **échoué** en 1928 au premier **concours** d'agrégation de l'**École** normale supérieure de Paris **qui lui aurait permis d'enseigner**. **Il le réussit l'année suivante** et enseigne au Havre, à l'Institut français de Berlin et au lycée Pasteur à Paris. En 1944, **il fonde** la revue *Les Temps Modernes* puis **se tourne par la suite** vers le théâtre et **devient un auteur** très prolifique. **Il refuse** le prix Nobel de littérature **qui lui est attribué** en 1964, car **il s'est** toujours **fait un devoir** de décliner les honneurs. Il est mort à Paris le 15 avril 1980.

Prix Nobel de médecine

Né le 14 novembre 1891 dans **la ville** d'Alliston en Ontario, au Canada, et benjamin d'**une fratrie** de cinq enfants, Frederick Grant Banting **a bénéficié** d'**un destin peu commun**.

Connu comme le découvreur de l'insuline, conjointement avec le professeur J.J.R. Macleod, **il a débuté sa scolarité** en fréquentant **les écoles publiques** de sa ville natale. **Par la suite**, **il entre** à l'Université de Toronto avec **le désir** de poursuivre **une filière** d'**études** religieuses, mais **il s'oriente** finalement **vers** la médecine.

L'avènement de la Première Guerre mondiale **le conduit** sur **le front** en France en 1916 avec le Corps médical de l'Armée canadienne. **Blessé** à la bataille de Cambrai en 1918, **on lui octroie** la Croix Militaire pour **bravoure** en 1919. À son **retour de la guerre**, **il étudie la chirurgie** orthopédique et **œuvre** successivement comme praticien à London (Ontario) et chirurgien résident à l'Hôpital pour enfants **malades** de Toronto. **Il devient** par la suite professeur et conférencier en pharmacologie à l'Université de Toronto.

Le Dr Banting a toujours manifesté un grand intérêt scientifique **envers** le diabète et plus particulièrement par la possibilité d'**extraire** l'insuline directement **des ilots** de Langerhans **qui le sécrètent** dans le pancréas. Avec l'aide du Dr Macleod, **qui soutient sa démarche** expérimentale, et de son assistant, le Dr Charles Best, alors étudiant, **il parvient** à **vérifier** l'authenticité de sa théorie, **laquelle donne lieu** à la découverte de l'insuline.

On lui accorde, conjointement avec le Dr J.J.R. Macleod, **le prix Nobel** de médecine en 1923. **Il a également reçu** de nombreuses décorations honorifiques canadiennes et **étrangères**, et a **été ennobli** en 1934. **Marié** à **deux reprises**, père d'**un fils** et **peintre** de talent, il a également participé à une expédition artistique **le conduisant au-delà** du cercle arctique. **Il est mort** dans un accident d'**avion**, en février 1941, à Terre-Neuve, au Canada.

---

né (naître): born (be born)
la ville: the city
une fratrie: sibling
a bénéficié (bénéficier): enjoyed (to enjoy)
un destin: fate
peu commun: exceptional

connu comme (connaître): known as (to know)
le découvreur: the discoverer
il a débuté (débuter): he started (to start)
sa scolarité: his school years
les écoles publiques: public schools
par la suite: later
il entre (entrer): he got in (to get in)
le désir: the desire
une filière d'études: a course of study
il s'oriente vers (orienter): he turned toward (to turn)

l'avènement: the advent
le conduit (conduire): led him (to lead)
le front: battlefront
blessé (blesser): injured (to injure)
on lui octroie (octroyer): he was awarded (to award)
la bravoure: courage
retour de la guerre: back from war
il étudie (étudier): he studied
la chirurgie: surgery
(il) œuvre (oeuvrer): he worked (to work)
malades: sick
il devient (devenir): he became (to become)

envers: toward
extraire: to extract
des ilots: islets
qui le sécrètent (sécréter): which produce it (to produce)
qui soutient (soutenir): who supported (to support)
sa démarche: his process
il parvient (parvenir): he succeeded in (to succeed)
vérifier: to check
laquelle donne lieu: which led to

on lui accorde (accorder): he was awarded (to award)
le prix Nobel: the Nobel Prize
il a également reçu (recevoir): he also received (to receive)
étrangères: foreign
il a été ennobli (ennoblir): he was ennobled (to ennoble)
marié: married
deux reprises (une reprise): two times
un père: father
un fils: a son
peintre: painter
le conduisant (conduire): which led him (to lead)
au-delà: beyond
il est mort (mourir): he died (to die)
un avion: plane

La Môme

connaissez-vous (connaître): do you know (to know)
une chanteuse française: French singer
née (naître): born (to be born)
appelée (appeler): named (to name)
si je vous dis (dire): if I tell you (to tell)
elle s'est rendue célèbre (se rendre): she became famous (to become)
le monde entier: worldwide
des chansons (une chanson): songs
bien sûr: of course

une femme: woman
un peu comme: a little bit like
en tant que: as
une vie: life
douloureuse: painful

le cirque: circus
une mère: mother
vit (vivre): lives (to live)
la misère: the misery
la plus absolue: the deepest
les deux premières années: the two first years
son père (un père): her father
est parti à (partir): (he) left for (to leave)
la guerre: war
n'a pas les moyens: cannot afford
s'occuper de: to take care of
on la confie (confier): she is entrusted (to entrust)
mais celle-ci: but this one
la néglige (négliger): neglects her (to neglect)
on la place (placer): she is placed (to place)
un an et demi plus tard: one and a half years later
une patronne: boss
une maison close: whorehouse
certes: indeed
on peut rêver: it is possible to dream of
un meilleur: a better
la débauche: debauchery
élever: to raise
une petite fille: a little girl
au moins: at least
est bien nourrie (nourrir): is well fed (to feed)
choyée (choyer): pampered (to pamper)
qui travaillent (travailler): who work (to work)
(elle) a sept ans: (she) is seven years old
(il) vient la chercher: (he) comes to take her
des cirques itinérants: travelling circus

elle se rend compte (se rendre compte): (she) realizes (to realize)
une voix: voice
permettre: to allow
gagner de l'argent: to earn money
sa meilleure amie (une amie): her best friend
elle chante (chanter): she sings (to sing)
elle quitte (quitter): she leaves (to leave)
pour tenter sa chance: to try her luck
seule: alone
elle tombe amoureuse: she falls in love
elle aura (avoir): she has (to have)
qui mourra (mourir): who will die (to die)

Connaissez-vous cette **chanteuse française née** le 19 décembre 1915 et **appelée** Édith Giovanna Gassion ? Non ? Et **si je vous dis** qu'**elle s'est rendue célèbre** dans **le monde entier** avec **des chansons** comme *La Vie en rose, Milord* ou *Non, je ne regrette rien* ? Oui, c'est Édith Piaf, **bien sûr** !

Voilà **une femme** qui, **un peu comme** Billie Holiday aux États-Unis, aura connu la gloire grâce à un immense talent et qui aura eu, **en tant que** femme, **une vie** particulièrement **douloureuse**.

Née d'un artiste de **cirque** et d'**une mère** chanteuse, Édith **vit** dans **la misère la plus absolue les deux premières années** de sa vie. **Son père est parti à la guerre**, sa mère **n'a pas les moyens de s'occuper** d'elle. **On la confie** donc à sa grand-mère maternelle, **mais celle-ci la néglige** totalement. **On la place** donc **un an et demi plus tard** chez sa grand-mère paternelle, **patronne d'une maison close** en Normandie. **Certes, on peut rêver d'un meilleur** environnement qu'une « maison de **débauche** » pour **élever une petite fille**, mais là, **au moins**, Édith est **bien nourrie** et **choyée** par sa grand-mère et toutes les prostituées **qui travaillent** pour elle. Édith **a sept ans** lorsque son père **vient la chercher** pour qu'elle travaille avec lui dans **des cirques itinérants**.

Petit à petit, **elle se rend compte** qu'elle a **une voix** et que ça peut lui **permettre** de **gagner de l'argent**. Accompagnée de **sa meilleure amie**, **elle chante** de plus en plus souvent et **quitte** son père à l'âge de 15 ans **pour tenter sa chance, seule**. À 17 ans, **elle tombe amoureuse** d'un certain Louis Dupont, avec qui **elle aura** une petite fille, Marcelle, **qui mourra** d'une méningite à l'âge de deux ans…

Si c'était un film, **on dirait** que c'est **exagéré**, mais la vie d'Édith Piaf est une succession de drames et de joies, tout aussi intenses. Édith chante pendant quelques années dans **les rues** de Paris avant d'être remarquée par Louis Leplée qui, **séduit** par sa voix, **l'engage** dans son prestigieux cabaret et **la baptise** « la môme piaf ». **Un piaf** est **un petit oiseau** et Édith **ne mesure qu'un mètre quarante-sept**. Le succès est immédiat et Édith **ne tarde pas** à **enregistrer** son premier **disque**.

En 1937, la môme Piaf devient définitivement Édith Piaf. Elle n'a que 22 ans, **mais déjà** toute une vie de femme **derrière** elle et toute une carrière d'artiste **qui l'attend**… Pendant la Seconde Guerre mondiale, elle continue à chanter, mais ses chansons **évoquent** la résistance et **elle s'efforce de faire travailler** des musiciens juifs.

C'est en 1945 qu'**elle écrit** seule la chanson *La Vie en rose*. **Sa vie amoureuse** est riche, mais pas toujours simple. Ses liaisons sont généralement de **courte durée**. Lorsque le boxeur Marcel Serdant, le grand amour de sa vie (pour qui elle écrit *L'Hymne à l'amour*) meurt en 1949 dans **un accident d'avion**, Piaf, d'un naturel **enjoué** et **rieur**, sombre dans une dépression **qui ne la quittera jamais vraiment**.

Deux ans plus tard, en 1951, **elle est impliquée** dans deux accidents de **voiture qui aggraveront** son état. **Sa santé** fragile, l'alcool et **une accoutumance** à la morphine **obligeront** Piaf **à délaisser** temporairement **le métier qu'elle aimait tant**. De cure de désintoxication en **tournées triomphales, elle parvient tant bien que mal** à tenir la route jusqu'en 1963.

Usée, épuisée, abîmée, elle meurt à 47 ans, le 10 octobre, **un jour avant** son ami Jean Cocteau **qui dira d'elle**: « **Je n'ai jamais connu d'être moins économe** de son âme. **Elle ne la dépensait pas**, elle la **prodiguait**, elle **en jetait l'or par les fenêtres**. »

si c'était (être): if it was (to be)
on dirait (dire): one would say (to say)
exagéré (exagérer): exaggerated (to exaggerate)
les rues (une rue): the streets
séduit (séduire): seduced (to seduce)
(il) l'engage (engager): he hires her (to hire)
(il) la baptise (baptiser): he named her (to name)
un piaf: a little bird, sparrow
un petit oiseau: a little bird
ne mesure qu' un mètre quarante-sept: she is only one meter forty-seven centimeters tall
ne tarde pas (tarder): does not take her long (to take long)
enregistrer: to record
un disque: record

mais déjà: but already
derrière: behind
qui l'attend (attendre): that is waiting for her (to wait)
évoquent (évoquer): evoke (to evoke)
elle s'efforce de faire (s'efforcer de): she tries hard (to try hard)
travailler: to work

elle écrit (écrire): she writes (to write)
sa vie amoureuse: her love life
courte durée: cut short
un accident d'avion: airplane crash
enjoué: cheerful
rieur: laughing
qui ne la quittera jamais vraiment (quitter): that will never really leave her (to leave)

elle est impliquée (impliquer): she is involved (to involve)
une voiture: car
qui aggraveront (aggraver): that will worsen (to worsen)
sa santé (une santé): her health
une accoutumance: addiction
(ils) obligeront (obliger): (they) will force (to force)
à délaisser: to abandon
le métier: profession
qu'elle aimait tant (aimer): that she loved so much (to love)
tournées (une tournée): tours
triomphales (triomphal): triumphant
elle parvient (parvenir): she manages (to manage)
tant bien que mal: more or less

usée (usé): worn down
épuisée (épuisé): exhausted
abîmée: hurt, run down
un jour avant: a day before
qui dira d'elle (dire): who will say about her (to say)
je n'ai jamais connu (connaître): I have never known (to know)
d'être moins économe: less stingy being
elle ne la dépensait pas (dépenser): she did not spend it (to spend)
elle la prodiguait (prodiguer): she gave it (to give, to lavish)
elle en jetait l'or par les fenêtres (jeter): she threw its gold out the windows (to throw)

Écrivaine acadienne

C'est **grâce à ses romans** *La Sagouine* et *Pélagie-la–Charrette*, tous deux **publiés** en 1979, qu'Antonine Maillet s'est **fait connaître comme une écrivaine** canadienne française de premier plan. **Le rayonnement** international dont **elle bénéficie doit beaucoup** à son style authentique et à la complexité de ses **personnages**, majoritairement féminins, **qui expriment** une vaste gamme d'émotions **allant de** l'humour à **la colère la plus virulente**. **Née** à Bouctouche en 1929, dans la province canadienne du Nouveau-Brunswick, la romancière **a remporté de nombreux prix littéraires**, dont le Prix Goncourt pour son roman *Pélagie-la-Charrette*.

C'est toute l'histoire de l'**Acadie** qu'**elle met inlassablement** en **scène dans la plupart** de **ses ouvrages** ; une histoire marquée par les joies et les souffrances de ce peuple au destin particulier. Le peuple acadien issu de de la colonisation française de 1604, a connu **un déracinement** majeur en 1755, lorsque la presque totalité de ses dix mille habitants a **été déportée vers** les États-Unis et **éparpillée par le conquérant** britannique.

C'est donc avec *Pélagie-la-Charrette* que son **art connaît** son **apothéose**, puisqu'**elle parvient à** y **imprimer** la conscience collective d'une nation à l'identité incertaine, mais pourtant **forte** et déterminée. **Jouant** avec **les riches sonorités** et **les mots anciens qui ponctuent** sa **langue natale**, elle parvient avec originalité et habileté à **transmettre** au **lecteur**, dans une vision symbolique et **épique**, la mémoire de la nation **qui l'a vu naître**.

Antonine Maillet, qui a publié plus de quarante romans, **a reçu une vingtaine** de distinctions honorifiques dont l'Ordre du Canada et l'Ordre de la Légion d'honneur française. **Elle a enseigné** la littérature et le folklore à l'Université Laval de Québec ainsi qu'à Montréal, où **elle réside la plupart du temps**.

---

grâce à: thanks to
ses romans (un roman): his novels
publiés (publier): published (to publish)
fait connaître comme : became famous as
une écrivaine: a female writer
le rayonnement: radiance
elle bénéficie (bénéficier): she enjoys
(to enjoy)
doit beaucoup (devoir): owes a lot to
(to owe)
personnages: characters
qui expriment (exprimer): who convey
(to convey)
allant de: ranging from
la colère: anger
la plus virulente: the fiercest
née (naître): born (be born)
a remporté (remporter): has won (to win)
de nombreux: many
prix littéraires: literary prizes

elle met ... en scène (mettre): she introduces
(to introduce)
Acadie : *the name given to lands in northeastern North America that included parts of Canada and the area she was from.*
inlassablement: tirelessly
dans la plupart: in most
ses ouvrages: her works
un déracinement: an uprooting
été déportée (déporter): were deported
(to deport)
vers: toward
éparpillée par (éparpiller): scattered by
(to scatter)
le conquérant: the winner

art connaît (connaître): her art meets with
(to meet with)
apothéose: climax
elle parvient à (parvenir): she manages to
(to manage to)
imprimer: to leave an imprint
forte: strong
jouant (jouer): playing (to play)
les riches sonorités: playful sounds
les mots anciens: old words
qui ponctuent (ponctuer): which punctuate
(to punctuate)
langue natale: native language
transmettre: to convey
un lecteur: reader
épique: epic
qui l'a vu naître: where she was born

a reçu (recevoir): has received (to receive)
une vingtaine: about twenty
elle a enseigné (enseigner): she has taught
(to teach)
elle réside (résider): she lives (to live)
la plupart du temps: most of the time

À la découverte de Matisse

Le tableau *Les coucous, tapis bleu et rose* **a été vendu** cette **année** à Paris pour 32 millions d'euros, **une somme** historique. **S'il ne fallait qu'une preuve** que Matisse est **encore** et **toujours apprécié**, ce serait **celle-ci.**

Henri Matisse, un des artistes **les plus connus** du XXème **siècle**, **était un peintre, un dessinateur** et un sculpteur français. **Considéré** comme **le chef de file** du **fauvisme**, Matisse était **célèbre** pour ses larges **aplats** de couleurs **vives** et violentes. Son influence était telle que Picasso **lui-même l'a reconnu** comme son rival… **mais aussi** comme son **ami.**

Grand **voyageur**, Matisse **s'inspirait des lumières** et **des couleurs** de **Sud.** Ses **sujets de prédilection restent,** comme pour Picasso, **les femmes** et **les natures mortes. Cependant,** contrairement à son rival, Matisse préférait **peindre à partir de** modèles réels, **qu'il plaçait** généralement dans **un décor détaillé.**

À partir de 1917, le peintre **a quitté** Paris et **s'est installé** à Nice. C'est là-bas **qu'il est mort** d'**une crise cardiaque** en 1954, **après** une carrière prolifique et **parfois teintée de** scandales.

Moins de dix ans **plus tard,** en 1963, c'est donc **logiquement** que la ville de Nice lui a **consacré un musée.** Situé sur **la colline** de Cimiez, le musée Matisse est **tout proche** de l'ancienne résidence du peintre, l'Hotel Regina. **On y trouve** une collection permanente**, composée** en majorité de peintures, **dessins**, gravures et sculptures. **Chaque année,** des expositions temporaires, **ainsi que** des conférences et projections, sont organisées à l'intention des visiteurs.

---

le tableau: painting
(il) a été vendu (vendre): (it) has been sold (to sell)
une année: year
une somme: sum
s'il ne fallait qu' (falloir): if it were only necessary (to be necessary)
une preuve: proof
encore: still
toujours: always
apprécié: appreciated
ce serait (être): it would be (to be)
celle-ci: that one

les plus connus: the most famous
le siècle: century
(il) était (être): (he) was (to be)
un peintre: painter
un dessinateur: draftsman
considéré: considered
le chef de file: leader
le fauvisme: Fauvism
célèbre: famous
des aplats (un aplat): painted surfaces
vives (vif): bright
lui-même: himself
(il) l'a reconnu (reconnaître): (he) recognized him (to recognize)
mais aussi: but also
un ami: friend

un voyageur: traveler
(il) s'inspirait (s'inspirer): drew inspiration from (to be inspired)
des lumières (une lumière): lights
le Sud: the South (of France)
sujets de prédilection: favorite subjects
restent (rester): remain (to remain)
les femmes (la femme): women
les natures mortes: still lifes
cependant: nevertheless
peindre: to paint
à partir de: from
qu'il plaçait (placer): that he placed (to place)
un décor: setting
détaillé: detailed

a quitté (quitter): left (to leave)
(il) s'est installé (s'installer): (he) settled (to settle)
il est mort (mourir): he died (to die)
une crise cardiaque: heart attack
après: after
parfois: sometimes
teintée de: touched by

moins de: less than
plus tard: later
logiquement: logically
consacré: devoted
un musée: museum
la colline: hill
tout proche: very close
on y trouve (trouver): you can find (to find)
composé: made of, composed of
des dessins (un dessin): drawings
chaque année: each year
ainsi que: as well as

Une personnalité fondamentale

Glossary	
un homme: man	
d'ailleurs: besides	
île natale: native island	
quasiment: practically	
il est vénéré (vénérer): he is revered (to revere)	
un dieu: god	
le nom: name	
a dépassé (dépasser): went across (to go across)	
les frontières (la frontière): borders	
mondiale: worldwide	
le vingtième siècle: twentieth century	

est né (naître): was born (to be born)
soixante-cinq ans: sixty-five years
il est doté (doter): he is gifted (to be gifted)
depuis: since
son plus jeune âge: his youngest age
qui vont le conduire (aller): that are going to lead him (to go to)
un lycée parisien: Parisian high school
de renom: famous
très peu: very few
jeunes (jeune): young
noirs: blacks
(ils) l'avaient fait (faire): (they) had done this (to do)
avant lui: before him
(elle) sera couronnée (couronner): (it) will be crowned with

qui était destiné (destiner): who was destined (to be destined)
devenir: to become
un fonctionnaire fidèle: a loyal civil servant
au fil de: in the course of
des années (une année): years
(il) a commencé à (commencer): (he) started to (to start)
réfléchir: to think
il avait grandi (grandir): he had grown up (to grow up)
une île: island
se trouvaient (se trouver): were (to be)
(elle) a trouvé un écho (trouver): (it) strike a chord (to strike a chord)
venus (venir): coming from to come from

qui représentait (représenter): that represented (to represent)
accusée: accused
d'aliéner: to alienate
il s'agissait (s'agir): it was about (to be about)
les assimiler: to assimilate them
plutôt que: rather than
identité propre: own identity

L'**homme** est l'une des figures contemporaines les plus importantes des Antilles françaises. **D'ailleurs** dans son **île natale**, la Martinique, **il est quasiment vénéré** comme **un dieu**. Pourtant **le nom** d'Aimé Césaire **a dépassé les frontières** des Antilles et a atteint une notoriété **mondiale** au cours du **vingtième siècle**.

Aime Césaire **est né** en 1913, **soixante-cinq ans** après l'abolition de l'esclavage et un an avant la Première Guerre mondiale, dans une Martinique alors colonie française. **Il est dote depuis son plus jeune âge** de dispositions intellectuelles remarquables, **qui vont le conduire** à 18 ans dans **un lycée parisien de renom**. **Très peu** de **jeunes noirs** issus des colonies **l'avaient fait avant lui**. Sa scolarité supérieure **sera couronnée** par l'obtention de la prestigieuse Agrégation de lettres, qui a fait de lui un professeur au lycée Schoelcher en Martinique.

Ce jeune homme **qui était destiné** à **devenir un fonctionnaire fidèle** au système colonial français a, **au fil des années** à Paris, de ses expériences et de ses échanges intellectuels, **commencé à réfléchir** au système dans lequel **il avait grandi** et dans lequel son **île** et toutes les autres colonies **se trouvaient encore**. Cette réflexion a **trouvé un écho** lors de ses échanges avec d'autres jeunes étudiants noirs **venus** d'autres colonies françaises, caribéennes.

De ces échanges intellectuels et littéraires est né le concept de négritude **qui représentait** un rejet de la politique coloniale, **accusée d'aliéner** et d'acculturer les populations locales puisqu'**il s'agissait** alors de **les assimiler plutôt que** de développer leur **identité propre**.

Aimé Césaire **marquera** cette réflexion par **une œuvre parue** en 1939, intitulée *Cahier d'un retour au pays natal,* dans laquelle **il dénonce** les conséquences du colonialisme sur la population martiniquaise mais aussi sur les populations africaines dont **il a entendu parler par** son **ami** Léopold Senghor. Ce texte **parle de douleur** et de révolte **contre** un système dont il a évalué les effets lorsqu'**il vivait** en Europe.

Cahier d'un retour au pays natal **a été suivi** en 1950 **par** le *Discours sur le colonialisme.* Ce pamphlet qui comme son nom l'**indique** est une attaque claire contre le colonialisme **a été réédité** en 1955, après le début de la Guerre d'indépendance d'Algérie. L'**auteur** a alors **pris position** pour **le pays** du Maghreb et contre l'oppression coloniale. Et c'est d'ailleurs, à cette période **des guerres** de décolonisation, que le nom d'Aimé Césaire **a commencé à traverser les frontières grâce à ses écrits**, dont la dimension universelle **dépassait** la Martinique et **même** la France.

À la fin de la Seconde Guerre mondiale, **qui a vu l'implication** de nombreux jeunes Martiniquais dans les armées de libération américaines ou françaises en exil et **malgré** ses positions idéologiques, Aimé Césaire **choisit** de **s'engager** en politique **en devenant maire** de Fort-de-France (capitale de la Martinique) de 1945 à 2001 et aussi député de l'île de 1958 à 1993.

C'est **la mort** d'Aimé Césaire en avril 2008 **qui a prouvé, si c'était vraiment nécessaire**, à quel point **il était devenu** une figure incontournable de la littérature francophone, de **la pensée** universelle et du combat des peuples **opprimés** dans **le monde**. **En effet, les hommages rendus à l'annonce de son décès ont été** nombreux et **ont réunis** des intellectuels de tous pays et de tous horizons. C'est avec **tristesse** mais aussi beaucoup de **fierté** que **des milliers** de Martiniquais l'**ont accompagné** jusqu'à **sa dernière demeure**, comme des membres de sa propre famille.

marquera (marquer): will mark (to mark)
une œuvre: work
parue: published
il dénonce (dénoncer): he denounces (to denounce)
il a entendu parler (entendre): he has heard about (to hear)
son ami (un ami): his friend
parle de douleur (parler de): deals with (to deal with)
contre: against
il vivait (vivre): he lived (to live)

(il) a été suivi par (suivre): (it) has been followed by (to follow)
indique (indiquer): shows (to show)
a été réédité (rééditer): has been published again (to publish again)
l'auteur (un auteur): author
(il) a pris position (prendre position): (he) made a stand (to make a stand)
le pays: country
des guerres (une guerre): wars
a commencé (commencer): started (to start)
traverser les frontières: to cross the borders
grâce à: thanks to
ses écrits (un écrit): his writings
dépassait (dépasser): exceeded (to exceed)
même: even

a la fin de: at the end
qui a vu (voir): that has seen (to see)
l'implication (une implication): involvement
malgré: despite
choisit de (choisir): choose to (to choose)
s'engager: to get involved
en devenant maire: by becoming mayor

la mort: death
qui a prouvé (prouver): that has demonstrated (to demonstrate)
si c'était vraiment nécessaire: if it was really necessary
il était devenu (devenir): he has become (to become)
la pensée: thought
opprimés: oppressed
le monde: world
en effet: in fact
les hommages rendus: tributes paid
à l'annonce de son décès: when announcing his death
(ils) ont été (être): (they) were (to be)
(ils) ont réunis (réunir): (they) gathered (to gather)
la tristesse: sadness
la fierté: pride
des milliers (un millier): thousands
(ils) ont accompagné (accompagner): (they) accompanied (to accompany)
sa dernière demeure: his last resting place

Les débuts de Coco Chanel

née (naître): born (to be born)
placée (placer): placed (to place)
un orphelinat: an orphanage
à l'âge de: at the age of
le décès: the death
sa mère (une mère): her mother
dur: hard, difficult
l'apprentissage: training
un métier: job
une couseuse (couseur): seamstress
elle commence (commencer): she starts
  (to start)
travailler: to work
spécialisée en: specializing in
layettes (une layette): baby clothes

surtout: above all
forte (fort): strong
un homme d'affaires: businessman
(il) remarque (remarquer): he notices
  (to notice)
une idylle: a love affair, romance
par son biais: thanks to him
apprend (apprendre): learns (to learn)
la haute société: high society
(elle) étoffe (étoffer): she expands (to expand)
elle va rencontrer (aller): she is going to meet
  (to go)
dit: named as, known as
l'amour de sa vie: the love of her life
il jouera (jouer): he will play (to play)
un rôle clef: a key role
notamment: especially
en apportant: by bringing
un soutien financier: financial support

créer: to design
ses propres chapeaux: her own hats
des vêtements: clothes
elle porte (porter): she wears (to wear)
des soirées mondaines: social gatherings
elle teste (tester): she tests (to test)
au sein de: inside
une époque: time
décalé: different
sobre: plain, simple
épuré: uncluttered
bref: in short
à contre-courant: against the grain
un siècle: century
plaisent (plaire): are popular, they please
  (to please)
elle ouvre (ouvrir): she opens (to open)
la rue: street
sa deuxième: her second
la même année: the same year
sa troisième: her third
elle se trouve (se trouver): it stands, is located
  (to stand)
encore: still
aujourd'hui: today

Née en 1883, Gabrielle Bonheur Chanel est **placée à l'orphelinat à l'âge de** 12 ans après **le décès de sa mère**. À 18 ans, elle débute **le dur apprentissage** du **métier** de couseuse. En 1903, **elle commence** à **travailler** en tant que telle dans une maison **spécialisée en** trousseaux et **layettes**.

Mais Gabrielle a de l'ambition et **surtout** une **forte** personnalité. Étienne Balsan, riche **homme d'affaires**, la **remarque**. **Une idylle** commence rapidement. **Par son biais**, Gabrielle Chanel **apprend** le fonctionnement de **la haute société** et surtout **étoffe** ses relations. C'est ainsi qu'**elle va rencontrer** Arthur Capel, **dit** « Boy », **l'amour de sa vie**. **Il jouera un rôle clef** dans la création des premières boutiques Chanel, **notamment en apportant** son **soutien financier**.

Gabrielle Chanel, dite « Coco », commence par **créer ses propres chapeaux** et **vêtements** qu'**elle porte** a l'occasion de **soirées mondaines. Elle teste** ainsi ses modèles et en assure la promotion **au sein de** la haute société de l'**époque**. Son style est **décalé, sobre, épuré, bref à contre-courant** de la mode du début du XXème **siècle**. Ses modèles **plaisent**, si bien qu'**elle ouvre** sa première boutique en 1913 au 21 **rue** Cambon à Paris, **sa deuxième** à Deauville la **même année** et **sa troisième** en 1915 à Biarritz. Elle créera sa maison de haute couture en 1918, rue Cambon, où **elle se trouve encore aujourd'hui**.

Le style Chanel est en **rupture** avec la mode de l'époque. Gabrielle Chanel crée une nouvelle **allure**. **Elle libère le corps** des femmes en créant des modèles **novateurs**, confortables mais élégants: **les jupes** sont **raccourcies**, **la taille des robes** est **supprimée**. **Elle utilise** aussi **des matières** plus fluides comme le jersey qui **jusque-là n'était pas** du tout utilisé dans la confection féminine.

Mais Coco Chanel est surtout une avant-gardiste car **elle perçoit avec une grande justesse** l'évolution de la société française et notamment la place qu'**occupent les femmes au sein de celle-ci**. Pendant et après **la Première Guerre mondiale**, les femmes **sont devenues** une **vraie force de travail**. Elle crée donc des modèles **qui correspondent** aux nouveaux **besoins quotidiens** des femmes de l'époque. Ses vêtements sont simples, pratiques mais chics. **Sa mode** s'inspire largement **des tenues masculines** et sportives **des stations balnéaires** qu'**elle côtoie**. Elle introduit **le pantalon**, **la jupe plissée courte** et le polo comme autant de modèles qui constituent aujourd'hui les basiques de **nos garde-robes**. Parmi ces classiques, **la petite robe noire (fourreau droit sans col** à **manches** trois quart) est une idée de **génie** qui sera **très souvent copiée** et recopiée. Quant aux couleurs, Mademoiselle Chanel **ne jurait que par le noir**, le blanc et le beige.

Mais Coco est aussi une icône, un modèle pour les femmes de l'époque. Extrêmement **mince**, les cheveux courts, **bronzée**, elle impose sa silhouette androgyne. Elle crée de nouveaux **canons de beauté qui vont marquer** ses contemporaines mais aussi les générations **suivantes**.

Depuis 1983, le styliste Karl Lagerfeld **perpétue** l'esprit et assure la continuité du style Chanel **en retravaillant** les codes fondamentaux de **la fondatrice**, **à savoir** le blanc, le noir, les perles, le jersey et le tweed ... Ainsi **pour chacune** de ses nouvelles collections, il utilise comme source d'inspiration les archives de Chanel renouvelant ainsi **à sa manière** le style **indémodable** de Coco.

---

une rupture: a break
une allure: style
elle libère (libérer): she frees (to free)
le corps: the bodies
novateurs (novateur): innovative
les jupes (la jupe): skirts
raccourcies (raccourci): shortened
la taille: waist
des robes (une robe): dresses
supprimée (supprimer): removed (to remove)
elle utilise (utiliser): she uses (to use)
des matières (une matière): materials
jusque-là: until then, until that point
il n'était pas utilisé (utiliser): it was not used (to use)

elle perçoit (percevoir): she feels (to feel)
avec une grande justesse: in all fairness
(elles) occupent (occuper): they hold (to hold)
les femmes (une femme): women
au sein de celle-ci: within this one
la Première Guerre mondiale: the First World War
sont devenues (devenir): became (to become)
vraie (vrai): real
une force de travail: a labor force
qui correspondent (correspondre): that match, correspond (to correspond)
besoins quotidiens: daily needs
sa mode (une mode): her fashion
des tenues masculines: menswear
des stations balnéaires: seaside resorts
elle côtoie: she moves in, rubs shoulders with
le pantalon: pants
la jupe plissée courte: short pleated skirt
des garde-robes (une garde-robe): wardrobes
la petite robe noire: the little black dress
un fourreau: a sheath dress
droit: straight
sans col: collarless
des manches (une manche): sleeves
le génie: genius
très souvent: very often
copiée (copier): copied (to copy)
ne jurait que par (jurer): she only swore by (to swear)
le noir: black

mince: slim
bronzée (bronzer): tanned (to tan)
les canons de beauté: beauty rules
qui vont marquer: that are going to leave a mark
suivantes (suivant): next

perpétue (perpétuer): perpetuates (to perpetuate)
en retravaillant: by working again
la fondatrice: founder
à savoir: that is to say
pour chacune: for each
à sa manière: his way
indémodable: that will never go out of fashion

Delphine De Vigan

Delphine De Vigan est **une romancière, née** le 1er mars 1966 à Boulogne Billancourt dans la région parisienne. Après **des études littéraires** et une formation au CELSA, **elle devient directrice** d'études dans un institut de **sondages**.

Elle **publie** son premier **roman** sous le pseudonyme de Lou Solvig en 2001. D'inspiration autobiographique, *Jours sans faim* aux éditions Grasset est **un livre marquant à la fois** par son **écriture** et par l'histoire **qui ne peut laisser indifférent**. **Le personnage principal, une jeune fille** de 19 **ans**, y **raconte** son **quotidien** d'anorexique et sa **lutte contre** cette terrible **maladie**.

Dix ans **plus tard**, en 2011, Delphine de Vigan publie *Rien ne s'oppose à la nuit*, aux éditions Jean-Claude Lattès. **Bien qu'elle ait écrit cinq autres livres entre** 2001 et 2011, ces deux romans sont **selon** moi les pièces **clefs** de son **œuvre** littéraire car **ils se font écho** et **permettent** au **lecteur assidu** de cet auteur de **reconstituer** à la manière d'un puzzle l'univers personnel et littéraire de l'auteur. *Rien ne s'oppose à la nuit* est un hommage à sa **mère**.

Delphine De Vigan y raconte **au travers de** son histoire familiale, celle de Lucile, sa mère, **atteinte de** trouble bipolaire. Ce roman – mais finalement est-ce un roman ? – **la consacre** en tant qu'écrivain. **Elle reçoit** quatre prix littéraires pour ce livre: **le Prix** du roman de la Fnac, le Prix Roman de France Télévisions, le Prix Renaudot **des lycéens** et enfin le Prix des lectrices de Elle.

Entre ces deux romans, elle publie en 2005, pour **la première fois** sous son **vrai nom**, *Les Jolis Garçons*, **un recueil** de trois nouvelles **qui relate** les **amours** complexes d'Emma. **La même année paraît** *Un soir de décembre*, **qui traite** de la dépression au masculin. Mais c'est avec *No et moi* sorti en 2007 qu'**elle rencontre le succès** auprès du public. **Vous ne pourrez pas lâcher** ce livre tant cette histoire d'**amitié** entre une jeune adolescente **surdouée** et une jeune **SDF** est **émouvante** et **pleine de tendresse**. Ce roman **obtient** deux prix en 2009: le prix du Rotary international et le prix des libraires. Une adaptation cinématographique en a **été faite** par Zabou Breitman en 2010. En 2009, *Les heures souterraines*, **aborde encore** une fois des thèmes de sociétés difficiles: la solitude et **le harcèlement au travail**. Delphine De Vigan obtient en 2010 pour cet **ouvrage** le Prix des lecteurs de Corse.

Delphine De Vigan est décidément un écrivain **à suivre**. **J'attends avec impatience** son **prochain** roman !

au travers de: through
atteinte de: affected with
la consacre (consacrer): (it) makes her win recognition (to make)
elle reçoit (recevoir): she received (to recive)
le Prix: award
des lycéens (un lycéen): students

la première fois: first name
vrai nom: real name
un recueil: collection
qui relate (relater): that recounts (to recount)
amours (un amour): loves
la même année: same year
(il) paraît (paraître): (it) was published (to publish)
qui traite (traiter): that deals with (to deal with)
elle rencontre le succes (rencontrer): she met with success (to meet)
vous ne pourrez pas lâcher ce livre: you won't be able to put this book down
amitié: friendship
surdouée: gifted person
SDF (sans domicile fixe): homeless
emouvante (émouvant): moving
pleine de tendresse: full of tenderness
(il) obtient (obtenir): (it) got (to get)
a été faite (faire): (it) was done (to be done)
aborde (aborder): (it) dealt with (to deal with)
encore: once again
le harcèlement au travail: harassment at work
un ouvrage: book

à suivre: to follow
J'attends avec impatience: I look forward to
prochain: next

être récompensée par: to be awarded
la chimie: chemistry
la physique: physics
elle est connue pour (connaître): she is known for (to know)
permettant: allowing
isoler: to isolate
la découverte: discovery
le travail: work
(il) a reçu (recevoir): (it) received (to receive)
la reconnaissance: recognition
du monde entier: from all around the world

née: born
jeune fille: young girl
une école secondaire: secondary school
années (une année): years
suite au décès: after the death
la mère: mother
la sœur: sister
elle a reçu (recevoir): she received (to receive)
le père: father
qui lui a enseigné (enseigner): who taught her (to teach)
matières (une matière): subjects
elle allait consacrer sa vie: she would dedicate her life
elle a vécu (vivre): she lived (to live)
plus tard: later
déménagé: moved
afin de recevoir l'enseignement: in order to be taught
elle y a obtenu (obtenir): she obtained there (to obtain)

elle fait la rencontre: she met
a débuté (débuter): she started (to start)
carrière: carreer
l'étude: study
aciers: steels
qui a réuni (réunir): that gathered (to gather)
année suivante: next year
ils se sont mariés (se marier): they got married (to marry)
se sentent poussés (se sentir): (they) felt pushed (to feel)
considérer: to considerate
le rayonnement: radiation
un champ de recherche: field of research
une thèse: thesis

Biographie de Marie Curie

La célèbre chimiste et physicienne Marie Curie a été la première personne de l'histoire à **être récompensée par** deux prix Nobel dans deux domaines distincts de la science (**chimie** et **physique**). **Elle est connue pour** sa théorie extensive de la radioactivité, ses méthodes **permettant** d'**isoler** les isotopes radioactifs et la **découverte** de deux nouveaux éléments, le polonium et le radium. Son **travail a reçu** une grande **reconnaissance** de la part de nombreux scientifiques **du monde entier**.

Marie Curie est **née** à Varsovie, en Pologne, le 7 novembre 1867. Elle était la cinquième et la plus **jeune fille** d'un professeur d'**école secondaire**. Ses premières **années** ont été très difficiles **suite au décès** de sa **mère** et de sa **sœur**. **Elle a reçu** une éducation primaire dans quelques écoles de quartier, mais c'est son **père qui lui a enseigné** les rudiments des mathématiques et de la physique, **matières** auxquelles **elle allait consacrer sa vie**. **Elle a vécu** à Varsovie jusqu'à ce qu'à l'âge de vingt-quatre ans, et a **plus tard déménagé** à Paris **afin de recevoir l'enseignement** supérieur dispensé à la Sorbonne. **Elle y a obtenu** une licence en sciences physique et en mathématiques.

En 1894, **elle fait la rencontre** de Pierre Curie, alors professeur à la Faculté de physique et de chimie. Marie a, quant à elle, **débuté** sa **carrière** scientifique à Paris par **l'étude** des propriétés magnétiques de différents **aciers**; c'est leur intérêt commun pour le magnétisme **qui a réuni** Marie et Pierre. L'**année suivante**, **ils se sont mariés**. En 1896, lorsque Henry Becquerel **fait** la **découverte** de la radioactivité, Marie et Pierre Curie **se sentent poussés** à **considérer le rayonnement** de l'uranium comme **champ de recherche** possible en vue de la rédaction d'**une thèse**.

En 1898, leurs brillantes recherches **aboutissent** à la découverte du radium et du polonium, **nommé d'après le pays** d'origine de **naissance** de Marie. En 1903, l'Académie royale des sciences de **Suède** a **décidé** d'honorer **à la fois** Pierre et Marie Curie en leur **accordant le prix Nobel** de physique pour leurs **recherches conjointes** sur les phénomènes de rayonnement initialement découverts par Becquerel.

Suite à la mort de son **mari**, en 1906, Marie **a pris sa place** comme professeur de physique générale à la Faculté des sciences. **Elle fut** la première **femme à avoir occupé** ce poste. Elle a également **travaillé** en tant que directeur du Laboratoire Curie à l'Institut du Radium de l'Université de Paris, **fondé** en 1914. Elle a par la suite **poursuivi** ses efforts **dans le but** de **développer** des méthodes **permettant** d'**extraire** le radium en quantités suffisantes **des résidus radioactifs**. En 1910, **elle a réussi** à **isoler** du radium métallique pur. En 1911, Marie Curie **a été récompensée par** un autre prix Nobel, cette fois en chimie, en reconnaissance de son travail sur les aspects chimiques de la radioactivité.

Toute sa vie, Marie a **encouragé l'emploi** du radium et a aussi établi un excellent protocole **visant** son utilisation **pendant la Première Guerre mondiale pour guérir les blessures faites sur le champ de bataille**. Cette grande scientifique est **décédée** le 4 Juillet 1934, à Passy, en Haute-Savoie, d'une anémie aplasique sans doute causée par son **exposition prolongée** aux radiations. Son **nom sera pour toujours écrit en lettres d'or au fronton du temple** de la science pour sa contribution et ses découvertes exceptionnelles.

---

aboutissent (aboutir): (they) succeed (to succeed)
nommé d'après: named after
le pays de naissance: country of birth
Suède: Sweden
a décidé (décider): (it) decided (to decide)
a la fois: both
accordant: granting
le prix Nobel: Nobel prize
conjointes (conjoint): joint

suite à la mort: after the death
le mari: husband
a pris sa place (prendre): (she) took his place (to take)
elle fut (être): she was (to be)
la femme: woman
à avoir occupé: to occupy
elle a travaillé (travailler): she worked (to work)
fondé: founded
elle a poursuivi (poursuivre): she followed (to follow)
dans le but de: with the goal of
développer: to develop
permettant: allowing
extraire: to extract
des résidus radioactifs: radioactive residues
elle a réussi (réussir): she succeeded (to succeed)
isoler: to isolate
a été récompensée par (récompenser): she was awarded (to be awarded)

toute sa vie: all her life
a encouragé (encourager): (she) supported (to support)
l'emploi: use
visant: targeting
pendant: during
la Première Guerre mondiale: World War I
pour guérir: to heal
les blessures (la blessure): injuries
faites: done
sur le champ de bataille: on the battle field
est décédée: she died (to die)
une exposition: exposure
prolongée: prolonged
le nom: name
sera pour toujours (être): (it) will be forever (to be)
écrit en lettres d'or: written with golden letters
au fronton du temple: on the pediment of the temple

Évaluez votre compréhension

Ingénieur français célèbre, page 104

1. Who inspired the course of Gustave Eiffel's professional career?

2. After the Eiffel Tower, what famous project did he undertake?

3. What other types of projects did Eiffel engineer?

Écrivain et philosophe français, page 110

1. Jean-Paul Sartre's childhood was marked by what tragedy?

2. How did he defy the social norms of his times?

3. What happened during his first year at *École normale supérieure de Paris*?

Cinéaste français, page 108

1. What is the style or technique of *la Nouvelle Vague*?

2. What is the result of filming this way?

3. When watching a Truffaut film, he seems to be telling us what?

Prix Nobel de médecine, page 111

1. Frederick Grant Banting is famous for what invention?

2. When Banting started attending university, what was his major?

3. After being injured at war, what did he go on to study?

Test your comprehension

La Môme, page 112

1. Édith Piaf is compared to what American singer?

2. At seven years old what happened to Édith?

3. Why was she given the nickname *la môme piaf*?

Une personnalité fondamentale, page 116

1. What did Aimé Césaire accuse the local goverment of doing to its people?

2. What did he do for the country of Maghreb, and how did this affect his popularity?

3. After The Second World War, what did he do to get further involved in politics?

Écrivaine acadienne, page 114

1. Describe the characters in Maillet's novels.

2. What does she introduce in most of her works?

3. How many novels has she published?

Les débuts de Coco Chanel, page 118

1. Who was the love of Coco Chanel's life? What was his nickname?

2. What fabric did she introduce into fashion?

3. Describe the dress style she was known for creating.

Coutumes

Bises ou pas bises ?

La façon de **dire bonjour** à une personne dépend généralement du type de relations que l'on a avec elle **mais également** de la situation (l'âge, les rapports hiérarchiques, etc.) **Ce seront** les rapports **plus ou moins** intimes que l'**on entretient qui détermineront** si l'on utilise **la poignée de main** ou si l'**on se fait la bise**.

Avec des personnes que **vous connaissez peu** ou que **vous rencontrez pour la première fois** et avec lesquelles **vous souhaitez marquer** une « certaine distance », la poignée de main **peut être utilisée**. **Elle sera le signe de votre volonté** de **ne pas faire** la bise, ou de marquer un certain respect **envers** la personne mais tout **en faisant preuve** de politesse. **Ensuite quand** on connait un peu **mieux** la personne, il est de coutume de se faire la bise.

Dans les relations professionnelles pour lesquelles il est nécessaire de conserver une certaine distance **entre** les personnes, il est donc **mal vu** de **se saluer** en se faisant la bise. Il est donc préférable de **serrer la main**, **que vous soyez** entre **hommes** ou **femmes**.

Dans le contexte personnel, avec **des amis** ou la famille la bise **se fait presque** systématiquement en France, mais c'est **selon** le sexe de la personne a qui **vous dites bonjour**. Les femmes **se font** automatiquement la bise entre elles, et un homme embrassera également systématiquement une femme (et vice-versa). Cela est **moins courant** pour les hommes entre eux **qui ne le font** que s'ils ont un certain degré d'intimité (s'ils sont d'une **même** famille par exemple ou s'ils sont amis depuis un certain nombre d'**années**).

---

la façon: the way
dire: to say
bonjour: good morning, hello
mais également: but also
ce seront (être): they will be (to be)
plus ou moins: more or less
on entretient (entretenir): maintains (to maintain)
qui détermineront (déterminer): which will influence (to influence)
la poignée de main: handshaking
on se fait la bise (baisser): one kisses on the cheek (to kiss)

vous connaissez peu (connaître): you don't know well (to know)
vous rencontrez (rencontrer): you meet (to meet)
pour la première fois: for the first time
vous souhaitez (souhaiter): you want to (to want)
marquer: to signify
peut être utilisée (pouvoir): may be used (can, to be able to)
elle sera (être): it will be (to be)
le signe de: the sign of
votre volonté: your will
ne pas faire: not to do
envers: toward
en faisant preuve (faire): by showing (to show)
ensuite: then
quand: when
mieux: better

entre: between
mal vu: poorly considered
se saluer: to greet
serrer la main: to shake the hand
que vous soyez (être): whether you are (to be)
des hommes (un homme): men
des femmes (une femme): women

des amis (une ami): friends
se fait presque (se faire): is done almost (to do)
selon: depending on
vous dites bonjour (dire): you greet (to greet)
se font la bise: kiss on the cheek
moins courant: less common
qui ne le font (faire): who don't do it (to do)
même: same
années (une année): years, time

Le **nombre** de bises à faire est une question à laquelle les français **eux-mêmes ne savent pas toujours répondre**. Dans la grande majorité des cas, on se fait deux bises, mais dans certaines régions de France, comme dans **le Sud**, ou **le Nord**, **on peut en faire** 3, voire 4, … mais même les Français **ne sauraient déterminer** « la norme » du nombre de bises a faire quand on se dit bonjour…. On reste donc beaucoup dans l'improvisation et l'adaptation pour le nombre de bises à faire et **par quelle joue commencer**.

Dans le doute, pour **être sûr** de faire preuve de politesse, **la meilleure** des solutions est de **tendre** la main, et de « **suivre** » ce que la personne **en face de** vous **va vous proposer**. Elle vous tend la main, faites une poignée de main **ferme** et **franche**, **qui montrera** que vous êtes sûr(e) de vous. Si la personne **vous tend** la joue pour vous faire la bise tout **en** vous **tenant** la main, **suivez-la** et **lancez-vous** en faisant la bise également ! C'est la preuve que cette personne **souhaite établir** un contact **chaleureux** avec vous.

Mais quel que soit **le mode** de salutations **choisi**, une fois que l'on a fait la bise a **quelqu'un**, **ne plus la faire** à **la rencontre suivante** peut être considéré comme le fait qu'il y a un problème ou comme un signe d'impolitesse.

nombre: number
eux-mêmes: themselves
(ils) ne savent pas (savoir): they don't know (to know)
toujours: still
répondre: to answer
le Sud: the South
le Nord: the North
on peut en faire (pouvoir): people can do (can, to be able to)
(ils) ne sauraient déterminer: they wouldn't be able to tell
par quelle: which
une joue: cheek
commencer: to start

être sûr: to be sure
la meilleure: the best
tendre: to hold out
suivre: to follow
en face de: in front of
va vous proposer (aller): is going to suggest to you (to go)
ferme: strong
franche: sincere
qui montrera (montrer): which will show (to show)
la personne tend (tendre): this person reaches out (to reach)
en tenant (tenir): holding (to hold)
suivez-la (suivre): follow it (to follow)
lancez-vous (se lancer): put yourself out there (to get involved)
souhaite établir (souhaiter): wishes to set up (to wish)
chaleureux: warm

le mode: the way
choisi: selected, chosen
quelqu'un: someone
ne plus la faire: not do it anymore
la rencontre: meeting
suivante: following

Ne pas avoir l'air d'un touriste

des pays (un pays): countries
visités (visiter): visited (to visit)
un monde: world
très courant: very common
rencontrer: to meet
surtout: above all
un été: summer
si vous souhaitez (souhaiter): if you wish
  (to wish)
éviter: to avoid
être pris pour (prendre): being considered as
  (to consider)

La France est un **des pays** les plus **visités** au **monde**. Il est donc **très courant** d'y **rencontrer** des touristes, **surtout** en période d'**été**. **Si vous souhaitez éviter** d'**être pris pour** le touriste typique, il y a certains stéréotypes à éviter.

un habillement: clothing
vous permettra (permettre): will help you
  (to help)
vous confondre: you to mix up with
vous promenez (promener): you walk
  around (to walk around)
les rues (la rue): the streets
des chaussettes blanches: white socks
une casquette: a cap
un appareil photo: a camera
en bandoulière: over the shoulder
il y a fort à parier que: it is most likely that
adoptez (adopter): go for (to go)
une tenue vestimentaire: outfit
vous pourrez (pouvoir): you will be able to
  (can, to be able to)
passer inaperçu: to go unnoticed

L'**habillement vous permettra** tout d'abord de **vous confondre** un peu avec la population locale. Si vous **vous promenez** dans **les rues** de Paris en Bermuda, avec des baskets, **des chaussettes blanches, une casquette** (imprimée « I Love Paris ») et **un appareil photo en bandoulière**, il y a fort à parier que les Français vous considèrent comme un touriste. **Adoptez** donc **une tenue vestimentaire** plus classique de type jeans, t-shirt. C'est classique, mais cela reste très commun en France et **vous pourrez passer inaperçu** si vous le souhaitez.

vous ne parlez pas (parler): you don't speak
  (to speak)
vous pouvez (pouvoir): you can (can, to be
  able to)
toutefois: nevertheless
prendre la peine: take the time to
apprendre: to learn
quelques mots (un mot): some words
vous aurez (avoir): you will have
  (to have)
montrer: to show
vous rencontrerez (rencontrer): you will
  meet (to meet)
vous avez (avoir): you have (to have)
très fiers: very proud
aborder: to approach
assez: quite
mal vu: frowned upon
très impoli: very rude

Vous ne parlez pas français ? **Vous pouvez toutefois prendre la peine** d'**apprendre quelques mots** ou phrases dont **vous aurez** l'utilité pour **montrer** aux personnes que **vous rencontrerez** que **vous avez** le respect de la langue. Les Français sont **très fiers** de leur langue et de leur culture. **Aborder** des Français en langue anglaise en considérant que c'est la langue que tout le monde parle est **assez mal vu** et **très impoli**.

Si vous avez des difficultés avec l'**apprentissage** de la langue, prenez donc juste la peine d'apprendre une phrase vous permettant de leur **demander**, en Français, s'ils parlent anglais et si **cela** leur **pose un souci** de vous **renseigner** dans cette langue. **Il est quasiment sûr** que **la plupart** des Français **seront ravis** de vous montrer qu'ils sont capables de communiquer en anglais et de vous **tirer une épine du pied**.

En France, **les horaires sont assez** structurés et **si vous voulez vivre** « à la sauce française », calez-vous sur les horaires types. **Il vous suffira de savoir** que **le dimanche** la plupart des boutiques sont **fermées**, que **entre midi et deux** de nombreux **endroits** sont également fermés **pour faire la pause déjeuner** et que les plats « to go » **ne font absolument pas partie de** la culture française. Les Français **aiment s'asseoir** à une table, en terrasse ou au **comptoir** d'un café pour **boire un coup**. **Ils prennent le temps de** déjeuner le midi et **ne mangent pas** « **sur le pouce** ». **Ne cherchez donc pas** à stresser les serveurs **pour qu'ils vous servent** plus rapidement… Après tout, n'êtes-vous pas en vacances ?

Enfin, dans les bars et restaurants, il y a une grande différence avec les pays anglo-saxons: **le service** est **inclus** dans l'addition ! Si vous souhaitez **laisser un** peu de **pourboire**, vous pouvez le faire quand vous êtes content de **la façon** dont **vous avez été servi**. Cette coutume **se fait en général** sur **le rendu de monnaie** quand vous payez l'addition.

Le meilleur moyen de **se confondre** avec la population est donc d'**essayer** de **se mettre à la place** de la personne avec laquelle vous souhaitez communiquer. Vous n'aurez ainsi **sans nul doute** aucune difficulté à **comprendre** quelle est la meilleure attitude à adopter, et à **être accueilli chaleureusement**.

apprentissage: learning
demander: to ask
cela pose un souci (poser): it causes any trouble (to cause)
renseigner: to inform
il est quasiment sûr: it is almost sure, obvious
la plupart: most of
seront ravis (être): will be happy (to be)
tirer une épine du pied: to get someone out of a hard spot

les horaires: hours
sont assez (être): are quite (to be)
si vous voulez vivre (vouloir): if you want to live (to want to)
il vous suffira de savoir: you need to know
le dimanche: on Sunday
fermées (fermer): closed (to close)
entre midi et deux: lunch break
endroits: places
pour faire la pause déjeuner: to have their lunch break
(ils) ne font absolument pas partie de: they absolutely don't belong to
aiment s'asseoir (aimer): love sitting (to love)
un comptoir: bar counter
boire un coup: to have a drink
ils prennent le temps de (prendre): they take the time to (to take)
(ils) ne mangent pas (manger): they don't eat (to eat)
sur le pouce: on the run
ne cherchez donc pas (chercher): so don't try to (to try to find)
pour qu'ils vous servent (servir): so that they serve (to serve)

le service: service (tip)
inclus (inclure): included (to include)
laisser un pourboire: to leave a tip
la façon: the way
vous avez été servi (servir): you were served (to serve)
se fait en général (faire): is generally done (to do)
le rendu de monnaie (rendre): given change (to give back, to return)

le meilleur moyen: the best way
se confondre: to mix up
essayer: to try
se mettre à la place: to walk in someone else's shoes
sans nul doute: without any doubt
comprendre: to understand
être accueilli chaleureusement: to receive a warm welcome

L'étiquette professionnelle

Les Français **travaillent en moyenne** 35 heures par **semaine**. Les heures **habituelles** de travail **se situent** de 8h30 à 12h00/12h30 et de 13h30/14h00 à 18h30/19h00. **Les pauses déjeuner** sont quasi systématiques en France, et il est très difficile de **joindre** des personnes par téléphone **entre midi et 14h00**. **Il est courant** pour **les cadres** d'effectuer des heures supplémentaires et de travailler **plus tard le soir**.

En général, **on vouvoie** les personnes que l'**on rencontre** pour **la première fois**, le supérieur hiérarchique ou une personne **plus âgée** que soi. En **affaires**, **le tutoiement spontané** est **ressenti** comme **un manque** de respect. Par la **suite**, si une relation de confiance s'installe **entre** deux personnes, **ils conviendront** de **se tutoyer** ou de s'appeler par leur **prénom**. Mais dans tous les cas, lors d'une première rencontre, l'usage du « vous » est obligatoire en affaires, et la personne **doit être appelée par** son nom de famille (Monsieur X) et non par son prénom.

Pour **les femmes, si vous ne savez pas si vous avez à faire** à une personne **mariée** ou non, l'usage de « Madame » **reste la valeur sûre**, car le terme de Mademoiselle peut être perçu péjorativement **selon** le statut de la femme que vous saluez.

Les Français sont plutôt formels dans la rencontre. S'il s'agit d'une première rencontre, **on pourra dire** : « Enchanté », « **Ravi de vous rencontrer** », ou tout simplement **annoncer** son nom : « Bonjour, Nicolas Martin ».

La **poignée de main** reste **le geste** le plus adéquat pour toute personne que vous rencontrez pour la première fois, homme ou femme. **Serrer** la main est en France un rituel d'**ouverture** et de **fermeture** de la rencontre ; l'acte de **se saluer** et de **se quitter** est obligatoirement **marqué** par ce geste. Une rencontre, **même de moins de cinq minutes** peut être introduite par une poignée de main et terminée par une autre.

Les Français considèrent **impoli** d'**arriver en retard** à un rendez-vous d'affaires. L'idéal étant de **se présenter** avec 5 minutes d'avance **par rapport** à l'**heure prévu** de rendez-vous. **Vous ne serez pas considéré** comme arrivant trop en retard jusqu'à 10 mn **dépassant** l'horaire prévue.

Les rendez-vous d'affaires autour d'**un repas** sont **monnaie courante** en France. S'il s'agit d'**un déjeuner**, il commencera habituellement **vers** 13h00 et **pourra durer jusqu'**à 15h00. **S'il a lieu** le soir, les invitations sont généralement **lancées** autour de 20h00 et la soirée **se terminera** aux alentours de 23h00.

Faire des cadeaux n'est pas une coutume dans les affaires en France, **sauf pour** les occasions particulières de type **fin d'année** ou **pour sceller** la négociation d'un contrat important. Si vous venez de l'**étranger** et **désirez** faire un cadeau à une personne avec qui **vous souhaitez établir** une relation à long terme, optez pour un cadeau représentatif de votre **pays** qui sera certainement apprécié.

Enfin, **sachez** qu'il est très impoli de demander à un Français que vous **ne connaissez pas** quelles sont ses opinions politiques ou **ce qu'il a voté aux dernières élections**. **C'est perçu comme** une agression dans **la vie privée** et c'est un sujet **qui n'est abordé** qu'entre personnes **ayant déjà** une certaine complicité dans la relation.

La bienséance autour d'une table

attachent (attacher): attach (to attach)
beaucoup: a lot
leurs repas (un repas): their meals
une assiette: plate
mais également: but also
le comportement: behavior
pendant: during
les amis (le ami): friends
partagent (partager): share (to share)
(ils) échangent (échanger): they exchange
  (to exchange)
autour: around
quotidiennement: daily
sont pris (prendre): are taken (to take)
assis: seated
ensemble: together
en même temps: at the same time
que ce soit: whether it be
entre: among
des invités de marque: special guests
règles (une règle): rules
le savoir-vivre: manners

qui place (placer): that seats (to seat)
à moins que... ne: unless
elle n'ait précisé (préciser): she had specified
  (to specify)
chacun: each one
à sa guise: as one likes
attendre: to wait for
elle vous indique (indiquer): she shows you
  (to show)
par rapport à: compared with
alterner: to alternate
homme/femme: man/woman
les sièges (le siège): seats

le maître: master
une maison: house
ils se fassent face (se faire face): they face
  each other (to face each other)
en bout de table: at each end of the table
plus protocolaire: more formal
les plus âgées (âgé): the oldest
celles qui viennent (venir): those who come
  (to come)
la première fois: the first time
elles seront placées: they will be seated
droite: right
gauche: left
enfin: finally
des fiançailles: engagements
les amoureux: the couple, lovers

ils peuvent (pouvoir): they can (can,
  to be able to)
devenir: become
la bouche: mouth
pleine (plein): full
fermer: to close
en mangeant: when eating
mâcher: to chew
ouverte (ouvert): open
en faisant du bruit: making noise

Les Français **attachent beaucoup** d'importance à la qualité de **leurs repas** ; qualité dans l'**assiette mais également** en terme de **comportement**. C'est un moment de convivialité **pendant** lequel **les amis** et/ou membres de la famille **partagent** et **échangent autour** des assiettes. Les repas en France **sont quotidiennement pris assis**, à table, **ensemble** et **en même temps**. **Que ce soit entre** amis, en famille ou avec **des invités de marque,** il y a certaines **règles** de **savoir-vivre** et de politesse à respecter autour d'une table en France.

Tout d'abord, c'est généralement l'hôtesse **qui place** ses invités à table. **À moins** qu'**elle n'ait précisé** que **chacun** se place **à sa guise**, il faut généralement **attendre** qu'**elle vous indique** votre place. Quand cela est possible, **par rapport à** la diversité des personnes présentes, il est de coutume d'**alterner homme/femme** sur **les sièges**.

Il est d'usage que **le maître** et la maîtresse de **maison** président le repas et **se fassent face en bout de table**. D'un point de vue **plus protocolaire,** avec des invités, les personnes les plus importantes, ou **les plus âgées** ou encore **celles qui viennent** pour **la première fois seront placées** à la **droite** et à la **gauche** des maîtres de maison. **Enfin,** si le dîner ou repas est organisé en l'honneur d'une personne en particulier, ce sera cette personne qui sera placée en bout de table. Par exemple, pour **des fiançailles** ou un mariage, **les amoureux** président la table.

Une fois à table, les règles de savoir-vivre sont nombreuses et certains gestes simples **peuvent devenir** une marque de grande impolitesse. Les plus basiques consistent à ne pas parler **la bouche pleine**, et surtout à **fermer** la bouche **en mangeant**. Il est très impoli de **mâcher** la bouche **ouverte en faisant du bruit**.

La serviette se pose sur **les genoux** et **ne s'accroche pas autour du cou**, ceci étant réservé aux plus **jeunes enfants** uniquement. À une table française, il est par ailleurs impoli de **laisser sa main** sous la table sur **la cuisse** ; les deux mains et **bras doivent** être placés sur la table, **de chaque coté** de l'assiette et **il ne faut pas s'appuyer** sur **ses coudes.** **Tenir** son **visage** dans ses mains en s'appuyant sur la table avec les coudes **relève** de la **pire** impolitesse en termes de **tenue à table** !

Si vous avez besoin d'utiliser vos mains pendant le repas, les couverts **doivent** être **posés** dans l'assiette une fois utilisés et non sur **la nappe**, ou la table directement, **cela évite** de la **tacher.** Quand **vous avez terminé** le repas, les couverts doivent être placés sur votre assiette verticalement, **les dents** de **la fourchette vers le bas.** Ceci est le signe que vous avez terminé votre repas.

Dans les repas **plus formels**, il n'est pas rare de **trouver plusieurs** paires de **couverts** (entrée, plat, fromage, dessert). **Si vous ne savez pas** quel couvert correspond à quel plat, **il suffit de** les utiliser dans l'ordre de l'extérieur vers l'intérieur de l'assiette, et de les **poser** à **chaque fois** dans l'assiette (et non pas sur **le rebord** uniquement) **pour marquer le fait** que vous avez terminé le plat en question.

Ces règles sont les usages basiques du savoir-vivre à table en France. En famille ou avec des invités, elles sont inculquées aux enfants dès leur plus **jeune** âge comme la base d'une **tenue respectable** pendant les repas.

Il y a ensuite d'autres règles à respecter **selon les mets** que vous mangez (par exemple de ne jamais **couper les feuilles de salade** ou ne pas **introduire toute la cuillère** à soupe dans la bouche), ainsi que des usages **plus minutieux** pour les repas protocolaires. Mais respecter ces premières règles sont les bases minimum pour **se forger** une **bonne** image **autour d'**une table en France. **Nous espérons** que ces quelques **conseils vous permettent** d'adopter la « French attitude » à table. Bon appétit !

---

la serviette: the napkin
se pose (poser): is put (to put)
les genoux (le genou): knees
elle ne s'accroche pas (s'accrocher): it is not hung (to hang)
autour du: around
le cou: neck
les jeunes enfants: young children
laisser: to let
sa main (une main): his/her hand
la cuisse: thigh
le bras: arm
(ils) doivent (devoir): they must (to have to)
de chaque coté: on each side
il ne faut pas: you must not
s'appuyer sur: to lean on
ses coudes (le coude): their elbows
tenir: to hold
un visage: face
cela relève de (relever): it comes under (to come under)
pire: worse
la tenue à table: table manners

si vous avez besoin: if you need
(ils) doivent (devoir): they must (must, to have to)
posés (poser): put (to put)
la nappe: tablecloth
cela évite (éviter): it avoids (to avoid)
tacher: to stain
vous avez terminé (terminer): you have finished (to finish)
les dents (la dent): teeth
la fourchette: fork
vers le bas: face down

plus formels: more formal
trouver: to find
plusieurs: several
couverts: cutlery
si vous ne savez pas (savoir): if you do not know (to know)
il suffit de (suffir): you just need (to need)
poser: to put down
chaque fois: each time
le rebord: edge
pour marquer le fait: to indicate

jeune: young
une tenue respectable: good manners

selon: according to
les mets (le mets): dishes
couper: cut
les feuilles de salade: salad leaves
introduire: introduce
la cuillère: a spoon
plus minutieux: more meticulous
se forger: to forge
bonne (bon): good
autour de: around
nous espérons (espérer): we hope (to hope)
ces quelques conseils: this bit of advice
vous permettent (permettre): will allow you

on voyage (voyager): people travel (to travel)	

on voyage (voyager): people travel (to travel)
les pays (le pays): countries
côté sud: Southern part
étonné par: amazed by
la façon imagée: the colorful way
les autochtones illustrent (illustrer): the locals embellish (to embellish)
propos: words
il leur arrive (arriver): it happens to them (to happen)
de faire des simagrées: to play-act
ils utilisent (utiliser): they use (to use)
leurs mains (une main): their hands
accompagner: to illustrate
aussi ténu soit-il: as limited as it may be

connaître: to know
ces gestes (un geste): these gestures
ils permettent (permettre): they enable (to enable)
mieux comprendre: to better understand
pourraient paraître: could sound
nébuleuses: vague
porter à confusion: be confusing

souvent: often
utilisés: used
qu'elle cherche (chercher): which look for (to look for, to try to find)

qui signifie (signifier): which means (to mean)
on ne veut pas (vouloir): one does not want to (to want)
se faire du souci: to worry
on place de (placer): to put (to put)
chaque: each
côté: side
la tête: head

marquer: to show
étonnement: amazement
face à: in front of
un comportement: a behavior
un mordillement: biting
la lèvre inférieure: the lower lip
on secoue (secouer): one shakes (to shake)
de gauche à droite: from left to right

on l'utilise (utiliser): it is used (to use)
qui ressemble (ressembler): which resembles (to resemble)
c'est-à-dire: that is to say
le poignet: the fist
plutôt que: instead of
être secoué (secouer): being shaken (to shake)
effectue (effectuer): does (to do)
ample: large

La signification des gestes

Lorsque l'**on voyage** dans **les pays** où la culture est à prédominance méditerranéenne, comme la France par son **côté sud**, on est souvent **étonné par la façon imagée** dont **les autochtones illustrent** leurs **propos**. Non seulement **il leur arrive de faire des simagrées**, mais **ils utilisent** aussi abondamment **leurs mains** pour **accompagner** leur discours, **aussi ténu soit-il**.

Il est important de **connaître ces gestes**, car **ils permettent** de **mieux comprendre** certaines expressions qui, autrement, **pourraient paraître nébuleuses** ou **porter à confusion**.

Voici la signification de quelques-uns des gestes les plus **souvent utilisés**, accompagnés de l'expression parfois idiomatique **qu'elle cherche** à illustrer.

Je ne veux pas me prendre la tête avec ça. Cette expression **qui signifie** qu'**on ne veut pas se faire du souci** est souvent accompagnée d'un geste des deux mains que l'**on place de chaque côté** de **la tête**.

Oh la la ! Cette expression est utilisée pour **marquer** l'**étonnement** ou l'impatience **face à** une situation, ou à **un comportement** bizarre ou inapproprié de la part quelqu'un. Il est accompagné d'**un mordillement** de **la lèvre inférieure** et d'un mouvement de la main que l'**on secoue de gauche à droite**.

À peu près, est une expression qui indique l'approximation. **On l'utilise** avec un geste **qui ressemble** au précédent, **c'est-à-dire** que **le poignet**, **plutôt que** d'**être secoué**, **effectue** une **ample** rotation.

C'est foutu. Cette expression, qui indique que **quelque chose est raté** et **qu'il n'y a plus vraiment** de raison légitime d'**espérer** est utilisée en plaçant une main sur **le front**, comme pour **indiquer** que la catastrophe est imminente.

C'est juré, craché. Cette expression est utilisée pour signifier que l'**on va accomplir** la chose promise. Il y a deux gestes **qui sont adaptés** à cette affirmation **quasi solennelle**, **on crache par terre** ou on peut, en plus, **croiser** l'index et **le majeur**. **Le fait** de cracher est **bien entendu tout à fait optionnel**.

Il est barjot ou il est cinglé. On emploie cette expression à la limite de l'impolitesse lorsque l'**on veut indiquer** que quelqu'un est **fou** ou **qu'il n'a pas toute sa tête**. Pour accompagner cette affirmation, on place **le bout** de **l'index** sur sa **tempe** et **on le fait tourner**.

J'ai sommeil ou je suis fatigué. Cette expression simple et **limpide** indique que l'**on est épuisé** et **qu'on aimerait aller dormir**. C'est en plaçant ses deux mains **paume contre paume** sur un **des côtés** du **visage** que l'on illustre cette phrase universelle.

C'est parfait ! C'est **en faisant** un cercle avec **le pouce** et l'index que l'on indique que la situation ou **le travail** accompli est **sans défaut** et mérite **les applaudissements**.

C'est délicieux ! Cette expression, **partagée par** tout le pourtour méditerranéen, **incluant** l'Italie, **laisse entendre** que **la nourriture qu'on nous sert possède** toutes les qualités. On l'utilise en **embrassant le bout** de ses **doigts fermés puis en ouvrant** rapidement la main.

Ces quelques gestes placés à **bon escient permettront** à l'**étranger** non seulement de **se faire comprendre**, mais peut-être, **qui sait**, de **passer pour un natif** du pays.

quelque chose est raté (rater): something has gone wrong (to spoil, to fail)
qu'il n'y a plus vraiment: there is no more
espérer: to hope
le front: forhead
indiquer: to point out, to show

on va accomplir: one is going to fulfill
qui sont adaptés: which are appropriate
quasi solennelle: almost solemn
on crache par terre (cracher): one spits on the ground (to spit)
croiser: to cross
le majeur: the middle finger
le fait: the fact
bien entendu: no need to say
tout à fait optionnel: completely optional

on veut indiquer (vouloir): one wants to show (to want)
fou: crazy
qu'il n'a pas toute sa tête: someone has lost their mind
le bout: the tip
l'index: the forefinger
tempe: temple (side of forehead)
on le fait tourner (faire): one makes it turn (to make)

limpide: clear
on est épuisé: someone is exhausted
on aimerait: would like
aller: to go
dormir: to sleep
paume contre paume: palms together
des côtés (un côté): sides
un visage: face

en faisant (faire): doing (to do)
le pouce: thumb
le travail: the job
sans défaut: flawless
les applaudissements: applause

partagée par: shared by
incluant (inlure): including (to include)
laisse entendre (laisser): implies (to imply)
la nourriture: food
qu'on nous sert (servir): we are served (to serve)
possède (posséder): has (to have)
embrassant: kissing
le bout: the top
doigts (un doigt): fingers
fermés: closed
puis en ouvrant (ouvrir): then opening (to open)

bon escient: accurately
permettront (permettre): will enable (to enable)
étranger: foreigner
se faire comprendre: to be understood
qui sait (savoir): who knows (to know)
passer pour: to pass for
un natif: native

il existe (exister): there are/exist (to exist)
nombreux: many, numerous
usuelles (usuel): common, everyday
la langue: the language
ils ne sont pas réservés (réserver): they are not kept (to keep, to set aside)
l'écriture: writing
il n'est pas (être): it is not (to be)
utiliser: to use
parlé (parler): spoken (to speak)
imager: to illustrate
ses propos (un propos): his/her intentions
apporter: to bring
apportant (apporter): bringing (to bring)
un peu: a bit

voici: here are
quelques: a few
couramment: commonly

un arc: a bow
il ne possède que (posséder): it only has (to have)
une seule (seul): a single
une corde: string
plusieurs: several
permet de pouvoir: it enables
tirer: to shoot
ses flèches (une flèche): one's arrows
façons (une façon): ways
(il) veut dire (vouloir dire): it means (to mean)
arriver: to get to
même: same

il signifie (signifier): it means (to mean)
un bon carnet d'adresses: a good address book
et donc: and therefore
influente (influent): of influence
cela peut (pouvoir): that can (can, to be able to)
parfois: sometimes
avoir: have
pejorative (péjoratif): pejorative, derogatory
préciser: to make clear
se permettre: to allow oneself
choses (une chose): things
toujours: always
elle sera sauvée (sauver): she will be saved (to save)
ses connaissances (une connaissance): her acquaintances
grâce à: thanks to
bras long: long arm
atteindre: to reach
de taille (une taille): sized, of a size

elle désigne (désigner): it refers to (to refer to)
elle n'a pas été exprimée (exprimer): it has not been expressed (to express)
clairement: clearly
dire: to say
derrière: behind
la tête: head
agit (agir): she acts (to act)
de façon à: so that
réaliser: to carry out, make happen
elle pense (penser): she thinks (to think)
cette pensée: this thought, this idea
ouvertement: openly

Les expressions usuelles

Il existe de nombreux proverbes et expressions usuelles dans la langue française. Ils ne sont pas réservés à l'usage de l'écriture et il n'est pas rare d'en utiliser dans le langage parlé pour imager ses propos ou pour apporter une touche d'ironie tout en apportant un peu de morale.

Voici quelques expressions utilisées couramment au cours de discussions sur le thème de l'action et des relations :

« Avoir plus d'une corde à son arc »

Un arc ne possède qu'une seule corde. Considérer que cet arc a plusieurs cordes permet de pouvoir tirer ses flèches de différentes façons, et dans différentes directions. « Elle a plusieurs cordes à son arc » veut dire que cette personne a différentes types de ressources ou différentes possibilités d'action pour arriver à un même résultat.

« Avoir le bras long »

Signifie qu'une personne a un bon carnet d'adresses et donc, qu'elle est influente. Cela peut parfois avoir une connotation péjorative pour préciser que la personne peut se permettre beaucoup de

choses car elle sera toujours « sauvée » par ses connaissances qui sont influentes, grâce à son « bras long » qui peut atteindre plus de choses qu'un bras de taille « normale ».

« Avoir une idée derrière la tête »

Cette expression désigne une idée qui n'a pas encore été exprimée clairement. Dire de quelqu'un qu'il « a une idée derrière la tête » signifie que la personne agit de façon à réaliser ce à quoi elle pense, mais que cette pensée n'a pas encore été exprimée ouvertement.

« *Faire des ronds de jambe* »

Faire des ronds de jambe signifie **se montrer extrêmement poli** pour **plaire** à quelqu'un. **Cette politesse** est souvent excessive et parfois **déplacée**. Ce terme **fait référence au** rond de jambe, ressemblant à des figures de **danse**, utilisés **lors des** révérences qui **se faisaient** en signe de respect au XIXème **siècle**.

« *Faire cavalier seul* »

Agir seul, sans demander **ni accepter** l'aide de personne. Ce terme **vient** également d'une figure de danse du XIXème siècle. Dans cette danse, **nommée** quadrille, les figures **étaient exécutées** à plusieurs, **sauf pour** « **le cavalier seul** » pour qui les pas de danse étaient exécutés par **un homme** tout seul. **De nos jours**, on utilise l'expression « faire cavalier seul » pour une personne qui agit seule **de façon volontaire**. Cette expression a souvent une connotation négative, pour **insister** sur le fait que la personne **soit ne veut pas** être **aidée**, **soit** ne veut pas **partager**.

« *En avril ne te découvre pas d'un fil, en mai fais ce qu'il te plaît !* »

Le climat en France en avril est très **capricieux**. Le mois d'avril **marque la fin** de **l'hiver** mais **les écarts** de températures sont importants. **Ainsi, il peut faire** quelques degrés **le matin** et **jusqu'à** 15 ou 20 **l'après-midi**. Il faut donc **s'habiller** de façon adéquate. **Quand bien même** le climat peut **prendre des allures de printemps** l'après-midi, il est très **courant** d'**attraper froid** pendant cette période car **la fraîcheur** arrive **très vite le soir** et le **moindre coup de vent** reste très frais à cette période. En mai **par contre**, les températures sont plus **clémentes** et on peut **porter des vêtements** d'été dès que le thermomètre **monte** dans les degrès, **sans risquer** de **tomber malade**. Ce proverbe est **couramment utilisé** avec **les enfants, pour leur faire comprendre** qu'il faut **rester couvert** en avril **malgré** qu'**ils aient envie** de **se découvrir**.

---

faire des ronds de jambe: to bow and scrape
se montrer: to appear
extrêmement poli: extremely polite
plaire: to please
cette politesse: this politeness
déplacée (déplacé): inappropriate
fait référence au: refers to
la danse: dance
lors des: at the time of
se faisaient (se faire): they were done (to do)
un siècle: century

agir seul: to act alone, solo
ni accepter: nor to accept
(il) vient (venir): it comes (to come)
nommée (nommer): called (to be called)
étaient exécutées (exécuter): were performed (to perform, to dance)
sauf pour: except for
le cavalier seul: single gentleman
un homme: a man
de nos jours: nowadays
de façon: in a manner
volontaire: headstrong, determined
insister: to insist
soit... soit: either ... or
ne veut pas (vouloir): does not want (to want)
aidée (aider): helped (to help)
partager: to share

ne te découvre pas un fil: don't take even a thread (of clothing) off
fais (faire): do (to do)
ce qui te plaît (plaire): what pleases you (to please)
capricieux: unreliable, fickle
marque (marquer): marks (to mark)
la fin: the end
l'hiver (un hiver): winter
les écarts: differences
ainsi, il peut faire: so, it can be
le matin: in the morning
jusqu'à: until
l'après-midi: the afternoon
s'habiller: to get dressed
quand bien même: even if
prendre: to take
des allures (une allure): looks
de printemps: of spring, springtime
courant: common
attraper froid: to catch a cold
la fraîcheur: coolness
très vite le soir: very quickly in the evening
moindre coup de vent: slightest gust of wind
par contre: on the other hand
clémentes (clément): mild
porter: to wear
des vêtements (un vêtement): clothes
monte (monter): rises (to rise)
sans risquer: without any risk
tomber malade: to fall ill
couramment: frequently
utilisé (utiliser): used (to use)
les enfants (l'enfant): children
pour leur faire comprendre: to make them understand
rester: to stay
couvert: warmly dressed
malgré: despite, even though
ils aient envie: they may want
se découvrir: to take some clothes off

Comment utiliser les toilettes en France

L'utilisation des toilettes **peut sembler** l'une **des tâches les plus simples qui soient, mais si vous n'avez pas l'habitude** des installations françaises, **elles peuvent vous paraître intimidantes**. **Découvrez** les divers types de toilettes françaises, leurs particularités, leur **coût** et tous leurs petits secrets.

1. Trouver des toilettes. **Cela n'est pas toujours aisé**, car les toilettes publiques ne sont pas aussi présentes **qu'elles le sont chez nous. Les centres commerciaux** et les installations de **plein air** ont généralement des toilettes publiques, tout comme **les parcs urbains, qui disposent** plutôt de **cabines mobiles** individuelles **payantes**.

2. Si vous est pressé, vous pouvez toujours vous rabattre sur un café. **Il vaut mieux prendre une consommation avant d'utiliser** les toilettes, **sauf si une foule** dense **vous protège des regards indiscrets**. **Recherchez** l'inscription « toilettes », « lieu d'aisance » ou « WC » sur **la porte**.

3. **Faire** sa petite affaire. **En ce domaine, tout le monde se débrouille fort bien**, sauf si vous êtes en présence de toilettes à la « turque », comme dans certaines **gares** françaises. Ces toilettes, **fort inusitées** pour un Nord-Américain, sont constituées d'une plaque métallique ou de porcelaine blanche **au sol** avec **deux empreintes de pieds** et **percées** d'**un trou au milieu**. Impossible donc de **s'asseoir** et de **prendre ses aises**, **il faut s'accroupir** pour **se soulager**. **Confondues** souvent avec **des douches**, ces toilettes sont les plus **déconcertantes**.

4. **Tirer la chasse d'eau. Facile**, non? **Je ne peux me rappeler** à combien d'occasions **j'ai donné des conseils** à ce sujet à des touristes perplexes. Le mécanisme de chasse d'eau des toilettes françaises est rarement **derrière vous**.

(elle) peut sembler: (it) can seem
des tâches (une tâche): tasks
les plus simples qui soient: the easiest to be
mais si vous n'avez pas l'habitude: but if you are not used to it
elles peuvent vous paraître intimidantes: they can be intimidating
découvrez (découvrir): (you) discover (to discover)
le coût: price

trouver: to find
cela n'est pas toujours aisé: it is not always easy
qu'elles le sont chez nous: as they are at home
les centres commerciaux: shopping centers
plein air: outdoor
les parcs urbains: urban parks
qui disposent (disposer): that have (to have)
cabines mobiles: movable toilets
payantes (payant): paying

si vous est pressé: if you are in a hurry
vous pouvez toujours vous rabattre: you can always fall back on
il vaut mieux prendre une consommation: it is better to have a drink
avant d'utiliser: before using
sauf si: except if
une foule: crowd
vous protège (protéger): (it) protects you (to protect)
des regards indiscrets: indiscreet looks
recherchez (rechercher): (you) look for (to look for)
la porte: door

faire: to make
en ce domaine: in this matter
tout le monde se débrouille: everybody manages
fort bien: very well
gares (une gare): railway stations
fort inusitées: not too much uses
au sol: on the floor
deux empreintes de pieds: two foot prints
percées: tapped
un trou au milieu: hole in the middle
s'asseoir: to seat
prendre ses aises: to put at ease
il faut s'accroupir: you have to squat
se soulager: to relieve yourself
confondues: mistaken
des douches (une douche): showers
déconcertantes (déconcertant): diconscerting

tirer la chasse d'eau: to flush
facile: easy
je ne peux me rappeler: I can't remember
j'ai donné des conseils: I advised, gave advice
derrière vous: behind you

Il y a parfois une chaîne pendant du plafond, une pédale sur le sol, plus rarement un ou deux boutons sur le dessus de la cuvette ou une large barre rectangulaire sur le mur du fond. Tirez ou poussez tout ce qui se présente à vous.

5. Cabines extérieures individuelles. Assez déroutantes, ces cabines payantes exiguës requièrent des habiletés de contorsioniste, mais quand il faut y aller ... Sondez la porte ou recherchez un voyant rouge ou vert pour voir si elle est occupée. Si elle est libre, insérez l'appoint et la porte s'ouvrira. Souvent nauséabondes, elles sont toutefois auto-nettoyantes après chaque usage. Attention, la porte s'ouvre automatiquement après quinze minutes.

Astuces:

1. Ayez toujours de la monnaie sur vous sous forme de pièces de 20, 10 et 5 centimes. Plusieurs installations sont payantes et une préposée à l'entrée s'assure que vous avez la somme suffisante avant de vous laisser utiliser les toilettes. Certaines « dames pipi » s'attendent même à un pourboire !

2. Ne soyez pas surpris par les toilettes unisexes, les Français ne s'attardent pas autant que les Nord-Américains à créer des distinctions entre les sexes. Si vous êtes trop pudique, demandez où vous pouvez trouver des toilettes séparées.

3. Avant d'entrer, vérifiez s'il y a du papier de toilette à l'intérieur de la cabine. Il arrive que le papier de toilette se trouve près des lavabos ou dans un distributeur. Pour plus de sécurité, essayez d'avoir toujours sur vous quelques mouchoirs en papier.

Malgré ces incongruités, l'utilisation des toilettes françaises peut être une expérience amusante et instructive dont vous vous souviendrez avec un sourire... de soulagement !

---

il y a parfois: there is sometimes
une chaîne: chain
pendant du plafond: hanging from the roof
boutons (un bouton): button
sur le dessus de: on the top of
la cuvette: bowl
le mur du fond: back wall
poussez (pousser): (you) push (to push)
qui se présente à vous (présenter): that presents to you (to present)

assez déroutantes: rather disturbing
exiguës: confined, very small
requièrent (requérir): (they) need (to need)
un contorsioniste: contortionist
mais quand il faut y aller: but when you have to go
sondez (sonder): (you) sound out (to sound out)
recherchez (rechercher): (you) look for (to look for)
un voyant rouge ou vert: red or green warning light
pour voir si elle est occupée: to see if it's occupied
libre: free
insérez (insérer): (you) insert (to insert)
l'appoint: exact amount of money
s'ouvrira (s'ouvrir): (it) will open (to open)
nauséabondes: foul-smelling
auto-nettoyantes: self-cleaning
chaque: each
après quinze minutes: after fifteen minutes

astuces (une astuce): tips
ayez toujours sur vous: always have on you
centimes (un centime): cents
une préposée: employee
à l'entrée: at the entrance
la somme suffisante: sufficient amount
avant de vous laisser utiliser: before letting you use
dames pipi: toilet attendant
un pourboire: tip

ne soyez pas surpris: don't be surprised
(ils) ne s'attardent pas: (they) don't wait
créer: to create
entre: beween
trop pudique: too modest
demandez (demander): (you) ask (to ask)
ou vous pouvez trouver: where you can find
séparées: separated

vérifiez (verifier): (you) check (to check)
papier de toilette: toilet paper
se trouve (trouver): is located (locate, find)
des lavabos (un lavabo): sink
mouchoirs en papier: tissues

malgré: despite
amusante (amusant): funny
vous vous souviendrez: you will remember
un sourire: smile
un soulagement: relief

Comment commander un café en France

Si vous croyez que **commander un café** dans un bar ou un café français est aussi simple que dans votre **patelin, vous pourriez avoir** une désagréable **surprise. Si vous demandez** un simple café, sans autres précisions, **on vous servira** inévitablement un espresso dans **une petite tasse**.

Mais si, **par la suite, vous souhaitez ajouter un peu de lait** à votre **potion matinale, on pourrait vous lancer un regard noir** et **exhaler un soupir** d'exaspération. Comment une demande aussi simple **peut-elle susciter** autant de **malentendus**?

Le café français

En France, un café est **une boisson** hautement versatile **qui peut s'appeler** de différentes manieres **telles que**: un petit café, un petit noir, un express, un espresso, un café noir ou un café crème, lorsqu'**un nuage de lait** lui est ajouté.

Le petit noir, est **habituellement** un espresso **fort servi** dans une tasse minuscule. C'est **le choix de prédilection** des Français et c'est ce que l'on vous servira si vous commandez un café à **une terrasse** ou dans un bar tabac.

De nombreux visiteurs en France **préfèrent cependant s'en tenir à** leur **habituelle** grande tasse de café, de **la taille** de celle **qu'ils utilisent quotidiennement chez eux**. Ce type de café, relativement **faible**, est **connu** en France **sous le nom de** café américain ou de café filtre.

---

si vous croyez (croire): if you think (to think)
commander un café: to order a coffee
un patelin: small village
vous pourriez avoir une surprise (pouvoir): you could have a surprise (can)
si vous demandez (demander): if you ask (to ask)
on vous servira (servir): you will be served (to serve)
une petite tasse: small cup

par la suite: after
vous souhaitez (souhaiter): you wish (to wish)
ajouter: to add
un peu de lait (le lait): some milk
une potion matinale: morning potion
on pourrait (pouvoir): we could (can)
vous lancer un regard noir: watch you with a dark look
exhaler: to breath out
un soupir: sigh
peut-elle susciter (pouvoir): can it provoke (can)
malentendus (un malentendu): misunderstandings

une boisson: drink
qui peut s'appeler (pouvoir): that can be named (can)
telles que: such as
un nuage de lait: drop of milk

habituellement: usually
fort: strong
servi: served
le choix de prédilection: preferred choice
une terrasse: terrace

(ils) préfèrent (preferer): (they) prefer (to prefer)
cependant: nevertheless
s'en tenir à: to limit oneself to
habituelle (habituel): usual
la taille: size
qu'ils utilisent (utiliser): they use (to use)
quotidiennement: daily
chez eux: at home
faible: not strong
connu: known
sous le nom de: under the name of

Si vous aimez le goût, mais non pas la puissance du café français, vous pouvez demander que l'on vous prépare un espresso allongé, dans lequel de l'eau chaude sera ajoutée pour en atténuer l'effet. D'autre part, si vous vous sentez d'attaque pour quelque chose d'encore plus fort que l'espresso, demandez un café serré. Mais assurez-vous de ne pas le prendre en soirée, sinon de passer une nuit blanche ! Toutefois, si vous êtes un adepte du café décaféiné, ajouter simplement le mot « déca » à votre commande: un café déca, un café américain déca, un petit noir déca etc.

Du lait, s'il vous plaît

Si vous voulez du lait, il faut impérativement le commander avec le café: un café au lait, un café crème ou un espresso avec du lait chaud dans une grande tasse, par exemple. N'oubliez pas qu'en France le café est rarement noyé dans le lait comme en Amérique du Nord. Si vous voulez plus qu'un nuage de lait, il vous faudra en préciser la quantité.

Et du sucre?

Vous n'avez pas besoin de demander du sucre – s'il n'est pas déjà sur le bar ou sur la table, il arrivera avec votre café, dans de petites enveloppes comme chez vous ou sous forme de petits cubes. Pour faire couleur locale, vous pourrez vous amuser à tremper le cube de sucre un à un dans votre café, puis à les croquer. Mais ne vous méprenez pas, il en faudra plus que ça pour faire de vous un Européen !

Étiquette du café

Il est utile de savoir que le café au lait dans un bol se boit le matin, ce qui permet d'y tremper ses croissants sans offenser qui que ce soit. En outre, il n'est pas possible d'emporter son café et de le boire ailleurs, sauf dans les chaînes de restauration rapide. Profitez-en pour le boire au comptoir et écouter les potins du quartier!

---

si vous aimez le goût (aimer): if you like the taste (to like)
mais non pas la puissance: but not the strength
allongé: with more water
l'eau chaude: hot water
sera ajoutée (ajouter): (it) will be added (to add)
pour en atténuer: to reduce

si vous vous sentez d'attaque: if you are up to, if you are ready to
de ne pas le prendre en soirée: not to take it at night
sinon de passer nuit blanche: otherwise you may have a sleepless night
le mot « déca »: the word decaffeinated abbreviated

si vous voulez (vouloir): if you want (to want)
il faut (falloir): it needs (to need)
impérativement: imperatively
n'oubliez pas (oublier): don't forget (to forget)
rarement noyé: rarely drown
il vous faudra (falloir): you will have to (to have to)
préciser: point out, tell exactly

le sucre: sugar
vous n'avez pas besoin de (avoir besoin): you don't need to (to need to)
il arrivera avec (arriver): it will come with (to arrive, to come)
pour faire couleur locale: to do as locals do
vous amuser à: to have fun
tremper: to soak
les croquer: to crunch them
ne vous méprenez pas (méprendre): don't be mistaken (to be mistaken)
il en faudra plus que cela (falloir): you will need more than this (to need)

il est utile de savoir: it is useful to know
un bol: bowl
(il) se boit (boire): (it) is drunk (to drink)
le matin: morning
ce qui permet (permettre): which allows (to allow)
sans offenser: without offensing
emporter: to take away
le boire: to drink it
ailleurs: somewhere else
(vous) profitez-en: (you) take the opportunity
au comptoir: at the counter
écouter les potins du quartier: to listen to the neighborhood gossips

Évaluez votre compréhension

Bises ou pas bises ?, page 128

1. When you meet someone for the first time, how should you greet him or her?

2. When you know the person a little better, what greeting is customary?

3. If in doubt, what is the best greeting to use?

Ne pas avoir l'air d'un touriste, page 130

1. Before going to France what should you try to learn?

2. What do French people frown upon, in regard to tourists visiting their country?

3. What is the custom for leaving a tip?

L'étiquette professionnelle, page 132

1. What is *les pauses déjeuner*, and when does this take place?

2. What is considered a lack of respect when meeting someone for the first time?

3. If you meet a woman and you don't know if she is married, how should you address her?

4. When should you arrive to a meeting? When does an evening meeting usually take place?

Test your comprehension

La bienséance autour d'une table, page 134

1. Why are mealtimes so important to the French?

2. What is the custom for seating guests at the dinner table?

3. Name three of the basic table manners you should follow.

4. At a formal dinner, if you don't know what cutlery to use, what should you do?

La signification des gestes, page 136

1. What does the expression *Oh la la !* indicate? Describe the accompanying gesture.

2. What does the gesture that goes with *C'est foutu* indicate? What does it look like?

3. If someone is tired, what gesture would you see?

4. What expression is popular in other Mediterranean countries as well? Describe this gesture.

Les Arts

Les humoristes québécois

l'humour étant: as humour is
il n'est pas surprenant: it is not surprising
une vague: a wave
en tous genres: of all kinds
(elle) ait déferlé sur (déferler sur): (it) has broken on (to break on)
depuis: since
quelques décennies: several decades

qui doit naviguer (devoir): that must navigate (must, to have to)
entre: between
la rigueur: harshness
querelles (le querelle): quarrels
(il) n'y a pas échappé (échapper): it did not escape (to escape)
se targue (se targuer): claims (to claim)
posséder: to have
un kilomètre carré: square kilometer
(ils) mènent (mener): (they) lead (to lead)
également: also

juste pour rire: only to laugh
se veut (se vouloir): wants himself (to want)
le domaine: field
la farce: joke
l'une des seules villes: one of the only cities
au monde: in the world
offrir: to offer
vingt ans: twenty years
plus sérieux: most serious
des joviaux diplômés: jolly graduates
une ouverture: opening

hilarantes (hilarant): hilarious
(ils) ont montré (montrer): (they) showed (to show)
la voie suivie: the path followed
jeunes (jeune): young

les fêtes (le fête): the celebrations
(elles) ont aussi longtemps donné lieu: (they) also have given rise to…for a long time
animé par: presented by
la diminutive: small
au cours duquel: during which
(ils) s'en donnaient à cœur joie: (they) had the time of their life
en se moquant (se moquer): by joking (to joke)
parfois: sometimes
férocement: ferociously
des travers (un travers): quirky
leurs semblables: their fellow comics
révélés: revealed

qui ont vu défiler: that have seen come and go
un florilège: an anthology
se donnant la réplique: giving the line
enfumés: filled with smoke
c'est alors que: this is at this time that
(ils) ont fait rire aux larmes: (they) made laugh until crying

L'humour étant la caractéristique la plus évidente de l'évolution d'un peuple, **il n'est pas surprenant** qu'**une vague** d'humoristes **en tous genres ait déferlé sur** le continent nord-américain et l'Europe **depuis quelques décennies**.

Le Québec, **qui doit naviguer entre rigueur** du climat, **querelles** linguistiques et impasses constitutionnelles **n'y a pas échappé**. Cette province francophone **se targue** de **posséder** le plus grand nombre d'humoristes au **kilomètre carré**, dont certains tels que Louis-Philippe Gagnon ou Stéphane Rousseau, **mènent également** une carrière lucrative en Europe ou aux États-Unis.

Organisatrice du Festival « **Juste pour rire** », Montréal **se veut** à l'avant-garde dans **le domaine** de **la farce**, puisqu'elle est **l'une des seules villes au monde** à **offrir**, depuis plus de **vingt ans**, un cursus des **plus sérieux** dans le domaine de l'humour. Ainsi, l'École nationale de l'humour a produit plus de 325 **joviaux diplômés** depuis son **ouverture**.

Des précurseurs tels les monologuistes Yvon Deschamps ou Michel Barrette et des pièces de théâtre **hilarantes** comme « Broue » **ont montré la voie suivie** par plus d'une centaine de **jeunes** humoristes comme Mario Jean, Claudine Mercier, Martin Matte, Patrick Huard et François Morency.

Les fêtes de fin d'année **ont aussi longtemps donné lieu** au fameux « Bye Bye » **animé par la diminutive** Dominique Michel, et **au cours duquel** les humoristes du moment **s'en donnaient à cœur joie en se moquant parfois** férocement des travers de **leurs semblables**, **révélés** au cours de l'année précédente.

Mais ce sont les années quarante à soixante **qui ont vu défiler un florilège** de comédiens, alors obscurs, **se donnant la réplique** dans les cabarets **enfumés** de la « Main » ou du bas de la ville. **C'est alors que** les Juliette Pétrie, Olivier Guimond, « Ti-Gus et Ti-Mousse », Dominique et Denise **ont fait rire aux larmes** de nombreuses générations de Québécois.

Les Petits Rats

Non, **il n'est pas** question ici de ces **désagréables rongeurs qui hantent les ruelles la nuit venue**. **Il s'agit plutôt** de l'**appellation imagée** et **ludique donnée à** ces petites danseuses et danseurs de **huit ans à peine** qui ont le privilège de **faire partie** de l'**école** de ballet de cette prestigieuse institution.

Leur nom **vient du bruit** de **trottinement** de leurs **chaussons** de danse dans les couloirs de l'Opéra Garnier **qui abritait les** premiers **élèves**. **Aujourd'hui**, c'est généralement par le biais de l'École de danse de l'Opéra national de Paris, située à Nanterre, que ces **aspirants** danseurs et danseuses débutent leur rigoureuse formation.

Car la danse à **haut niveau exige** non seulement une discipline **draconienne** mais le développement **harmonieux** de l'instrument qu'est **le corps**, incluant ses muscles, ses tendons et ses articulations. C'est ce qui motive leur enrôlement si **précoce**. **Chaque année, en moyenne** quatre cents enfants **se présentent** aux auditions dans l'**espoir** de faire partie de cette institution **renommée**. **Des critères** très précis comme **la taille**, **le poid**s et la conformation physique **permettent** de **réduire à** une vingtaine le nombre des privilégiés.

En fin de parcours, après des années de **douleurs** et de sélections **impitoyables**, **seuls** quatre ou cinq danseurs **pourront prétendre faire carrière** dans la danse classique. **Toutefois**, les enfants **ont régulièrement** l'occasion de **se produire** dans **des représentations** telles que « La Bayadère » ou « Casse-Noisette ».

Créée sous le règne de Louis XIV, il y a donc près de trois cents ans, l'École de danse de Nanterre a la prétention **légitime** de **former** les futurs danseurs et danseuses « étoiles » **qui illumineront** de leur grâce **éthérée** les ballets parisiens et internationaux, tout comme leurs modèles ont autrefois illuminé **les toiles** du **peintre** Degas.

une ville: a city	

une ville: a city

se distingue (distinguer): distinguishes itself
  (to distinguish)

s'entremêlent: mingle

la vie: life

attirant: attracting

nombreux: numerous

les citadins: city dwellers

posséder: to own

œuvres d'art: works of art

qui est exposée (exposer): which is exhibited
  (to exhibit)

livrée: offered

les bibliothèques (la: libraries

aux abords de: about (place)

des édifices (un édifice): buildings

intégrée: mixed

trois cents: three hundred

faisant partie: belonging to

un paysage: landscape

adoptent (adopter): take on
  (to take on)

souvent: often

construit: built (to build)

vers: toward

le milieu: the middle

des années soixante: the Sixties

compte à lui seul: (Montreal's subway)
  alone has (to have)

provenant: from

célèbres: famous

édifiée (édifier): built (to build)

ayant pavé la voie (paver): having paved
  the way (to pave)

il faut dire (dire): it must be said that
  (to say)

quant à lui: as for it

conçue par (concevoir): designed by
  (to design)

des passants: passersby

une vache: a cow

se repose (reposer): rests (to rest)

la rue: street

L'art public à Montréal

Montréal est **une ville** unique qui **se distingue** tant par son histoire où **s'entremêlent** deux cultures distinctes, que par la beauté de son architecture et la qualité indéniable de sa **vie** culturelle, **attirant** de **nombreux** visiteurs enthousiastes.

Mais pour **les citadins**, l'une de ses particularités est de **posséder** une vaste collection publique d'**œuvres d'art qui est exposée** et **livrée** à leur appréciation admirative dans les squares, les parcs, **les bibliothèques**, certains quartiers cosmopolites, **aux abords de** quelques **édifices** gouvernementaux ou **intégrée** directement à l'architecture. Ces **trois cents** œuvres, inhérentes au caractère de la ville et **faisant partie** intégrante du **paysage** urbain, **adoptent souvent** la forme de monuments commémoratifs, de sculptures monumentales ou de murales.

Le métro de Montréal, **construit vers le milieu des années soixante** pour l'Exposition Universelle, en **compte à lui seul** des dizaines dont quelques-unes de dimensions spectaculaires ou **provenant** d'artistes québécois ou internationaux **célèbres** comme Frédéric Back.

Symbole de la ville, la Croix du Mont-Royal, **édifiée** en 1924, est l'une des premières œuvres d'art **ayant pavé la voie** de la vocation artistique publique de la municipalité. **Il faut dire** qu'une directive ministérielle encourage les villes à développer leur patrimoine extérieur d'œuvres d'art.

Le Palais des Congrès, **quant à lui**, propose la monumentale fontaine « La Joute » **conçue par** l'artiste Jean-Paul Riopelle, tandis que le musée McCord offre à la vue **des passants** une imposante sculpture Inuit de deux-cents tonnes alors qu'**une vache** en bronze **se repose** sur **la rue** Sherbrooke.

Dans le Vieux Montréal, au square de la Place d'Armes, ce sont quatre statues de personnages historiques, dont un Iroquois, **qui rappellent** aux **promeneurs les événements parfois** tragiques **qui se sont déroulés** au moment de la colonisation.

Qu'il s'agisse des immenses **pôles ornés** de **drapeaux coniques** multicolores **flottant au vent** à l'entrée du Parc Lafontaine, de l'espace extérieur d'exposition de photographies d'art Expo-Photos de la rue McGill ou des nombreuses sculptures agrémentant les rues du Centre-ville, Montréal **demeure une cité** à l'**âme** profondément artiste.

Il ne faut surtout **pas oublier** les Mosaïcultures, qui se déroulent **chaque année** dans le Vieux-Port et **qui proposent** une série de sculptures végétales monumentales et **fééériques créées à partir d'arbres,** de plantes et de **fleurs.**

Enfin, l'un des plus grands artistes asiatiques contemporains, le sculpteur Ju Ming, a **été choisi** pour **enrichir** temporairement le patrimoine culturel de la ville **grâce à** plusieurs de ses œuvres plus imposantes que nature et aux qualités indéniables.

Faisant partie de la série *Taichi*, **dix-neuf** œuvres sont disséminées **à travers** la ville et plus particulièrement sur trois sites : les Quais du Vieux-Port, quartier historique possédant un riche patrimoine architectural propice aux explorations à vocation culturelle, le Mont-Royal, **montagne au cœur de** la ville et **lieu de rencontre** et de **convivialité estivale**, et le Quartier international, où les œuvres artistiques **servent** souvent de **repère** urbain.

Une nouvelle série de sculptures en bronze a également été installée à l'Arboretum et au Pavillon d'**accueil** du Jardin botanique de Montréal où la technique de l'artiste **fait non seulement jaillir de la matière** force et énergie, **mais établit le lien entre le corps humain** et les mouvements cosmiques.

---

qui rappellent: which remind (to remind)
promeneurs: strollers, walkers
les événements: episodes
parfois: sometimes
qui se sont déroulés: that happened (to happen)

qu'il s'agisse: whether it is about
des pôles ornés: decorated poles
drapeaux (un drapeau): flags
coniques: cone-shaped
flottant au vent: fluttering in the air
demeure (demeurer): remains (to remain)
une cité: a metropolis
une âme: spirit

il ne faut pas: one must not
oublier: forget
chaque: every
une année: year
qui proposent (proposer): which offer (to offer)
fééériques: magical, enchanting
créées (créer): created (to create)
à partir d': with (here)
arbres (un arbre): trees
fleurs (une fleur): flowers

a été choisi (choisir): was chosen (to choose)
enrichir: to enhance
grâce à: thanks to

faisant partie de: belonging to
dix-neuf: nineteen
à travers: across
une montagne: mountain
au cœur de: in the middle of, in the heart of
un lieu de rencontre: a forum
convivialité estivale: summer friendliness
servent (servir): are used as (to be used)
un repère: landmark

accueil: welcome
fait… jaillir de la matière (faire): makes material spring out of (to make)
non seulement: not only
mais établit (établir): but also sets up (to establish)
le lien entre: the link between
le corps humain: the human body

La musique guadeloupéenne

si l'on dit que (dire): if it is said that (to say)
ceci se vérifie (vérifier): this can be verified (to verify)
le quotidien: daily
la vie: the life
chaque: each
indissociable: inseparable
une danse: dance
comprendre: to understand
(nous) voyons (voir): let's see (to see)
on peut entendre: we can hear
aujourd'hui: today
en commençant: by starting
dite traditionnelle: that is called traditional

tout d'abord: first of all
(nous) parlons (parler): let's talk (to talk)
est jouée (jouer): is played (to play)
composé: composed
un tambour: drum
sur lequel: on which
(ils) dansent (danser): (they) dance (to dance)
le nom: name
qui est arrivé (arriver): that arrived (to arrive)
riches (riche): rich, wealthy
les colons (un colon): colonists
(il) a été repris (reprendre): (it) has been revived (to revive)
surtout: especially
interprété: interpreted
tels que: such as
pour devenir: to become

venues (venir): coming from (to come)
on trouve (trouver): we find (to find)
les plus joués: the most played
ceci n'a pas toujours été vrai: that has not always been true
appelée (appeler): called (to call)
un tonneau de rhum: barrel of rum
une peau de cabri tendue: stretched young goat skin
pourtant: though
interdite (interdit): prohibited
les maîtres (le maître): masters
s'est perpétuée (se perpétuer): survived (to survive)
elle permettait (permettre): it allowed (to allow)
se joue (se jouer): is played (to play)
chacun: each one
un sens: meaning
très précis: very specific
elle a gardé (garder): it kept (to keep)
pendant longtemps: for a long time
ce goût: this taste
défendu: forbidden
malgré: despite
le travail: the work

(il) a retrouvé (retrouver): (it) has found again (to find again)
les veillées mortuaires (une veillée): wakes
en tout genre: of all kinds
la langue: language

Si l'on dit que « la musique est universelle », en Guadeloupe, c'est un élément essentiel. **Ceci se vérifie** au **quotidien** car la musique est omniprésente dans **la vie** de la population et évidemment, **chaque** genre musical est **indissociable** d'**une danse**. Pour **comprendre** cette importance, **voyons** les principaux types de musique que l'**on peut entendre** en Guadeloupe **aujourd'hui**, **en commençant** par la musique **dite traditionnelle**.

Tout d'abord, **parlons** du quadrille. Cette musique **est jouée** par un orchestre qui est **composé** d'un accordéon, d'un violon, de maracas, d'**un tambour** et d'un triangle. Il s'agit d'un accompagnement instrumental, **sur lequel dansent** quatre couples, d'où **le nom** de quadrille. Ce genre **qui est arrivé** aux Antilles avec **les riches colons** européens **a été repris** par les esclaves africains et **surtout interprété** et modifié à l'aide d'instruments **tels que** les maracas ou le tambour **pour devenir** ce qu'il est aujourd'hui.

Puis, du côté des traditions **venues** d'Afrique, **on trouve** le Gwo-Ka. Il s'agit d'un des types de musique **les plus joués** en Guadeloupe, mais **ceci n'a pas toujours été vrai**. C'est la musique d'une percussion **appelée** « ka », un tambour fait d'**un tonneau de rhum** et d'**une peau de cabri tendue**. **Pourtant interdite** par **les maîtres** d'esclaves pendant longtemps, cette musique **s'est perpétuée** parce qu'**elle permettait** une communication secrète entre les esclaves. Le Gwo-ka **se joue** sur sept rythmes, **chacun** ayant **un sens très précis** et qui correspond à un moment donné de la vie des esclaves. **Elle a gardé pendant longtemps ce goût** de fruit **défendu malgré le travail** des « met-ka » (maîtres du ka) comme Vélo ou Robert Loyson.

Aujourd'hui, le Gwo-Ka **a retrouvé** sa place dans **les veillées mortuaires**, le carnaval, les événements officiels et les soirées **en tout genre**. Le Gwo-Ka est indissociable du créole, **langue** régionale de la Guadeloupe.

À la fin des années 1970, un groupe de jeunes Guadeloupéens et Martiniquais réunis autour de l'amour de la musique et de leurs cultures a lancé un nouveau courant musical qui a marqué la vie des Antilles françaises: le Zouk. Ce groupe du nom de Kassav' (nom emprunté à une galette sucrée faite de farine de manioc, aliment répandu aux Antilles), voulait révolutionner à cette époque les genres musicaux à la mode tels que la biguine ou le kompa haïtien.

Tout en s'en inspirant, Kassav' a produit une musique nouvelle, basée sur un rythme du Gwo-Ka, mêlée à des instruments modernes comme la guitare ou la batterie. Ce mélange des cultures a tout de suite trouvé sa place dans les mœurs guadeloupéennes. Dans les années 1980, le groupe a conquis les Antilles françaises, l'Afrique, et puis devient populaire mondialement grâce à ses rythmes novateurs mais qui rappelaient malgré tout la culture antillaise.

Si Kassav', le pionnier du Zouk, a choisi de toujours chanter créole, la nouvelle génération de chanteurs antillais obéit à de nouvelles règles, notamment celle de se faire connaître en France hexagonale. Bien sûr cet impératif économique les oblige à chanter en français pour être compris par tout le monde et on entend maintenant des tubes dans les hit-parades français chantés par des jeunes artistes antillais de zouk comme Médhy Custos, Warren ou Fanny.

Ces dix dernières années, la Guadeloupe et la Martinique ont beaucoup dansé aux rythmes de musiques venues d'ailleurs grâce au développement d'Internet et des réseaux télévisés câblés. On y retrouve le dancehall jamaïcain, le rap américain, la salsa cubaine... Cette diversité venue d'ailleurs n'empêche pas les Guadeloupéens d'être encore créatifs car un nouveau genre qu'on appelle l'acoustique a fait son apparition. Il s'agit d'une musique consciente qui parle de la société, de ses maux ou de ses bonheurs, tout cela sur une musique acoustique, plus naturelle à l'oreille.

Les splendeurs de Versailles

Résidence de quatre générations de **rois** de France, dont Louis XIV le Roi Soleil, le *Château de Versailles,* à l'origine simple **pavillon de chasse ayant pris** une considérable expansion, est **sans nul doute** la plus grandiose résidence royale de France.

Le domaine **couvre** une superficie de 67 000 mètres **carrés** et le château **compte plus de** deux mille pièces. **Situé** dans la commune de Versailles, au **sud-ouest** de Paris, c'est sur plus de 815 hectares, dont 93 hectares de **jardins**, que **s'étend** le parc du château.

On y retrouve de nombreuses constructions annexes, dont le Petit et le Grand Trianon, le Hameau de la Reine, la pièce d'**eau dite** « des Suisses », une ménagerie, une orangerie **ainsi que** le grand et le petit canal. Le château est **également le siège** du *musée de l'Histoire de France.*

Un projet titanesque de rénovation du château et du parc, **débuté** en 2003 et financé en partie par l'État et en partie par **des mécènes**, **devrait s'étaler** sur plus de dix-sept **ans**. Le premier **volet** de ce projet d'**envergure** s'est achevé en 2007 et **visait entre autres** la réfection de la Galerie des Glaces.

Cette **célèbre** galerie, **longue** de soixante-treize mètres, compte trois cent cinquante-sept miroirs, d'où **elle tire son nom**. Cette salle, **qui était un lieu de passage** et de rassemblement de dignitaires, **exalte par** sa magnificence, **à la fois le pouvoir** royal et **la puissance** de la France de l'**époque**.

La **somptuosité** de sa décoration évoque autant les victoires politiques et diplomatiques que la prospérité de la France, **par le biais** de nombreuses **peintures allégoriques.** Elle compte en outre dix-sept **arcades** et pilastres de bronze **faisant face aux fenêtres.**

Les visiteurs **ont le loisir** d'admirer également les appartements royaux et **les** divers **bâtiments**, dont le Hameau de la Reine, **demeure** plus intimiste où Marie-Antoinette **avait choisi de fuir la rigueur** de l'étiquette de **la Cour.**

De nombreuses activités, **colloques**, **expositions**, **spectacles**, concerts de musique baroque et classique **prennent place** tout au long de l'année **selon** un calendrier riche et éclectique.

Ainsi, la Grande Écurie du château **accueille**, depuis 2003, *l'Académie du spectacle équestre* tandis que le *Centre de Musique baroque* **propose** une programmation complète allant de l'opéra aux récitals instrumentaux.

Des expositions d'art contemporain, de photographies ou d'objets représentant **le faste de la Cour** sont aussi organisées régulièrement. Pour **la première fois**, en 2009, une exposition fort attendue intitulée « Louis XIV, l'**homme** et le roi » **rappelle** aux visiteurs la grandeur et la gloire du Roi Soleil.

De nombreuses ressources scientifiques et documentaires, incluant de précieuses informations sur l'architecture du château, son iconographie ou sur ses jardins, **dessinés il y a près de** quatre cents ans par André Le Nôtre, sont **disponibles** à la consultation sur les sites Internet qui leur sont **dédiés.**

Plusieurs activités pédagogiques leur **permettant de mieux connaître** l'histoire et les particularités du Château de Versailles ont également été développées à l'intention **des enfants** ou de leurs **enseignants, afin de perpétuer** l'admiration due à ce somptueux palace, **inscrit depuis** trente ans au Patrimoine de l'Humanité.

---

somptuosité: sumptuousness
par le biais: through
peintures allégoriques: allegorical paintings
arcades (une arcade): arches
faisant face (faire): facing (to face)
aux fenêtres (une fenêtre): the windows

ont le loisir (avoir): are free to (to have)
les bâtiments (le bâtiment): buildings
une demeure: house
avait choisi de fuir (choisir): chose to escape (to choose)
la rigueur: the rigor
la Cour: the Court

colloques (un colloque): conferences
expositions (une exposition): exhibits
spectacles (un spectacle): shows
prennent place (prendre): take place (to take)
selon: according to

accueille (accueillir): welcomes (to welcome)
propose (proposer): offers (to offer)

le faste de la Cour: the pomp of the Court
la première fois: the first time
un homme: man
rappelle (rappeler): reminds (to remind)

dessinés (dessiner): designed (to design)
il y a près de: around ... ago
disponibles (disponible): available
dédiés (dédier): dedicated (to dedicate)

permettant de mieux (permettre): allowing to better (to allow)
connaître (connaître): know (to know)
des enfants (un efant): children
enseignants (enseignant): teachers
afin de: in order to
perpétuer (perpétuer): perpetuate (to perpetuate)
inscrit (inscrire): registered (to register)
depuis: since

Le théâtre français

Le mot théâtre **signifie à la fois le bâtiment** et les représentations **qui y ont lieu**. On peut donc **aller** au théâtre pour **se divertir**, **faire du théâtre** si l'on est comédien ou **concevoir** un théâtre si l'on est architecte. Le théâtre comme **art de la scène, prend toutefois naissance** en Grèce, dans l'Antiquité, **vers** le VIème siècle av. J.-C. **Il fait partie intégrante des jeux**, précurseurs des Jeux olympiques. L'**on s'accorde** généralement pour **situer** au **Moyen Âge** l'avènement des premières représentations théâtrales en France.

Les scènes sont habituellement **liées** aux tableaux les plus populaires de **la vie** liturgique comme **Noël** et **Pâques**. Elles sont présentées dans les couvents ou monastères sous forme de dramatisations (ou *tropes)* des épisodes religieux **qui ponctuent l'année**.

Le théâtre **profane** fait son apparition en France vers le 12ème ou le 13ème siècle avec **des auteurs** tel Ruteboeuf, **mais il conserve toutefois** des composantes religieuses ou morales. **Il s'agit la plupart du temps** de pièces **écrites** en **vers rythmés** et en latin. **Par la suite**, les représentations **se font en plein air** et l'**on délaisse** le latin pour **adopter la langue** vernaculaire.

À partir du 13ème siècle, le théâtre **se décline** en **plusieurs** genres tels que *la farce*, qui est une pièce humoristique sur les défaillances humaines, *la pastourelle*, que l'**on situe** dans **un décor champêtre** et *la sottise* **qui dépeint** les interactions **remplies de quipropos entre des personnages jouant les sots** ou les idiots.

Il existe également d'autres types de représentations **abordant** les thèmes du mystère, de la moralité, du miracle ou de la passion. Mais c'est à la Renaissance que l'**on voit apparaître** la tragédie sous toutes ses formes, *les ballets de cour*, présentés devant les monarques, dont le plus **célèbre** est le *Ballet comique de la Reine,* et la comédie.

Ce n'est que vers 1680 que la Comédie-Française fait son apparition en France à l'instigation de Louis XIV pour **fusionner** les deux troupes de théâtre existantes. **Les principaux auteurs** de l'**époque** sont Molière, Jean Racine et Corneille. Par la suite, outre le théâtre antique et baroque, **se développent** le théâtre classique, le théâtre romantique, puis le vaudeville, **qui s'apparente** à *la farce*, et le théâtre contemporain.

Avant la Révolution française, **on voit apparaître** des auteurs tels que Voltaire, Marivaux et Beaumarchais, **suivis par** Feydeau et Mirabeau au 19ème siècle, alors que les batailles épiques entre le romantisme et la comédie **se jouent** sur les scènes des théâtres!

Le 20ème siècle **laisse place à** des auteurs de **la trempe** d'Alfred Jarry, Guillaume Apollinaire et Antonin Artaud. Le *théâtre d'avant-garde, le nouveau théâtre,* et *le théâtre expérimental,* **qui s'éloignent des sentiers battus,** permettent à Jean-Paul Sartre, Jean Genet et Eugène Ionesco d'**avoir** une influence prépondérante sur la société de leur époque.

De nos jours, le célèbre Festival d'Avignon, **qui a lieu chaque année** au **mois** de juillet en France, regroupe une pléthore d'auteurs, de comédiens et de **metteurs en scène venus** du **monde entier célébrer** cet art **plus que millénaire**.

les arts 157

à partir: from
se décline (décliner): is proposed (to propose)
plusieurs: many
on situe (situer): we situate (to situate)
un décor champêtre: a rustic decor
qui dépeint (dépeindre): that depicts (to depict)
remplies de: full of
quipropos: misunderstandings
entre: between
des personnages: characters
jouant (jouer): playing (to play)
les sots (un sot): silly people

il existe (exister): there exists (to exist)
abordant (aborder): addressing (to address)
on voit apparaître (apparaître): one sees (to see)
célèbre (célèbres): famous

fusionner (fusionner): merge (to merge)
principaux: principal
les auteurs (un auteur): author
époque: time
se développent (développer): progress (to progress)
qui s'apparente (apparenter): which resemble (to resemble)

avant: Before
on voit apparaître (voir, apparaître): one sees (to see)
suivis par (suivre): followed by (to follow)

se jouent (jouer): are played (to play)
laisse place à (laisser): give place to (to give)
la trempe: caliber
qui s'éloignent (éloigner): that distance from (to distance)
des sentiers battus: beaten paths
avoir (avoir): have (to have)

de nos jours: these days
qui a lieu (avoir): that takes place (to take)
chaque: each
année: year
mois: month
metteurs en scène: directors
venus (venir): who come (to come)
monde entier: worldwide
célébrer: to celebrate
plus que millénaire: for thousands of years

Chansonniers québécois

Contrairement à **la plupart des chanteurs** français **qui se tiennent** habituellement loin des préoccupations sociales, **les auteurs-compositeurs** et **interprètes** francophones du Québec **ont des prétentions à la fois** musicales, esthétiques et politiques. Cette orientation spécifique **les pousse** à **écrire** des textes poétiques **dépouillés** et **intimistes qui véhiculent** généralement un message **lié à** leur identité nationale ou à la préservation de **la langue** française en Amérique.

Issue de la « Révolution tranquille » **qui s'est déroulée entre** 1960 et 1966 – une période de l'histoire québécoise où **s'est fait ressentir le besoin** de se libérer du **carcan des valeurs** traditionnelles dépassées – cette tendance musicale a vu l'éclosion d'un mouvement artistique **qui perdure encore aujourd'hui.**

Cette tendance **est apparue** dans **les années soixante** suite à la popularité de **chanteurs engagés** tels Félix Leclerc, Gilles Vigneault, Raymond Lévesque ou Claude Léveillé **qui ont su apporter** une couleur nationaliste à leurs écrits, **faisant ainsi** écho au grand attachement du peuple à **ses racines.**

Cet **engouement** patriotique du Québec pour le chanteur et poète **solitaire** s'accompagnant à la guitare **ne s'est jamais démenti.** Ainsi, de nombreux chanteurs continuent de **perpétuer** cette tendance **en représentant** dans leurs textes les valeurs **chères** au cœur de ce peuple sensible et **attachant.**

C'est principalement dans des « boîtes à chansons », qui sont des cabarets **souvent situés** dans **des sous-sols enfumés** où **la bière coule à flots**, favorisant ainsi l'expression poétique et **la convivialité,** que les premiers chansonniers **se sont fait entendre.**

À Montréal, **il y a eu avant tout** chez Bozo, en référence à la chanson **éponyme** de Raymond Lévesque, puis le Patriote, le Chat Noir et la Butte-à-Mathieu **qui accueillaient les têtes d'affiche. De nos jours**, Richard Desjardins, Daniel Bélanger ou Kevin Parent continuent de **faire honneur**, en chanson, à leurs origines.

Les troubadours au Moyen Âge

Au **Moyen Âge**, le troubadour est avant tout un poète **qui a compris** la nécessité d'**ajouter** l'argument irréfutable de l'art lyrique à la beauté **des strophes qu'il compose**.

Se produisant habituellement dans **les cours seigneuriales des châteaux** de l'**époque médiévale**, surtout dans les régions de l'Aquitaine, du Périgord, du Limousin et de la Provence françaises, ainsi qu'en Italie, **il a pour but** non dissimulé la séduction d'**une belle dame** souvent inaccessible, car d'un rang social plus **élevé**.

À cet égard, le « fin'amor » l'équivalent de l'amour délicat, incorpore l'idéalisation de la personne **convoitée**, la courtoisie et la **fine fleur** des **valeurs** chevaleresques, **sans toutefois** condamner systématiquement l'adultère. C'est principalement en *langue d'oc* ou ancien occitan, que des poètes comme Cercamon, Marcabru, Jaufré Rudel **traduisent** poétiquement et en musique, entre l'an 1100 et 1150, **les émois** de leur **âme** et les tribulations de leur **cœur éprouvé**.

La plupart des linguistes **s'entendent** pour **trouver** l'origine étymologique du **mot** troubadour soit dans le mot « trobar » dont la signification la plus probable en langue romane est « **composer** », soit dans le mot latin « tropus » **qui signifie** inventer une « trope » ou **une poésie**.

Le troubadour développe plusieurs genres comme **la chanson** en cinq ou six couplets, la sérénade du **chevalier amoureux**, **la pastourelle destinée** à une belle **bergère** ou la ballade **dansée** s'accompagnant du **luth**, de **la flûte à bec**, de **la lyre** et **plus tard** du **cistre**.

Fait intéressant, à Los Angeles, la légendaire **boîte de nuit** *Troubadour* **ayant pignon sur rue** à West Hollywood et **qui a adopté** ce nom évocateur avec beaucoup **d'à-propos**, **possède** la particularité d'**avoir découvert** ou **aidé à mousser** la popularité de **chanteurs** comme Elton John, Bob Dylan, James Taylor ou Bruce Springsteen.

Moyen Âge: Middle Ages
qui a compris (comprendre): who has understood (to understand)
ajouter: to add
des strophes (une strophe): stanzas
qu'il compose (composer): that he writes (to write)

se produisant (produire): playing (to play)
les cours seigneuriales: lordly courts
des châteaux (château): of castles
époque médiévale: medieval era
il a pour but: he aims
une belle dame: a beautiful lady
élevé (élevés): higher

à cet égard: in this regard
convoitée (convoiter): coveted (to covet)
fine fleur: finest
des valeurs (une valeur): values
sans toutefois: without however
traduisent (traduire): translated (to translate)
les émois (le émoi): emotions
une âme: soul
un cœur: heart
éprouvé (éprouver): put to the test (to put)

plupart: most
s'entendent (entendre): agree (to agree)
trouver (trouver): to find (to find)
un mot: word
composer (composer): write, compose (to write, to compose)
qui signifie (signifier): which means (to mean)
une poésie: a poem

la chanson: the song
chevalier amoureux: amorous knight
la pastourelle: shepherdess song
destinée (destiner): destined (to destine)
une bergère: shepherdess
dansée (danser): danced (to dance)
un luth: lute
la flûte à bec: recorder
plus tard: later
cistre (cistres): old mandolin

fait intéressant: interesting fact
boîte de nuit: nightclub
ayant pignon sur rue: well-established
qui a adopté (adopter): which has adopted (to adopt)
d'à-propos: relevance
possède (posséder): possesses (to possess)
avoir découvert: have discovered
aidé à mousser: helped to promote
chanteurs (une chanteur): singers

Les musées parisiens

Tout le monde a **entendu parler** du **célèbre musée** du Louvre de Paris, mais **il existe** dans la capitale française de nombreux autres musées de dimensions plus modestes, **mais tout aussi captivants,** et **qui valent vraiment le détour** !

La Ville Lumière **compte** plus de 136 musées et sites culturels **qui proposent** aux visiteurs la richesse de leurs collections permanentes et temporaires **célébrant** la création artistique sous toutes ses formes.

Le musée d'Orsay est situé dans le VIIème arrondissement de Paris, sur **la rive gauche** de la Seine, face au **jardin** des Tuileries. **Le bâtiment qu'il occupe constitue** la première **œuvre** d'art offerte aux regards des visiteurs. **Il s'agit** de l'ancienne **gare** d'Orsay à l'architecture audacieuse, **construite pour l'Exposition universelle** de 1900.

Ce musée présente des collections variées et éclectiques **qui incluent** la peinture, la sculpture, l'architecture, les objets d'art, **le mobilier**, le cinéma, la photographie, la musique et le décor d'opéra, et **couvrant** exclusivement la période située **entre** 1848 et 1914. **On peut y admirer**, entre autres, des œuvres **mondialement connues** de peintres tels que Renoir, Degas, Cézanne, Monet, Delacroix, Ingres et Van Gogh. **On y retrouve** également certaines œuvres de sculpteurs tels Rodin ou Claudel, de l'Art décoratif et de l'Art nouveau. Le musée d'Orsay, **qui comble** un espace chronologique entre le musée du Louvre et le Centre Pompidou, **mérite que l'on y flâne** lorsque l'on a la chance de visiter Paris.

Le Centre national d'art et de culture Georges-Pompidou situé dans le IVème arrondissement de Paris, dans le quartier Beaubourg, le Centre Pompidou a, **selon certains**, l'apparence caractéristique d'une « **raffinerie de pétrole** » sur **huit niveaux**.

On décrit également son architecture comme une « parodie technologique » avec ses **poutres** métalliques et ses **tuyaux apparents** peints en **vert** et **bleu**. Ce **qui ne l'empêche pas** d'**accueillir** près de 6,6 millions de visiteurs **chaque année**.

Créé en 1977 par le président Georges Pompidou, c'est un centre multidisciplinaire **qui comprend** le Musée national d'art moderne, **une bibliothèque** publique d'information, un institut de **recherche** et de coordination acoustique, **des salles de cinéma** et de **spectacles**, des espaces éducatifs, un restaurant et un café. **Il abrite** une imposante collection d'œuvres d'art moderne et contemporain et propose, entre autres, des tableaux de Picasso, Matisse, Mondrian, Balthus, Giacometti et Braque, **pour ne nommer** que ceux-là.

Le musée Rodin est **dédié** exclusivement à la conservation des œuvres du sculpteur Auguste Rodin. La collection est **partagée** entre deux sites, l'un situé dans le VIIème arrondissement de Paris, sur **la rue** de Varenne, **occupe** l'Hôtel Biron. Le second est situé à Meudon dans la Villa des Brillants, en Hauts-de-Seine. Plus de 6600 sculptures, **des dizaines** de **milliers** de dessins, photographies et objets d'art **conçus** et **réunis** par cet artiste prolifique et également collectionneur sont offerts à l'admiration des visiteurs.

On y retrouve également des œuvres de Camille Claudel, **qui a été** sentimentalement **liée à** Rodin et **à qui on a consacré** une salle. Des œuvres célèbres du sculpteur telles *Le Penseur* ou *La Porte de l'enfer* **nous rappellent** le caractère universel de son **génie**.

---

on décrit (décrire): one describes (to describe)

des poutres (une poutre): beams

des tuyaux (un tuyau): pipes

apparents (apparent): exposed

vert: green

bleu: blue

qui ne l'empêche pas (empêcher): which doesn't prevent it (to prevent)

accueillir: to welcome

chaque: each

une année: year

créé (créer): created (to create)

qui comprend (comprendre): which includes (to include)

une bibliothèque: a library

recherche: research

des salles de cinéma: movie theaters

spectacles: shows

il abrite (abriter): it shelters (to shelter)

pour ne nommer (nommer): to name only

dédié (dédier): dedicated (to dedicate)

partagée (partager): divided (to divide)

la rue: the street

occupe (occuper): occupies (to occupy)

des dizaines (une dizaine): about ten

milliers (un millier): thousand

conçus (concevoir): designed (to design)

réunis (réunir): assembled (to assemble)

qui a été (être): who was (to be)

liée à (lier): linked to (to link)

à qui on a consacré (consacrer): to whom we dedicated (to dedicate)

Le Penseur: The Thinker

La Porte de l'enfer: The Gates of Hell

nous rappellent (rappeler): remind us (to remind)

un génie: genius

Un symbole de la culture

La marionnette « Guignol » **fait partie des souvenirs** d'enfance de tous les petits lyonnais. Mais Guignol est bien plus qu'une simple marionnette **qui les amuse** et **les fait rire**. Ce **personnage** est le symbole de Lyon et **incarne** l'identité lyonnaise.

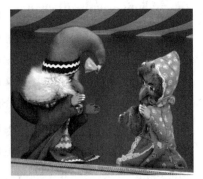

Le personnage et la marionnette de Guignol **a été crée** par Laurent Mourguet en 1808. Laurent Mourguet était **un ouvrier tisserand** lyonnais, **autrement dit un canut**. Au **chômage**, **il décide** de **se reconvertir en marchand forain**, puis en **arracheur de dents**, pour **subvenir** aux **besoins de sa famille**. **Afin d'attirer** de potentiels clients, **il organisait des petits spectacles** avec des marionnettes en **reprenant** le répertoire italien (Polichinelle, Arlequin). Progressivement, **il crée ses propres** personnages : Gnafron puis **celui qui deviendra** le plus **célèbre**, Guignol, qui incarne un canut lyonnais.

Une version moderne de Guignol est par exemple l'émission de télévision française de Canal + « Les Guignols de l'info », **parfois appelée** tout simplement « Les Guignols ». Cette émission satirique de marionnettes est une parodie du journal télévisée **qui caricature le monde politique**, les medias, et la société française contemporaine. **On y retrouve** la même tradition satirique et théâtrale que dans le guignol traditionnel. **Cela a d'ailleurs permis à** l'émission d'**obtenir** une grande notoriété en France et à l'**étranger** … tout comme Guignol en son temps. Mais le Guignol satirique **d'antan** est toujours **vivant**. Une compagnie de théâtre lyonnaise, la Compagnie des Zonzons, **renoue** avec la tradition guignolesque, c'est-à-dire satirique, **tout en continuant** à faire des spectacles plus classiques pour les enfants.

Mais **que signifie le mot** « guignol » ? Et à quoi ressemble ce personnage lyonnais si célèbre ? **Vous connaissez** sûrement l'expression « faire le guignol » qui signifie s'amuser et amuser les autres en faisant **des plaisanteries**, **des pitreries** ou **des mimiques** ou encore plus simplement faire l'idiot. L'expression **tire donc son origine** du théâtre de Guignol. En revanche, l'origine du **nom** de Guignol est controversée. Certains **pensent** qu'il est issu de l'expression ancienne « c'est guignolant » qui signifie « **très drôle** ». D'autres pensent qu'il s'agit d'**un clin d'œil** à un des amis de Laurent Mourguet qui se serait appelé Jean Guignol. Enfin, **il s'agirait** d'une référence **au titre** d'une comédie **à succès de l'époque** « Nitouche et Guignolet ». Si l'on n'est donc pas certain de l'origine de ce nom, **cela ne l'a** toutefois **pas empêché** de passer dans les coutumes de la langue française.

Vous l'aurez bien compris, Guignol est une marionnette, mais une marionnette **à gaine**. **Elle n'est pas dirigée** par **des fils qui permettent** ses mouvements mais directement par **la main** du marionnettiste **qui l'enfile** en quelque sorte comme un gant. **Sa tête** est **en bois**. **Son visage** est **fendu** d'**un sourire** en accent circonflexe. **Ses yeux** sont **noirs** et il a **des fossettes**. Son costume consiste en une jaquette et **un nœud papillon rouge**. **Il porte** sur la tête **un bicorne** aux **bords rabattus**. **Ses cheveux** sont coiffés en **catogan**.

Guignol a un fort accent lyonnais. C'est un canut mais il est **un peu fainéant** et **travaille** le moins possible. Il est malicieux et **farceur** mais **il dénonce** les injustices. Bref, c'est un personnage attachant. Il est en général toujours **entouré** des mêmes personnages. **On peut citer** notamment Gnafron, l'ami de Guignol qui est **cordonnier**. Son visage **montre** qu'il aime bien **le vin** et le beaujolais en particulier. **Il a le nez rouge** et est toujours **mal rasé**. Madelon est l'épouse de Guignol. C'est une grande **bavarde** mais elle a **bon cœur**. Et puis, il y a aussi **le gendarme qui bat** Gnafron avec sa **matraque**.

En 2008, Guignol a eu **200 ans**. **Il n'a pas pris une seule ride** et continue de faire rire grands et petits !

La tradition du théâtre d'été

l'été: during the summer
est adouci (adoucir): has softened (to soften)
nombre: number
citadins (un citadin): city-dwellers
trouve (trouver): find (to find)
fraîcheur campagnarde: country coolness
étouffantes (étouffante): stifling
soirées estivales: summer evenings
arpenter (arpenter): stride (to stride)
les trottoirs (le trottoir): sidewalks
de la ville (des villes): of the town
en quête: in quest

des années soixante-dix: the Seventies
apogée: peak
auxquels: to which
assistent (assister): attend (to attend)
qui sont présentés (présenter): which are presented (to present)
une banlieue: suburb

prenant place (prendre): taking place (to take)
un bâtiment: a building
reconverti (reconvertir): converted (to convert)
une grange: a barn
un corps de ferme: a farmhouse
réaménagé (réaménager): revamped (to revamp)
la plupart du temps: most of the time
légère: light
elle donne lieu à: it gives rise to
des malentendus: misunderstandings
quiproquos: misunderstandings
met en scène (mettre): stages (to stage)
des personnages: characters
tentant de (tenter): trying to (to try)
se sortir de (sortir): get out de (to get out)
loufoques (loufoque): extravagant

des habitués (un habitué): the regulars
environnantes (environnante): surrounding

trouvant en partie (tirer): finding partially (to find)
qui savait (savoir): who knew (to know)
mêler (mêler): mix (to mix)
le rire: the laughter
un moralisme: a moralizing
trop rigoureux: too rigorous
se veut (vouloir): wants to see itself as (to want)
le digne: the dignified
qui remonte: back to the time of
jouaient (jouer): played (to play)
en plein air: outdoors
des salles rudimentaires: rudimentary rooms
en laissant (laisser): leaving (to leave)
toutefois: however

L'été, alors que le climat de la « *Belle Province* » s'**est adouci** au point où un bon **nombre** de **citadins trouve** refuge dans la **fraîcheur campagnarde**, le théâtre d'été offre une alternative de choix aux **étouffantes soirées estivales** à **arpenter les trottoirs de la ville en quête** de distractions.

Phénomène unique en genre, le théâtre d'été au Québec trouve son origine au début **des années soixante-dix,** alors que les vaudevilles et les comédies de boulevard sont à leur **apogée**. C'est donc plus de 25 spectacles, **auxquels assistent** environ 600,000 spectateurs, **qui sont présentés** tout au long de l'été dans un grand nombre de petites villes ou villages de **banlieue**.

Prenant place généralement dans **un bâtiment reconverti, une grange** ou **un corps de ferme réaménagé** pour l'occasion, la représentation est **la plupart du temps** une comédie **légère** ou romantique. **Elle donne lieu à des malentendus** et des **quiproquos** et **met en scène des personnages tentant de se sortir** de situations **loufoques** ou inextricables, pour le plus grand plaisir ou l'hilarité des spectateurs.

Des acteurs comme France Castel, Claude Michaud et Gilles Latulipe sont **des habitués** de ces intermèdes estivaux présentés soit dans les Laurentides, soit dans les villes **environnantes** ou dans de nombreuses petites municipalités du Québec.

Trouvant en partie sa source dans le théâtre de Molière ou de Marivaux, **qui savait mêler** la dérision et **le rire** en excluant **un moralisme trop rigoureux**, le théâtre d'été du Québec **se veut le digne** successeur d'une tradition **qui remonte** à la commedia dell'arte en Italie, où les acteurs **jouaient en plein air** ou dans **des salles rudimentaires en laissant toutefois** une plus grande place à l'improvisation.

La Cinémathèque française

Haut lieu culturel dédié à la préservation, la restauration et **la diffusion** du patrimoine cinématographique français et **mondial**, la Cinémathèque française, **qui existe depuis le milieu des années trente**, a **été créée** à l'instigation de Henri Langlois et Georges Franju.

La vigilance de ces deux passionnés de cinéma **a permis de soustraire des milliers** de films à la destruction **ordonnée par** l'autorité **allemande, qui occupait** la France depuis le début de la Deuxième Guerre mondiale.

Ayant entrepris leur mission de préservation avec **seulement** dix films, la Cinémathèque française, **qui s'appelait** à l'origine le Cercle du cinéma, **compte désormais plus de** 40,000 **titres** ainsi que des milliers d'objets et de documents **liés au** monde du « septième art ». Bénéficiant au départ d'**appuis** et de **subsides privés**, c'est **dorénavant** un organisme subventionné en grande partie par **l'État** et dont la vocation première consiste **à protéger** et **mettre en valeur** la richesse du patrimoine audiovisuel **passé** et contemporain.

Le premier **musée** du cinéma ainsi qu'**une salle de projection** de 60 places s'**installe** à l'origine au 7, avenue de Messine, dans le 8ème arrondissement de Paris. **On y voit défiler** des grands **noms** du cinéma français tels François Truffaut, Éric Rohmer et Jean-Luc Godard.

Après avoir successivement **déménagé au fil des années** sur **la rue** de l'Ulm et dans la salle du Palais de Chaillot, **détruite subséquemment par un incendie**, la Cinémathèque prend finalement ses quartiers **définitifs** sur la rue de Bercy à Paris, dans l'ancien **bâtiment** de l'American Center.

Sous la présidence de Costa Gavras depuis 2005, la Cinémathèque a **fusionné** en 2007 avec la BiFi – Bibliothèque du film. **Nul doute** que la Cinémathèque française a su **rallier** depuis plus de quatre-vingts ans non seulement tous **les intervenants**, mais également tous **les inconditionnels** et **amoureux** du cinéma.

---

haut lieu culturel: top cultural space
dédié à (dédier): dedicated to (to dedicate)
la diffusion (une diffusion): the broadcasting
mondial: worldwide
qui existe (exister): that exists (to exist)
depuis: since
le milieu: the middle
des années trente: of the Thirties
été créée (créer): was created (to create)

a permis (permettre): permitted (to permit)
de soustraire: to withdraw
des milliers (un millier): thousands
ordonnée par (ordonner): ordered by (to order)
allemande: German
qui occupait (occuper): that occupied (to occupy)

ayant (avoir): having (to have)
entrepris (entreprendre): undertaken (to undertake)
seulement: only
qui s'appelait (s'appeler): that was named (to name)
compte (comper): includes (to include)
désormais: from now on
plus de: more than
titres (un titre): titles
liés au (lier): linked to (to link)
appuis (un appui): support
subsides privés: private subsidies
dorénavant: henceforth
l'État: The State
à protéger (protéger): to protect (to protect)
mettre en valeur (mettre): highlight (to highlight)
passé: past

un musée: museum
une salle de projection: a projection room
s'installe (installer): settle (to settle)
on y voit (voir): we can see (to see)
défiler (defiler): parading (to parade)
des noms (un nom): names

après avoir (avoir): after having (to have)
déménagé (déménager): moved (to move)
au fil des années: over the years
la rue: the street
détruite (détruire): destroyed (to destroy)
subséquemment: subsequently
par un incendie: by a fire
définitifs: final
un bâtiment: building

fusionné (fusionner): merged (to merge)
nul doute: no doubt
rallier (rallier): rejoins (to rejoin)
les intervenants: persons involved
les inconditionnels: ardent supporters
amoureux (un amoureux): lovers

Évaluez votre compréhension

Les Petits Rats, page 149

1. What are *Les Petits Rats*? Where does the name come from?

2. What are some of the strict criteria used to choose students?

3. How many students will go on to make a career in dance?

La musique guadeloupéenne, page 152

1. List the instruments that are used to produce quadrille.

2. *Gwo-Ka* music originates from what tradition?

3. A new trend in music began in the Seventies. What was it? Who was its pioneer?

L'art public à Montréal, page 150

1. How many public works of art can be found throughout Montreal?

2. What is the symbol of the city?

3. What will you find at *Le Palais des Congrès*?

Les splendeurs de Versailles, page 154

1. How did *La Galerie des Glaces* receive its name?

2. Who lived in *le Hameau de la Reine*? Why did she live there?

3. What important exhibit opened in 2009?

Test your comprehension

Le théâtre français, page 156

1. The performing arts were born in what country?

2. The early plays were often religious and linked to what holidays?

3. Comedies began in the 13th century. What were some of the early scenes?

Les troubadours au Moyen Âge, page 159

1. Where did the troubadours usually play?

2. What romantic themes did the poems express?

3. What are three types of songs the troubadours developed?

Les musées parisiens, page 160

1. *Le musée d'Orsay* occupies a building said by some to be a work of art. What was this building and when was it built?

2. What is *Le Centre Pompidou* said to resemble?

3. What other artists' work will you find at *Le musée Rodin*?

Un symbole de la culture, page 162

1. Who is the most famous marionette?

2. Guignol is a marionette worked with a glove or strings?

3. Describe Guignol's appearance.

Histoire

un motif: pattern
se trouve (trouver): is found (to find)
très anciens: very old
elle est apparue (apparaître): it appeared
   (to appear)
avant notre ère: before our era

le lys blanc: the white lily
le parallèle dressé: comparison done
marie: marriage
(elles) existent (exister): (they) exist (to exist)
des monnaies (une monnaie): currencies
des sceaux émis (un sceau): issued seals
des évêques (un évêque): bishops
à partir du: from

une époque: time
une fleur: flower
n'a pas encore (avoir): does not have
   (to have)
de lien privilégié (un lien): special bonds
les règnes (un règne): reigns
que sera introduite (introduire): that (the
   flower) will be introduced (to introduce)
le pouvoir royal: royal power
le roi: the king
étant considéré (considérer): is considered
   (to consider)
entre: between
Dieu: God
les hommes (un homme): men

prend place dans (prendre place): takes place
   in (to take place)
petit à petit: little by little
l'écu (un écu): the shield
est frappé (frapper): is stamped (to stamp)
sous le règne de: under the reign of
devient (devenir): becomes (to become)
l'Etat: the State
à partir: from

raconte que (raconter): tells that (to tell)
un chrétien: Christian
(il) se serait caché (cacher): (he) would have
   hidden (to hide)
derrière: behind
qui seraient (être): that should be (to be)
en fait: actually
vers le haut: toward the top
pour échapper: to escape
(il) en aurait orné (orner): (he) would have
   decorated (to decorate)
un blason: blazon, coat of arms

on dit (dire): it is said (to say)
également: also
sa fonction génératrice: generating function
fut choisi (choisir): was chosen (to choose)
soucieux: worried
aurait (avoir): would have (to have)
des pouvoirs (un pouvoir): powers
guérisons (une guérison): recoveries
attribués: awarded

La fleur de lys

La fleur de lys, en **motif**, **se trouve** sur des documents archéologiques **très anciens** et de civilisations diverses. **Elle est apparue** dès le troisième millénaire **avant notre ère**, en Assyrie.

De nombreux passages de la Bible présentent **le lys blanc** comme symbole de virginité et de pureté, ce qui explique **le parallèle dressé** avec **Marie**. Des représentations de Marie avec des fleurs de lys **existent** sur **des monnaies** et **des sceaux émis** par **des évêques à partir du** XIème siècle.

Pourtant, à cette **époque**, cette **fleur n'a pas encore de lien privilégié** avec la monarchie française. C'est sous **les règnes** de Louis VI et Louis VII **que sera introduite** la fleur de lys dans la symbolique du **pouvoir royal**, **le roi étant considéré**, tout comme Marie, comme un protecteur et un médiateur **entre Dieu** et **les hommes**.

La fleur de lys **prend petit à petit place dans** les armoiries royales représentant le caractère sacré, divin, et céleste de la mission de la monarchie française. **L'écu est frappé** de trois fleurs de lys **sous le règne de** Philippe Auguste et la fleur **devient** l'emblème des rois de France au XIIème siècle puis emblème de **l'Etat à partir** du XVème siècle, emblème des Bourbons, de l'état français et de la nation française.

Une légende **raconte que** Clovis, premier roi Franc **chrétien** (466-511) **se serait caché derrière** des lys (**qui seraient en fait** une fleur d'iris stylisée avec 3 pétales **vers le haut** et le dernier vers le bas) **pour échapper** aux Wisigoths et en mémoire de cet épisode, **en aurait orné** son **blason**.

On dit également que de par **sa fonction génératrice**, le lys **fut choisi** comme emblème par les rois de France, **soucieux** de leur succession et de la multiplication de leur peuple. La fleur **aurait des pouvoirs** de **guérisons attribués** aux rois de France.

Historique du drapeau français

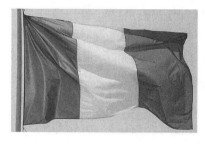

Le drapeau français tel que **nous le connaissons aujourd'hui a été adopté** en 1794. Ses trois couleurs représentent **le Roi** (le blanc) et **la ville** de Paris (le bleu et le rouge).

Les origines de ce drapeau **datent de** la période de la Révolution française. **Au début de** juillet 1789, **juste avant** la prise de la Bastille, alors qu'**une milice se constitue, celle-ci porte** en signe distinctif **une cocarde** bicolore **composée** des couleurs de Paris, le bleu et le rouge. Le 17 juillet, Louis XVI **se rend** à Paris **pour reconnaître** la nouvelle Garde Nationale. **Pour montrer** son accord avec la ville de Paris, **il porte** la cocarde bleu et rouge à laquelle Lafayette, commandant de la Garde, **a ajouté** le blanc, couleur royale.

Les trois couleurs **sont** donc d'abord **réunies** sous la forme d'une cocarde tricolore puis **agencées** par **le peintre** Louis David en bandes verticales, **qui symbolisent la foi** en la liberté. Au XIXème siècle, le blanc des royalistes légitimistes et les trois couleurs **héritées de** la Révolution s'affrontent. Le drapeau blanc **est remis à l'honneur** sous la Restauration mais Louis-Philippe **reprend** le drapeau tricolore **auquel il fait ajouter** l'emblème du **coq gaulois**.

Pendant la Révolution de 1848, si le drapeau tricolore est adopté par le gouvernement provisoire, c'est le drapeau rouge qui **est brandi par** le peuple en signe de révolte. Sous la IIIème République, un consensus **est établit** progressivement autour des trois couleurs. Les royalistes **finissent par l'accepter** pendant **la Première Guerre mondiale**. Les constitutions de 1946 et de 1958 **ont définitivement fait** du drapeau tricolore l'emblème national de la République.

---

le drapeau: the flag
nous le connaissons (connaître): we know it (to know)
aujourd'hui: today
(il) a été adopté: (it) was adopted (to adopt)
le Roi: king
la ville: city

datent de (dater de): date from (to date from)
au début de: at the beginning of
juste avant: just before
une milice: militia
se constitue: is set up (to set up)
celle-ci porte (porter): this latter wears (to wear)
une cocarde: official badge
composée: composed of
se rend (se rendre): goes to (to go to)
pour reconnaître: to recognize
pour montrer: to show
il porte (porter): he wears (to wear)
(il) a ajouté (ajouter): (he) has added (to add)

(elles) sont réunies (réunir): (they) are gathered (to gather)
agencées (agencer): layed out (to lay out)
le peintre: painter
qui symbolisent (symboliser): that symbolize (to symbolize)
la foi: faith
héritées de: inherited by
est remis à l'honneur (remettre): is honored again (to honor)
reprend (reprendre): retakes (to retake)
auquel: which
il fait ajouter: he added
le coq gaulois: the Gallic rooster

pendant: during
est brandi par (brandir): is brandished by (to brandish)
est établit (établir): is established (to establish)
finissent par l'accepter: finally accept it
la Première Guerre mondiale: The First World War
(elles) ont définitivement fait (faire de): they made definite (to make)

À la découverte de la Martinique

porte le surnom de (porter): carries the nickname of (to carry)

île aux fleurs: island of flowers

grâce à: thanks to

la tradition veut que: tradition says that

fût nommée (nommer): was named (to name)

qui poussaient (pousser): that grew (to grow)

alors: then, at that time

un siècle: century

le sud: south

(elle) a connu (connaître): it has known (to know)

deux puissances (une puissance): two powers

Angleterre: England

se disputaient (se disputer): argued (to argue)

situées (se situer): located (to be located)

des guerres (une guerre): wars

des accords historiques : historical agreements

qui ont décidé (décider): that have decided (to decide)

des destins (un destin): destinies

si proches (proche): so close

c'est ainsi: that is how

est devenue (devenir): has become (to become)

à la suite: after

un accord politique: a political agreement

une colonie sucrière: sugar colony

un jardin: garden

aujourd'hui: today

a fait (faire): it has made (to make, to do)

sa renommée (la renommée): its reputation

nombreuses (nombreux): numerous

datant de: dating from

telles que (tel que): such as

(elles) existent (exister): they exist (to exist)

encore: still

elles permettent (permettre): they allow (to allow)

découvrir: discover

célèbre: famous

qui présentent (présenter): that present (to present)

l'oiseau du paradis: bird of paradise

montagneux: montainous

des événements (un événement): events

ayant marqué (marquer): having left a mark (to leave a mark)

la montagne: mountain

dévasté: devastated

la ville: the city

furent tués (tuer): were killed (to kill)

trois rescapés (un rescapé): three survivors

sauvé: saved

les murs (le mur): walls

Si la Martinique **porte le surnom** d'**île aux fleurs**, c'est **grâce à** sa végétation luxuriante. **La tradition veut que** l'île **fût nommée** « Madinina » par ses premiers habitants, les Amérindiens, en l'honneur de la diversité et de la profusion de fleurs **qui** y **poussaient alors**.

Du XVIIème au XIXème **siècle**, cette île du **sud** des Antilles, d'une superficie totale de 1 100 km², **a connu** une longue histoire de possession et dépossession de la part de **deux puissances** européennes : l'**Angleterre** et la France. Les deux pays **se disputaient** alors quatre îles **situées** dans cette zone de l'arc antillais : la Guadeloupe, la Dominique, la Martinique et Sainte-Lucie. Ce sont **des guerres** et **des accords historiques qui ont décidé des destins** de ces îles aux histoires **si proches**. **C'est ainsi** que la Martinique **est devenue** définitivement française en 1814, **à la suite** d'**un accord politique**.

Lors de sa longue histoire de **colonie sucrière** française, la Martinique a développé sa tradition de **jardin** créole qui la caractérise **aujourd'hui** et **a fait sa renommée**. En Martinique, de **nombreuses** résidences **datant de** la période coloniale, **telles que** l'Habitation Latouche ou l'Habitation Clément, **existent encore**. **Elles permettent** de **découvrir** des jardins dits créoles, comme le très **célèbre** jardin de Balata, **qui présentent** un panel de fleurs tropicales, tel que **l'oiseau du paradis** ou le Bougainvillier.

La végétation de l'île a beaucoup influencé son histoire, tout comme son relief très **montagneux** et volcanique. L'un **des événements** majeurs **ayant marqué** la mémoire collective martiniquaise est l'éruption du volcan, **la montagne** Pelée, qui a **dévasté** l'ancienne capitale, **la ville de** Saint-Pierre en 1902. Les 30 000 habitants **furent tués**. Il n'y eut que **trois rescapés**, dont un prisonnier **sauvé** par **les murs** de sa prison.

La population martiniquaise de **l'époque était composée** des colons européens et des descendants d'africains **venus en esclaves**, puis **s'est enrichie de travailleurs** venus d'Inde **mais aussi** d'immigrants **chinois, syriens** ou **libanais**. **Toutes les composantes de** cette population **désormais** multiculturelle ont en commun **une langue** : le créole.

Cette langue **liée à l'identité même** de l'île s'est construite depuis la période de la colonisation **jusqu'à** aujourd'hui. **Elle a** aussi **traversé les frontières grâce à** un genre musical, le zouk, **né** dans **les années** 1980 par le biais d'un groupe d'artistes martiniquais et guadeloupéens nommé Kassav'. Ce **groupe mythique a fait connaître** la culture antillaise et la langue créole au **monde entier**. Le zouk n'a pas été l'unique **fenêtre** de la Martinique sur le monde car l'île **fut** aussi **le berceau** d'une personnalité **mondialement connue** : Aimé Césaire.

Cet intellectuel et **homme politique**, connu dans le monde entier pour ses idées, **a beaucoup réfléchi** sur l'identité martiniquaise et française. **Décédé** en 2008, l'homme est **la fierté** d'un peuple **qui lui doit beaucoup**, notamment une idée positive de la littérature antillaise. **On peut d'ailleurs** nommer **des auteurs** martiniquais très connus tels que Patrick Chamoiseau ou Edouard Glissant. **Ils appartiennent tous deux** à un genre littéraire que l'on nomme la Créolité.

Si aujourd'hui, la Martinique **est connue** comme toutes les îles des Antilles pour **ses beaux paysages**, c'est surtout **un lieu** où la culture **se mêle** harmonieusement **à** la nature.

---

l'époque (une époque): the era
était composée de (se composer de): was made of (to be made of)
venus en esclaves (venir): arrived as slaves (to arrive)
(elle) s'est enrichie de: (it) was expanded, made richer by
des travailleurs (un travailleur): workers
mais aussi: but also
chinois: Chinese
syriens: Syrians
libanais: Lebanese
toutes les composantes de: all the parts of
désormais: from now on
une langue: language

liée (lier): linked (to link)
l'identité même (une identité): identity itself
jusqu'à: until
elle a traversé (traverser): it has crossed (to cross)
les frontières (une frontière): borders
grâce à: thanks to
né (naître): born (to be born)
les années (une année): years
un groupe: band
mythique: mythical
il a fait connaître (faire connaître): it has made known (to make known)
le monde entier: entire world
la fenêtre: window
fut (être): was (to be)
le berceau: the birthplace
mondialement connue (connaître): known worldwide (to know)

un homme politique: politician
beaucoup: a lot
(il) a réfléchi (réfléchir): (he) reflected upon, thought about (to think)
décédé: deceased
la fierté: pride
qui lui doit beaucoup (devoir): who owe him a lot (to owe)
on peut (pouvoir): we can (can, to be able to)
d'ailleurs: besides
des auteurs (un auteur): authors
ils appartiennent à (appartenir à): they belong to (to belong to)
tous deux: both of them

est connue (être connu): is known (to be known)
ses beaux paysages (un paysage): its beautiful landscapes
un lieu: a place
se mêle à (se mêler à): mixes with (to mix with)

au siècle (le siècle): century
le récit: the story
colons (un colon): settlers
ponctué de (ponctuer): punctuated with
  (to punctuate)
nombreuses (nombreux): many, numerous
au climat (le climat): to the climate
la faim: hunger
raids (un raid): raids, attacks
amérindiens: American Indian
plus tard: later

à l'époque: at the time
avide: hungry for
richesses (la richesse): resources, wealth
nouvelles (nouveau): new
(elle) confie (confier): (it) entrusts
  (to entrust)
débarque (débarquer): disembarks
  (to disembark)
il revendique (revendiquer): he claims
  (to claim)
au nom (le nom): in the name
du roi (le roi): of the king
avant de poursuivre: before carrying on
les terres (la terre): lands
il découvre (découvrir): he discovers
  (to discover)
aujourd'hui: today, nowadays
(il) fait la connaissance: he met

implantation: settlement
elle est fondée: it was founded
colonie-comptoir: trading post colony
destinée (destiner): destined (to be destined)
devient (devenir): becomes (to become)
de peuplement: populating
qui désire (désirer): who wants (to want)
implanter: to establish

son apogée (un apogée): its peak
s'étendait (s'étendre): extended (to extend)
quant à elles: as for them
la côte: the coast
à l'époque: at the time
on y dénombrait (dénombrer): they counted
  (to count)
seulement: only
vers l'ouest: toward the west
freinée (freiner): slowed down (to slow down)
convoitée (convoiter): coveted (to covet)
le commerce: trade
des peaux (une peau): hides, skins

les affrontements (un affrontement):
  confrontations
ont lieu (avoir lieu): take place (to take place)
semble (sembler): appears (to appear)
la lutte: the fight
qui précipite (précipiter): which plunges
  (to plunge)
en guerre (une guerre): into war
laquelle se joue (jouer): which toyed (to toy)

La Nouvelle-France

C'est au XVIème **siècle** que débute l'aventure française en Amérique du Nord. **Le récit** de l'implantation des premiers **colons** est **ponctué de nombreuses** difficultés d'adaptation **au climat**, à **la faim**, aux **raids amérindiens** et **plus tard**, à l'invasion britannique.

À l'époque, la France, **avide** de **richesses nouvelles**, **confie** l'exploration du continent nord-américain à Jacques Cartier. Celui-ci **débarque** à Gaspé en 1534, où **il revendique** le territoire **au nom du roi** de France **avant de poursuivre** sa route dans **les terres** de la vallée du Saint-Laurent. **Il découvre** les villages amérindiens de Stadaconé et d'Hochelaga, **aujourd'hui** Québec et Montréal, et **fait la connaissance** des tribus amérindiennes de la région.

Québec est la première **implantation** française en Amérique du Nord. **Elle est fondée** en 1608. D'abord une **colonie-comptoir destinée** à l'approvisionnement en ressources, la Nouvelle-France **devient** une colonie **de peuplement** sous les ordres du roi de France **qui désire** y **implanter** des familles de colons.

À **son apogée**, le territoire de la Nouvelle-France **s'étendait** de la vallée du Saint-Laurent jusqu'au golfe du Mexique, en passant par la vallée de l'Ohio et du Mississippi. Les colonies britanniques, **quant à elles**, se concentraient sur **la côte** est, en Nouvelle-Angleterre, à l'est des Appalaches. **À l'époque**, **on y dénombrait** environ 1,5 millions de colons contre **seulement** 60 000 du côté français. La progression **vers l'ouest** des colons anglais est donc **freinée** par la présence française dans la vallée de l'Ohio, zone particulièrement **convoitée** pour ses ressources naturelles et **le commerce des peaux**.

Les premiers **affrontements ont lieu** en 1756, alors que le conflit **semble** inévitable. **La lutte** pour le territoire nord-américain est une des causes **qui précipite** l'entrée **en guerre** de la France et de la Grande-Bretagne dans la guerre de Sept Ans, **laquelle se joue** également sur le continent européen.

Durant **les** premières **années**, les Français résistent bien aux attaques des Britanniques, mais **le vent finit** par **tourner** et **ces derniers s'emparent** des principaux forts de la vallée du Mississippi et de l'Ohio. En s'emparant du fort de Louisbourg (aujourd'hui situé dans la province de Terre-Neuve), **ils disposent** d'une formidable base pour commencer l'invasion des terres de la vallée du Saint-Laurent.

Une des batailles les plus légendaires est celle des Plaines d'Abraham qui opposa les forces britanniques, **sous le commandement** du général Wolfe, aux forces du général Montcalm. En 1759 les forces britanniques, **ayant remonté le fleuve** Saint-Laurent, **encerclent la ville** de Québec. **Ils l'assiègent** et la bombardent **pendant plusieurs mois**. Le 13 septembre, **ils débarquent** à terre en **profitant** d'une **habile** diversion, et **livrent** une courte mais **sanglante bataille** aux Français sur les plaines d'Abraham. La bataille **ne dure que** quinze minutes, mais les deux commandants y trouvent **la mort**. Bien qu'**inférieure** en **nombre**, l'armée britannique mieux disciplinée **inflige** une **cuisante défaite** aux armées françaises, et Québec **tombe** ainsi sous domination anglaise.

Quelques mois **plus tard**, les Français **rappliquent** à la bataille de Ste-Foy, une victoire qui sera de courte durée, car les renforts britanniques arrivent en grand nombre et **remontent** le fleuve jusqu'à Montréal qui capitule en 1760 **sans offrir de résistance**.

Le traité de Paris de 1763 **met fin à** la guerre de Sept Ans et **cède** officiellement les colonies françaises d'Amérique du Nord à la Grande-Bretagne. La France **ne conserve que** quelques **îles** dans les Antilles qu'elle juge plus profitables, à cause du **sucre** qu'**on y produit**.

On dit parfois que **la conquête** de la Nouvelle-France **aura précipité** la Révolution américaine de 1776. Les colonies d'Amérique **ayant enrayé** la menace française **pourront plus aisément se passer** de l'aide de **leur métropole** : la Grande-Bretagne.

Les sans-culottes

Les sans-culottes sont **des personnages** emblématiques de la Révolution française (1789). Révolutionnaire, parisien **le plus souvent**, et **issu des milieux populaires** et du **petit artisanat**, le sans-culotte **se définit** comme celui **qui s'habille** simplement, avec **un pantalon**, et **qui ne porte donc pas** « la culotte » comme **le font** les nobles et les Aristocrates. Ce terme **ne définit pourtant pas** une classe sociale ou économique en tant que telle. Le sans-culotte est donc l'**homme libre** révolutionnaire **qui revendique** sa liberté, **mais également** la nécessaire égalité de **droits entre les citoyens**. Des personnages tels que Robespierre et Danton **firent partie de** ce mouvement.

La tenue vestimentaire du sans culotte **se composait** d'un simple pantalon, d'**une chemise**, du **bonnet phrygien** et d'**une veste courte appelée** carmagnole (**qui donna son nom à une chanson créée** en 1792 et **qui montre** leur **haine** et leur **mépris** de la famille royale).

Le bonnet phrygien, **souvent rouge**, symbolise la liberté (ce bonnet **était porté par les esclaves affranchis** sous l'Empire romain), **la cocarde** et **les trois couleurs** symbolisent l'union et l'unité des sans-culottes ainsi que son attachement à la patrie.

À cette tenue **se rajoutait** généralement **le sabre** et **la pique** révolutionnaire.

Outre l'égalité et la fraternité, les principales revendications des sans-culottes étaient généralement **liées** aux problèmes de **pénuries alimentaires** et à l'augmentation des produits de consommation. Les sans-culottes **ont joué** un rôle primordial lors de la Révolution française en organisant **plusieurs** insurrections très importantes comme celle du 10 août 1792.

Ils mirent en place des comités de surveillance, **ce qui leur apporta un moyen de pression** sur la politique ; **cela engendra des dénonciations** de traîtres et conspirateurs **supposés par milliers**.

Les sans-culottes ont eu une implication très importante lors de « La Terreur », un des éléments du gouvernement révolutionnaire **mis en place** en France en 1793 et 1794 **pour lutter contre** les opposants et les ennemis de la Révolution. La Terreur **fit** plusieurs dizaines de milliers de **morts** et **entraîna des centaines** de milliers d'**arrestations**.

En 1794, avec **la chute** de Robespierre, les sans-culottes **perdirent** leurs **pouvoirs** ainsi que leur rôle politique et culturel.

---

se rajoutait (se rajouter): would add up (to add up)
le sabre: the saber
la pique: the pike

liées (lier): related (to relate)
pénuries alimentaires: food shortages
ont joué (jouer): played (to play)
plusieurs: several

ils mirent en place (mettre en place): they set up (to set up)
des comités (un comité): comittees
ce qui leur apporta (apporter): which gave them (to give)
un moyen de pression: pressure tactics
cela engendra (engendrer): it caused (to cause)
des dénonciations: denunciation acts
supposés: par alleged by
milliers: thousands

mis en place (mettre): was installed (to install)
pour lutter: to fight
contre: against
fit (faire): made (to make)
morts: dead
entraîna (entraîner): caused (to cause)
des centaines: hundreds
arrestations: arrests

la chute: the fall
perdirent (perdre): lost (to lose)
pouvoirs: powers

CULTURE NOTE   The Three Musketeers–fact or fiction?   While Alexander Dumas's novel *The Three Musketeers* was a great balance of fact and fiction, the Musketeers of France were indeed factual and an important part of French history. A *mousquetaire* was an early modern type of infantry soldier equipped with a musket. The Musketeer first came into fame under King Louis XIII of France. He kept a company as his personal guard, and Musketeers were an important part of early modern armies. True to their name, Musketeers were excellent shots. Unfortunately the musket had to be reloaded each time it was fired. This made the musket a limited weapon if ranks were overrun and combat turned hand-to-hand. Due to this, survival for the Musketeer depended on being an excellent swordsman as well. Today, those who don the traditional outfit of the Musketeer invoke an image of the finest qualities in all men: gallant, brave, chivalrous, and debonair.

L'Arc de Triomphe

Qui n'a jamais vu, **ne serait-ce qu'une seule fois**, dans des atlas géographiques ou des manuels d'histoire, l'imposante majesté de l'Arc de Triomphe de Paris, sur **lequel débouche** la magnifique avenue des Champs Élysées, et dont l'allure caractéristique **représente si bien** la France ?

Situé sur le rond-point de **la place** de l'Étoile et s'ouvrant sur une douzaine d'avenues **qui rayonnent** dans toutes les directions, ce **célèbre** monument **se trouve** à **un peu plus de** deux kilomètres au nord-est de la place de la Concorde. Certaines des rues **qui y prennent leur point de départ commémorent** des victoires napoléoniennes telles que Wagram, Iéna ou Friedland, ou rappellent la grandeur de quelques généraux **qui ont œuvré pour** l'Empire.

Napoléon 1er, **qui voulait célébrer** ses victoires avec **faste**, **commanda** l'Arc à l'architecte Chalgrin en 1806. **S'inspirant** de l'Antiquité, **ce dernier a conçu** un monument de cinquante-cinq mètres de **hauteur** et de quarante-cinq mètres de **largeur** présentant de nombreux bas-reliefs impressionnants.

De plus, quatre sculptures **ornant ses piliers** et **intitulées** Le Départ, Le Triomphe, La Résistance et la Paix illustrent de manière évocatrice différentes **étapes** de **la guerre**. Son **nom**, intrinsèquement **lié** à l'idée de victoire, **rappelle** la vocation première de l'avenue des Champs Élysées **qui devait être** une avenue triomphale **allant du** Louvre **à la** place de la Nation, **en passant par** la place de la Bastille.

Les fondations, **à elles seules, exigeront deux années** de **travaux qui seront interrompus** suite aux **défaites** et abandonnés temporairement sous la Restauration. Ce n'est que sous Louis-Philippe que les travaux **seront achevés** entre 1832 et 1836. Monument à **forte** connotation historique, **il n'est pas dénué** d'une **forte** charge émotionnelle pour **ceux qui ont perdu des proches** lors de batailles antérieures, puisque **l'on retrouve à ses pieds** la tombe du **soldat inconnu** de la Première Guerre mondiale.

La Cité médiévale

La cité de Carcassonne, **posée sur un piton rocheux** dans le département de l'Aude, en Languedoc-Roussillon, est, avec ses doubles **remparts**, ses cinquante-deux tours, son château **comtal**, ses **quatre portes** monumentales et la basilique de St-Nazaire **qu'elle accueille**, la plus grande **ville fortifiée** d'Europe. Son histoire mouvementée l'a **conduite à subir** des transformations architecturales continues et **parfois hétéroclites qui s'étendent** sur une période de plus de **deux mille cinq cents ans**. **Occupée** dès le Vème siècle avant J.C, elle a été successivement une ville romaine, une ville fortifiée puis une cité médiévale.

Sa **double enceinte, qui s'étire** sur plus de trois kilomètres, **constitue** l'une des magnifiques et **étonnantes** particularités **qui lui ont permis** d'être **inscrite**, depuis 1996, au patrimoine mondial de l'Unesco. Soumise à de nombreuses attaques, dominations et abandons, la ville a **été modifiée**, **agrandie** et **restaurée** à de multiples **reprises**.

Située dans l'**axe** où **le rejet** de la doctrine de l'**église** catholique **a fait** le plus d'**adeptes**, la ville de Carcassonne a rapidement été **considérée comme le chef-lieu** des Cathares. Le catharisme est un mouvement **chrétien** médiéval **dissident qui comptait**, **à l'époque**, **plus de huit cents** églises en France.

Confronté à la montée du catharisme, **le pape** Innocent III initie la croisade des Albigeois dont **le but** est de **soumettre** les hérétiques. La Cité est **assiégée par** les croisés le 1er août 1209 et les principaux instigateurs de la rébellion, le comte de Toulouse et **le vicomte** de Trencavel **se rendent** rapidement en échange de **la vie sauve** des habitants de la ville.

La Cité, **qui a retrouvé** depuis **fort longtemps** l'ambiance **paisible des lieux** dont la riche histoire **appartient au passé**, **reçoit** plus de quatre millions de visiteurs annuellement et se classe parmi les sites historiques bénéficiant de l'un des plus **hauts taux** d'affluence en France.

---

posée sur (poser): located on top (to locate)
un piton rocheux: a rocky peak
remparts: fortified walls
comtal: of earl
quatre portes (une porte): four doors
qu'elle accueille (accueillir): it shelters (to shelter)
la ville fortifiée: fortified city
l'a conduite à (conduire): has led it to (to lead)
subir: to undergo
parfois: sometimes
hétéroclites: mismatched
qui s'étendent (étendre): which extended (to extend)
deux mille cinq cents ans (un an): two thousand five hundred years
occupée: inhabited

double enceinte: double wall
qui s'étire (s'étirer): which stretches (to stretch)
constitue (constituer): represents (to represent)
étonnantes: amazing
qui lui ont permis (permettre): which have contributed (to contribute)
inscrite: registered
été modifiée (modifier): was transformed (to transform)
agrandie (agrandir): expanded (to expand)
restaurée (restaurer): renovated (to renovate)
reprises: times

un axe: major area
le rejet: refusal
une église: church
a fait... adeptes: recruited ... followers
considérée comme (considérer): considered as (to consider)
le chef-lieu: capital city
chrétien: Christian
dissident: opponent
qui comptait (compter): which was composed (to be composed)
à l'époque: at the time
plus de: more than
huit cents: eight hundred

confronté à: facing
la montée: the rise
le pape: pope
le but: goal
soumettre: to subdue
assiégée par (assiéger): invaded by (to invade)
le vicomte: viscount
se rendent (se rendre): surrender (to surrender)
la vie sauve: the sound life

qui a retrouvé (retrouver): which recovered (to recover)
fort longtemps: for a long time
paisible: peaceful
des lieux: the place
appartient (appartenir): belongs to
au passé: the past
reçoit (recevoir): welcomes (to welcome)
hauts taux: highest rates

Histoire de France

au cœur de: in the heart of
se dresse (se dresser): stands (to stand)
célèbre: well-known, famous
un nom: name
autour duquel: around which
petit à petit: step by step, little by little
construite (construire): built (to build)
on peut (pouvoir): you can
  (can, to be able to)
aujourd'hui: today
dernière: last
une reine: queen
a vécu (vivre): lived (to live)
ultimes: last
pénible procès: difficult trial
son époux: her husband
signa (signer): represented (to represent)
la fin: the end
ouvrit (ouvrir): opened up (to open)
un nouvel avenir: new future
le pays: the country

jeune: young
jolie: pretty
autrichienne: Austrian
fut mariée (marier): was married to
  (to marry)
un roi: king
fut (être): was (to be)
de tout son règne: during all her reign
qui éclata (éclater): which broke out
  (to break)
auprès: with (*here*)
qui ne pouvait souffrir: who could not bear
le faste: the luxury
aimait (aimer): loved (to love)
vivre: to live
des fêtes (une fête): parties
la cour: court
brillait (briller): stood out (to stand out)
ses toilettes (une toilette): her outfits
amour: fancy
jeu: game
ne tolérait pas (tolérer): wouldn't accept
  (to accept)
lui refusât (refuser): to be refused
  (to refuse)
le moindre caprice: the slightest whim

Au cœur de Paris, sur l'île de la Cité où **se dresse** la **célèbre** Cathédrale Notre Dame et qui est aussi le premier Lutèce (ancien **nom** de Paris), **autour duquel** s'est **petit à petit construite** la capitale, **on peut aujourd'hui** visiter la Conciergerie. Lieu où la **dernière reine** de France **a vécu** ses **ultimes** moments, avant d'être guillotinée suite à un long et **pénible procès**. Cette exécution et celle de **son époux signa la fin** de la monarchie et **ouvrit** un **nouvel avenir** politique pour **le pays** : la république démocratique de France.

Marie-Antoinette, **jeune** et **jolie autrichienne fut mariée** à 15 ans **au futur roi** de France Louis XVI. Elle vécut de 1755 à 1793 et **fut de tout son règne** – jusqu'à la Révolution française **qui éclata** en 1789 – très impopulaire **auprès** du peuple **qui ne pouvait souffrir**, en ces temps de misère, **le faste** dans lequel la reine **aimait à vivre**. Elle organisait de grandes **fêtes** pour toute **la cour** du Roi, **brillait** par le luxe de **ses toilettes**, son **amour** de la musique, de la danse et du **jeu** et ne tolérait pas qu'on lui refusât le moindre caprice.

À quelques trente kilomètres de Paris, **elle fit bâtir** dans les jardins du Château de Versailles, **construit** par le célèbre Louis XIV, dit le Roi Soleil, le Petit Trianon où **elle se plaisait** à s'**occuper** d'animaux de **ferme** et cultivait **des fleurs**, **revêtant avec** ses compagnes de **légères robes** de **campagne**. La reine **vivait ainsi, sans qu'il semble** qu'elle **n'accepte jamais** de **prendre** les responsabilités politiques **qui étaient les siennes vis-à-vis** du peuple dont elle était la souveraine. **Il est** aussi **rapporté** que lorsqu'**on vint lui dire que** les Français subissaient une grave famine et qu'ils n'avaient plus de **pain** pour **se nourrir** elle répondit frivolement : « **S'ils n'ont plus de** pain, qu'**ils mangent** de la brioche ».

Ainsi, alors que Paris **commençait** à **brûler**, elle continua à refuser tout compromis avec l'Assemblée et **poussa le placide** et faible roi Louis XVI, son époux, à leur résister également et finalement **à fuir** avec la famille royale, **ce qui provoqua** l'intervention militaire **étrangère**. Tout cela contribua à **attiser la colère** du peuple français, colère **qui aboutira** à la Révolution française, à son **propre** emprisonnement et finalement, à son exécution. **On dit que** tout au cours de son procès, la Reine **resta** courageuse et **digne, malgré** son jeune âge, et **qu'il ne lui fut cependant pas pardonné** d'**avoir fait appel** aux Autrichiens **pour venir** à son **secours**. Elle fut guillotinée le 16 octobre 1793.

elle fit bâtir: she had … built	
construit (construire): built (to build)	
elle se plaisait (plaire): she enjoyed (to enjoy)	
occuper: to take care	
une ferme: farm	
des fleurs (une fleur): flowers	
revêtant avec (revêtir): covered with, dressed with (to cover)	
légères robes: light dresses	
la campagne: countryside	
vivait ainsi (vivre): lived thus	
sans qu'il semble (sembler): without seeming (to seem)	
elle n'accepte (accepter) jamais: she never accepted (to accept)	
prendre: to take	
qui étaient (être): which were (to be)	
les siennes: hers	
vis-à-vis: toward	
il est rapporté (rapporter): it is said (to say)	
on vint lui dire que (venir): people came to tell her that (to come)	
un pain: bread	
se nourrir: to feed	
s'ils n'ont plus de (avoir): if they don't have … anymore	
ils mangent (manger): they eat (to eat)	
commençait (commencer): started (to start)	
brûler: to burn	
poussa (pousser): pressured (to pressure)	
le placide: the quiet	
à fuir: to escape	
ce qui provoqua (provoquer): which triggered (to trigger)	
étrangère: foreign	
attiser: to light up	
la colère: anger	
qui aboutira (aboutir): which will come to (to come to)	
propre: own	
on dit que (dire): it is said that (to say)	
resta (rester): remained (to remain)	
digne: dignified	
malgré: in spite of	
qu'il ne lui fut pas pardonné: she was not forgiven for…	
cependant: however	
avoir fait appel: to have called	
pour venir: to come	
secours: help, aid	

Jeanne d'Arc

Jeanne d'Arc, **surnommée également** « **la Pucelle** d'Orléans », **a conduit** son **pays** à la victoire **contre** les Anglais lors de **la Guerre de Cent Ans**. Elle est l'une des trois saintes patronnes de la France.

Née au sein d'une famille de cinq **enfants**, dans le village de Domrémy en Lorraine, de parents notables **qui seront par la suite ennoblis**, Jeanne est **une jeune fille pieuse** au **caractère bien trempé**. Son franc-parler, son courage, sa sensibilité et sa pureté **laisseront une empreinte** indélébile sur tous ceux **qui la côtoieront**.

La Guerre de Cent Ans **couvre** en réalité une période de 116 **ans s'étendant entre** les années 1337 à 1453 et **mettant en scène** deux dynasties en conflit, les Plantagenêts et les Capétiens, **qui revendiquent** la possession du territoire français **au nom de** leur **roi** respectif, d'Angleterre ou de France.

C'est au cours du siège d'Orléans que l'action **intrépide** de Jeanne **permettra d'éviter** que les Anglais **ne s'emparent** de la ville et **aient** ainsi un **libre** accès au **sud** de la France. Jeanne **affirme avoir entendu**, à treize ans **à peine**, la voix de l'archange St-Michel et de deux saintes **lui demandant** de **libérer le royaume** de France de **la main** des Anglais, afin que **le dauphin**, **fils** du roi Charles 1er, dont la légitimité **est mise en doute**, **puisse monter sur le trône**. Mais ce n'est qu'à seize ans qu'**elle accède** finalement **à leur demande**.

Elle tente par deux fois de s'**enrôler** dans les troupes qui combattent pour le dauphin, mais sans succès. **Ce n'est que l'année suivante** qu'une escorte **lui est accordée afin qu'elle puisse se rendre** à Chinon **où se trouve** l'**héritier** du trône.

---

surnommée: nicknamed
également: also
la Pucelle: virgin
(elle) a conduit (conduire): (she) led (to lead)
son pays (le pays): her country
contre: against
la Guerre de Cent Ans: The Hundred Years' War

née (naître): born (to be born)
au sein de: within
des enfants (un enfant): children
qui seront par la suite ennoblis (ennoblir): who afterward will be ennobled (to ennoble)
une jeune fille: a young girl
pieuse (pieux): pious, religious
un caractère bien trempé: strong personality
laisseront une empreinte: will leave a mark
qui la côtoieront (côtoyer): who will meet her (to meet, rub shoulders)

couvre (couvrir): covers (to cover)
ans (un an): years
s'étendant (s'étendre): lasting (to last)
entre: between
mettant en scène: showing, revealing
qui revendiquent (revendiquer): who proclaim (to proclaim)
au nom de: in the name of
leur roi (un roi): their king

intrépide: intrepid, bold
permettra d'éviter: will let avoid
ne s'emparent (s'emparer de): taking possession of (to take possession)
ils aient (avoir): they have (to have)
libre: free
le sud: south
affirme (affirmer): affirms (to affirm)
avoir entendu: having heard
à peine: hardly
lui demandant: asking her
libérer: to free
le royaume: the kingdom
la main: the hand
le dauphin: heir
le fils: son
(elle) est mise en doute (mettre en doute): (it) is challenged (to challenge)
(il) puisse (pouvoir): (he) could (can, to be able to)
monter sur le trône: ascend to the throne
elle accède à leur demande: she accedes to their demands

elle tente (tenter): she tries (to try)
enrôler: to enlist
ce n'est que l'année suivante: it is only the following year
lui est accordée (accorder): it is granted to her (to grant)
afin qu'elle puisse se rendre: so that she can go
où se trouve (se trouver): where ... is located (to be located)
un héritier: heir

À **partir de** ce moment, la jeune fille **ne portera** que **des vêtements** masculins **qui lui permettront** de **traverser** incognito les villes bourguignonnes **qui la séparent** du **but ultime** de son voyage. **Ayant enfin pu s'entretenir** avec le dauphin, elle l'informe de quatre **événements** futurs **qui conduiront** la France à la victoire, et pour lesquels elle a été mandatée par **la puissance** divine.

Après avoir été interrogée et **examinée à deux reprises** par **des matrones** pour **constater** sa virginité et confirmer l'origine surnaturelle de ses affirmations, **elle est équipée** d'une armure et d'**une bannière blanche**, et part pour Orléans accompagnée de **ses frères** et de troupes de soldats qu'on lui a accordés.

C'est **sa foi** et son enthousiasme qui lui permettront d'encourager les soldats **à poursuivre** les combats jusqu'à forcer les Anglais à **quitter** la ville d'Orléans assiégée, dans **la nuit** du 7 au 8 mai 1429. **Malgré** ses victoires **qui conduisent** le dauphin à être sacré roi de France le 17 juillet 1429 dans la cathédrale de Reims, **elle finit** par être capturée et **rachetée par** les Anglais **au prix de dix mille livres**.

Elle est accusée d'hérésie par l'Église lors d'un procès **entaché** d'irrégularités et de **mensonges**, **pour avoir porté des vêtements d'homme** et s'en **être remise à la voix de Dieu** plutôt qu'à l'autorité ecclésiastique.

Elle sera brûlée vive, le 30 mai 1431 sur **un bûcher**, mais, **comble de l'ironie**, sera canonisée cinq cents ans **plus tard** par ses persécuteurs.

à partir de: from
ne portera que (porter): will only wear (to wear)
des vêtements: clothing
qui lui permettront (permettre): that will allow her (to allow)
traverser: to cross
qui la séparent de (séparer): that separate her from (to separate)
le but ultime: final goal
ayant enfin pu s'entretenir: having finally been able to discuss
des événements (un événement): events
qui conduiront (conduire): that will lead (to lead)
la puissance: power, strength

après avoir été interrogée et examinée: after being questioned and examined
à deux reprises: twice, two times
des matrones (une matrone): matrons
constater: to observe
elle est équipée (équiper): she was equipped (to fit out)
une bannière blanche: white banner
ses frères (un frère): her brothers

sa foi: her faith
poursuivre: to keep going
quitter: to leave
la nuit: the night
malgré: despite
qui conduisent (conduire): that lead to (to lead)
elle finit par (finir par): she ended up (to end up)
rachetée par: bought by
au prix de: at the price of
dix mille livres: ten thousand pounds

elle est accusée (accuser): she is accused (to accuse)
entaché de: tainted by
mensonges (un mensonge): lies
pour avoir porté (porter): for having worn (to wear)
des vêtements d'homme: men's clothes
s'en être remise à la voix de Dieu: having left (her fate) in God's hands

elle sera brûlée (brûler): she was burned (to burn)
vive: alive
un bûcher: stake
le comble de l'ironie: the height of irony
plus tard: later

La Révolution française

La Révolution française **correspond** en France au passage de la royauté (ou monarchie absolue) à la première République : le peuple français **s'est révolté** en 1789 pour protester **contre** les privilèges de la noblesse et du clergé **afin de**

proclamer pour la première fois l'égalité de tous **les hommes face aux lois** et la souveraineté de la Nation. Cet événement a eu et continue d'**avoir une portée** internationale **puisqu'il a donné naissance** aux Droits de l'Homme et du Citoyen **qui restent jusqu'à aujourd'hui** la base de toutes les républiques démocratiques constitutionnelles.

À la fin du XVIIIème **siècle**, la France **sur laquelle règne le faible roi** Louis XVI et **sa fastueuse épouse** Marie-Antoinette, est **couverte de dettes** et le peuple **périt dans** la misère et la famine. **Les goûts** extravagants de **la reine** vont **favoriser la montée** de **la haine** et de **la rancœur** du peuple **envers ses souverains** jusqu'à **devenir** une **vraie** révolution. Le 14 juillet 1789 – date **devenue** depuis lors **le jour** de **la fête** nationale française – le peuple **va prendre** d'assaut la prison parisienne royale de la Bastille, symbole de l'arbitraire de la monarchie. Cette date signe la capitulation de l'armée royale et **donne** victoire pour la première fois au peuple. La Révolution française **durera** jusqu'en 1799, **décennie au cours de** laquelle **seront jugées** et exécutées les figures principales de l'ancien régime.

À **la mort** du Roi, c'est Robespierre, un avocat originaire d'Arras, **qui prit le pouvoir. Sa place au sein du** Comité de Salut Public est toujours controversée. **Il fut guillotiné** en 1794 et on continue de questionner son rôle dans la Grande Terreur **qui coûta la vie** à des milliers d'hommes. Son procès **donna néanmoins** lieu à la Nouvelle Constitution **qui proclamait enfin le droit** inaliénable du peuple à **disposer** de **lui-même**. De nombreuses réformes **virent le jour** tout au long **des années qui suivirent**, jusqu'à l'obtention d'une Constitution viable et suffisamment solide **qui protège** les droits **des citoyens** et donne toute la souveraineté à la Nation. De la révolution du peuple français **est né** l'Etat de France **tel que nous le connaissons** aujourd'hui.

Du côté des idées, **on retient** souvent que la Révolution française correspond à l'accomplissement des idées véhiculées par le mouvement intellectuel, scientifique et artistique **appelé** « Les Lumières » caractérisé par la place centrale qu'il donne à la Raison et la Liberté. Les figures du mouvement **s'engagèrent contre** la relativité, l'irrationalisme et la superstition de **la croyance** et de **la foi qui maintenaient**, comme **un organe** politique, le peuple dans **la peur** et dans l'obéissance : en d'**autres termes**, **qui le privaient** de sa liberté.

Les Lumières **font ainsi** la promotion du progrès scientifique et de la liberté individuelle et c'est le modèle de l'encyclopédie universelle (**qui s'emploie à faire** une classification rigoureuse de la totalité des connaissances humaines) **qui va prendre** le premier plan dans le projet scientifique de l'homme **qui y reconnaît** ainsi sa vocation première. Les Lumières et la Révolution française ont ainsi contribué à **définir** et **peut-être** aussi à **créer** l'Homme Moderne de nos sociétés actuelles.

De **nombreuses** cérémonies de commémoration des **cent ans** de **la Première Guerre mondiale se dérouleront** en France **au cours de l'été** 2014. **Les férus** d'histoire militaire **voudront** sans doute **visiter les vestiges préservés** et **les champs de bataille** où ces **tragiques** événements **se sont déroulés**.

La région **nord-est** de la France, le Nord-Pas-de-Calais, la Normandie ainsi que certains autres **endroits** en France ayant été le théâtre de ces dramatiques événements organisent ces **manifestations dans le but** de **maintenir** intact **le souvenir** de la Première Guerre mondiale de 1914-1918. Comme ce **chapitre** de l'histoire du **monde commence à glisser** irrémédiablement dans **l'oubli**, les générations actuelles, souvent ignorantes de **l'amplitude** de **la détresse qu'à connu** cette **époque**, **ne savent de** ces événements que ce que leurs **racontent les ouvrages** historiques **étudiés à l'école**.

Par contre, les habitants du Nord et de **la côte est** française sont **les témoins quotidiens** du **passé militaire** de la France, puisque de nombreux **vestiges** tels que **des tranchées**, bases d'opération, **fosses**, batteries, **abris fortifiés** et cimetières sont **demeurés** intacts et **rappellent** aux résidents locaux les conséquences de **l'appétit insatiable** de **pouvoir** des nations. Par exemple, le village de Fromelles, où, en 1914, **des soldats** australiens **ont lancé** une offensive **pour détourner** l'attention de **l'ennemi loin du** conflit à grande **échelle** se déroulant dans **le bassin de la Somme**. L'initiative s'est **soldée par un échec** et plus de 5000 soldats australiens **ont perdu la vie**, ainsi que 1500 soldats britanniques. **Un musée** et un monument **émouvant dédiés** aux Australiens ayant sacrifié leur vie est **érigé** au cimetière local et **attire** de nombreux visiteurs en particulier d'Australie.

---

nombreuses: many
cent ans: hundred years, the centenary
la Première Guerre mondiale: the First World War
se dérouleront (se dérouler): will take place (to take place)
au cours de l'été: during the summer
les férus: people keen on
voudront (vouloir): will want (to want)
visiter (visiter): to visit
les vestiges préservés (préserver): preserved remnants (to preserve)
les champs de bataille: battlefields
tragiques: tragic
se sont déroulés (être, dérouler): have taken place (to have, to take place)

nord-est: northeast
endroits (un endroit): places
manifestations (une manifestation): events
dans le but: in order to
maintenir (maintenir): maintain (to maintain)
le souvenir: the memory
chapitre: chapter
monde: world
commence (commencer): is starting (to start)
à glisser (glisser): to slip (to slip)
l'oubli: oblivion
l'amplitude: the exent
la détresse: the distress
qu'a connu (connaître): that was experienced (to experience)
époque: era
ne savent de (savoir): do not know (to know)
racontent (raconter): tell (to tell)
les ouvrages (un ouvrage): books
étudiés (étudier): studied (to study)
l'école: school

par contre: however
la côte est: the east coast
les témoins quotidiens: daily witnesses
passé militaire: military past
vestiges (un vestige): remnants
des tranchées (une tranchée): trenches
fosses (une fosse): pits
abris fortifiés (un abri): fortified shelters
demeurés (demeurer): stayed (to stay)
rappellent (rappeler): remind (to remind)
l'appétit insatiable: the insatiable appetite
pouvoir: power
des soldats (un soldat): soldiers
ont lancé (lancer): have lauched (to lauch)
pour détourner: to draw away
l'ennemi: the enemy
loin du: far from
à grande échelle: large scale
le bassin de la Somme: the Somme basin
soldée par un échec: ended up in failure
ont perdu la vie: have lost their life
un musée: a museum
émouvant (émouvoir): touching (to touch)
dédiés (dédier): dedicated (to dedicate)
érigé (ériger): erected (to erect)
attire (attirer): attracts (to attract)

À l'extérieur de **la limite sud** de Calais, **se trouve** la ville d'Albert. Cette ville **qui a beaucoup souffert** de destructions lors de la guerre de 14-18 **abrite** un musée **souterrain disposant** de nombreuses reliques de guerre fascinantes: **armes abandonnées**, uniformes et équipement militaire **rappelant** cette terrible période. Le **dernier** soldat **survivant** de la Grande Guerre de 14-18 était britannique. Son **nom** est Harry Patch et il **est mort** le 25 Juillet 2009. Il était âgé de 111 ans et, ironiquement, il a brièvement été l'**homme le plus âgé** d'Europe.

Vestiges de la Seconde Guerre mondiale

On retrouve, **entre autres**, en Normandie, les Batteries Landemer, Ozouville, York et les bases Brécourt et La Boissais. Plus au **sud**, **on peut apercevoir** les Batteries Karola, Rest Adler Cosel, Cap Breton et **les abris fortifiés** La Palice et Bordeaux, dont **les froides** surfaces de **béton gris bordent les plages** et les anciens sites militaires stratégiques. Impliquant principalement des soldats de la France, de la **Grande-Bretagne**, de l'**Allemagne**, du Canada, de l'Australie, du Portugal et de l'Inde, la Seconde Guerre mondiale **s'est déroulée** sur le front occidental.

La crête de Vimy, située à l'extrémité nord de cette région française **a vu périr** plus de 11 000 soldats canadiens. Les visiteurs de la région **peuvent** y **observer des tranchées conservées** intactes depuis **la fin** de la guerre. Certaines étant cependant **fermées** au public en raison de la présence **d'obus n'ayant pas explosé**. Dans la petite ville de Saint-Omer, au sud-est de Calais, **vous découvrirez un aérodrome** civil **encore actif**. Il a été le siège de la Royal Flying Corps, **le régiment** de l'air britannique original **qui a combattu si vaillamment** en tant que **force alliée**.

---

la limite sud: the southern border
se trouve (trouver): can be found (to be, to find)
qui a beaucoup souffert (souffrir): that suffered a lot (to suffer)
abrite (abriter): houses (to house)
souterrain: underground
disposant (disposer): having (to have)
armes abandonnées: abandoned weapons
rappelant (rappeler): reminding (to remind)
dernier: last
survivant: survivor, veteran
nom: name
est mort: has died
l'homme le plus âgé: the oldest man

vestiges (un vestige): remnants
on retrouve (retrouver): we can find (to find)
entre autres: between others
sud: south
on peut apercevoir: we can see
les abris fortifiés: fortified shelters
les froides: the cold
béton gris: grey concrete
bordent les plages (border): that border the beaches (to border)
Grande-Bretagne: Great Britain
Allemagne: Germany
s'est déroulée (se dérouler): took place (to take place)

a vu périr (voir): saw the death (to see)
peuvent observer: can observe
des tranchées conservées (conserver): preserved trenches (to preserve)
la fin: the end
fermées (fermer): closed (to close)
d' obus (un obus): of shells
n' ayant pas explosé: that failed to detonate
vous découvrirez (découvrir): you will discover (to discover)
un aérodrome: an airport
encore actif: still active
le régiment: the regiment
qui a combattu (combattre): that fought (to fight)
si vaillamment: so valiantly
force alliée (allier): allied force (to ally)

Évaluez votre compréhension

La fleur de lys, page 170

1. In the bible the white lily is a symbol of what?

2. *La fleur de lys* represents what on the royal arms?

3. Which king designated this as the royal emblem of France?

Historique du drapeau français, page 171

1. What colors are the flag? Which color was added last?

2. What do the bands on the flag symbolize?

3. What did Louis-Philippe add to the flag?

À la découverte de la Martinique, page 172

1. What is Martinique's nickname?

2. What two countries fought over the islands? When did they become French territory?

3. What natural disaster left a major mark on Martinique?

La Nouvelle-France, page 174

1. Where was the first French settlement in North America?

2. *La vallée de l'Ohio* was coveted for what?

3. What was one of the most famous battles?

Test your comprehension

Les sans-culottes, page 176

1. Revolutionaries in Paris most often came from which social class?

2. What is the literal meaning of *sans-culotte*? What are they known for doing/believing?

3. *Le bonnet phrygien* was what color and what did it symbolize?

L'Arc de Triomphe, page 178

1. What do the monument's four engravings entail?

2. What lies at the base of the monument?

Histoire de France, page 180

1. The execution of Marie Antoinette's husband (the King) signaled what two significant events?

2. What country did Marie Antoinette come from?

3. What made her stand out?

Jeanne d'Arc, page 182

1. What is Jeanne d'Arc's nickname? How does she symbolize France?

2. Why did she wear men's clothing?

3. What happened following her capture in 1429?

Géographie

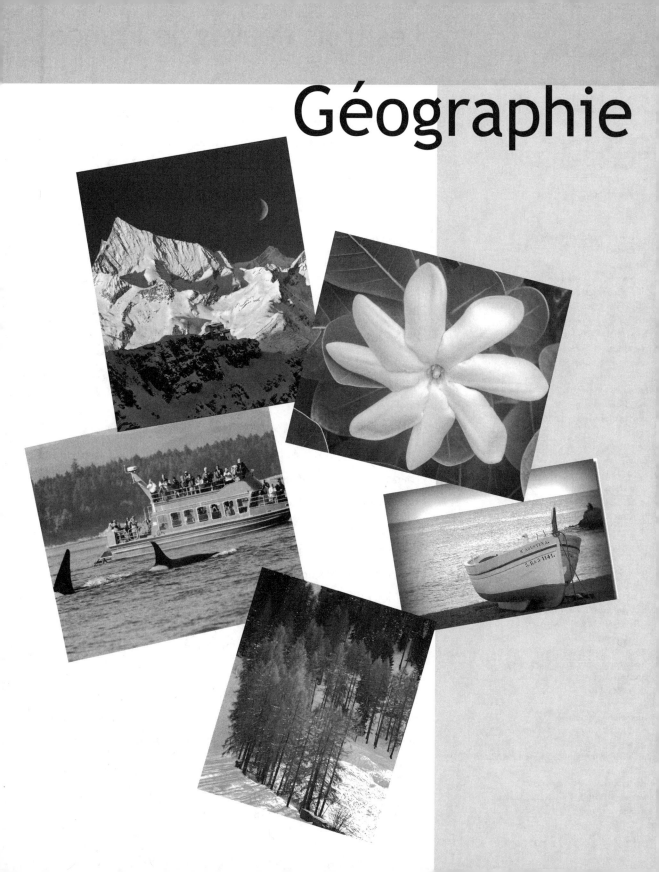

Les trois fleuves de France

un fleuve: a river	
se distingue de (se distinguer): differs from (to differ)	
cette dernière: the latter	
se jette (se jeter): flows (to flow)	
un autre: another	
un cours d'eau: watercourse, river	
tandis que: whereas	
une mer: the sea	
est traversée par (traverser): is crossed by (to cross)	
trois des plus connus: three of the most well known	

Un fleuve se distingue d'une rivière en ce que **cette dernière se jette** dans **un autre cours d'eau tandis que** le fleuve se jette dans **une mer** ou dans un océan. La France **est traversée par** de nombreux fleuves dont **trois des plus connus** sont la Seine, la Loire et le Rhône.

s'étend sur (s'étendre sur): stretches over (to stretch)
jusqu'à: to
en passant par: by going through
elle a été représentée par (représenter): it has been portrayed by (to portray, depict)
très souvent: very often
les peintres (le peintre): painters
par ailleurs: besides
(elles) ont été classées: (they) have been classified (to classify)
en empruntant: by taking
jolis (joli): nice, pretty
peuvent (pouvoir): can (can, to be able to)
ainsi: then
admirer: admire
tour à tour: one by one
passer sous: to go under
la protectrice: protector
et encore bien: and much more
célèbres (célèbre): famous

La Seine **s'étend sur** 777 km du Plateau de Langres en Côte d'Or **jusqu'à** la Manche, **en passant par** la capitale française, Paris, et par l'un des plus grand ports fluviaux et maritimes, Rouen. **Elle a très souvent été représentée par les peintres** (Monet) et dans la littérature (Balzac). Ses rives parisiennes ont **par ailleurs été classées** en 1991 au patrimoine mondial de l'UNESCO. **En empruntant** les **jolis** « bateaux mouches » pour une promenade fluviale dans Paris, les visiteurs **peuvent ainsi admirer tour à tour** la petite statue de la Liberté, le musée de l'ancienne Gare d'Orsay, le palais du Louvre, l'île de la Cité avec sa cathédrale Notre Dame, **passer sous** la statue de Sainte Geneviève **la protectrice** de Paris **et encore bien** d'autres monuments **célèbres** de la « ville lumière ».

raconte que (raconter): says that (to say)
la fille: the daughter
un écrivain: writer
(elle) s'est noyée (se noyer): (she) drowned (to drown)
une embarcation à voile: small sailboat
(elle) avait chaviré (chavirer): (it) capsized (to capsize)
on pense (penser): we think (to think)
également: also
une inconnue: unknown female
belle: beautiful
jeune: young
une femme: woman
retrouvée (retrouver): found (to find)
les eaux: waters
on a fait (faire): (someone) made (to make)
un masque: a mask
très convoité: very sought-after
un siècle: century
un sourire: smile

Une autre histoire **raconte que la fille** du grand **écrivain** Victor Hugo, Léopoldine Hugo, **s'est noyée** dans la Seine le 4 septembre 1843 alors que son **embarcation à voile avait chaviré**. **On pense également** à l'« **inconnue** de la Seine », **belle jeune femme** qui a été **retrouvée** dans **les eaux** et dont **on a fait un masque très convoité** par les artistes parisiens du XXème **siècle** tant son **sourire** était mystérieux et beau.

Ce n'est que depuis la **dernière** glaciation de 12 000 avant J.-C. que la Seine **a obtenu** son aspect d'**aujourd'hui**. **Avant que**, la Seine et la Loire **formaient un seul et même fleuve**. La Loire est

aujourd'hui le plus long fleuve de France. **Elle parcourt** 1 013 km depuis sa source dans le Massif Central en Ardèche et se jette dans l'océan Atlantique. Elle est **cependant mondialement connue pour** les très **nombreux** et **sompteux châteaux qui la bordent. On en compte environ** quarante-deux **dont la plupart ont été remaniés** à la Renaissance française. **Parmi eux, on peut citer** le château d'Amboise **qui a servi de** résidence à de nombreux **rois** de France ou encore le château de Chenonceau que le roi Henri II **offrit** à sa favorite Diane de Poitiers.

Le troisième fleuve **mentionné**, le Rhône, est un fleuve européen **qui prend sa source** à Gletsch en Suisse, qui traverse Genève en alimentant **le** magnifique **lac** Léman **pour finir** sa course en France, en Camargue, et se jeter dans la Méditerranée. Il est **le second débit** de tous les fleuves méditerranéens après le Nil. La particularité de ce fleuve **tient en** la diversité de son **bassin versant. En effet, il est alimenté entre** mai et juillet par **les apports alpins (fonte des neiges** et des glaciers), puis, en **hiver** par des apports océaniques (par la Saône) et finalement en **automne** et en **été** par des apports méditerranées **qui sont régulièrement la cause de très grandes crues.**

---

ce n'est que depuis: it is only since
la dernière (dernier): the last
a obtenu (obtenir): obtained (to obtain)
aujourd'hui: today
avant que: before that
formaient (former): formed (to form)
un seul et même fleuve: a single river
elle parcourt (parcourir): it covers (to cover)
cependant: nevertheless
mondialement: worldwide
connue pour (connu): famous for
nombreux: numerous
sompteux: somptuous
châteaux (un château): castles
qui la bordent (border): that border it (to border)
on en compte (compter): we can count (to count)
environ: around, about
dont la plupart: most of them
ont été remaniée (remanier): were remodeled (to remodel)
parmi eux: among them
on peut citer: we can mention
qui a servi de (servir): that was used as (to be used)
rois (un roi): kings
offrit (offrir): offered (to offer)

mentionné (mentionner): mentioned (to mention)
qui prend sa source: that begins flowing
le lac: lake
pour finir: to finish
le second débit: second hightest flow rate
tient en (tenir en): resides in (to reside in)
un bassin versant: watershed
en effet: indeed
il est alimenté (alimenter): it is fed (to feed)
entre: between
les apports alpins: Alpine contributions
fonte des neiges: snowmelt
un hiver: winter
un automne: fall
un été: summer
qui sont régulièrement la cause de: that are regularly the cause of
très grandes crues (une crue): very big floods

Les plages françaises

En France, **on peut distinguer** trois types de **plages** différents. **En effet**, la France est **entourée** de **deux mers** : **la Manche** au **nord** et la Méditerranée au **sud**, et **bordée par** l'Océan Atlantique. Ainsi, les Français ont le choix **entre** les plages du nord, du sud et de l'ouest.

La Méditerranée est une mer **plutôt** calme **qui n'a pas** de **marée étant donnée** sa position géographique. Dans le sud de la France, **les étés** sont **toujours** plus **chauds** et **les hivers** moins **froids**. **Le soleil** est souvent présent et sa **douce chaleur réjouit** les touristes lorsqu'en été, les plages sont **envahies** par les joyeux Français en **vacances**.

La plage de Nice, par exemple, **offre** en plus de sa beauté les avantages de **la ville** dans laquelle **elle est située**. À quelques pas **derrière** la plage de **galets se trouve** le Vieux Nice **qui séduit** les vacanciers par les odeurs et **les saveurs** délicieuses de son marché, ses nombreuses boutiques de **savons** et d'épices et ses restaurants typiques.

Les plages de Corse, **île** située au sud de la France, sont des plus magnifiques et **le plaisir** d'**enfoncer ses pieds** dans **le sable fin s'allie à celui de contempler un paysage** splendide. **L'eau**, agréablement **tiède**, y est presque transparente. C'est un lieu idéal **pour faire** de **la plongée sous-marine** et observer **la vie aquatique**.

Les plages de l'ouest, **donnant sur** l'Atlantique, **offrent** un panorama quelque peu différent. Les océans sont **toujours plus agités** que les mers, et les marées sont très importantes. L'eau y est également plus **froide**, mais offre des possibilités d'activités différentes. Par exemple, la ville de Biarritz, située dans la région des Pyrénées-Atlantiques, est **connue pour** ses surfeurs et ses **séjours** de **thalassothérapie**. La tradition gastronomique des régions du sud-ouest **ajoute au plaisir** de la plage **celui du goût**.

Toujours sur la côte ouest, mais un peu plus au nord, **se trouve** la Vendée. On y trouve de nombreuses plages aux paysages divers. Sur l'île d'Yeu, située à 17 kilomètres de la côte, on trouve **des côtes sauvages** où **des falaises altières entourent** des criques de **sable blond**. On peut **se promener** facilement sur **les chemins longeant les falaises**, observant la mer en **contrebas**.

Enfin, au nord de la France, on trouve les plages **bordant** la Manche. L'eau y est assez froide, mais **vivifiante**. Moins fréquentées que les plages du sud, l'été, **elles deviennent** une **aire de jeu** pour **les enfants**, et une zone de repos pour les adultes qui, **allongés au soleil**, **dévorent** leurs magazines et leurs **livres favoris**.

En Normandie, par exemple, on trouve des plages bordées de **falaises de craie**, qui, **grâce à la lumière** spécifique à cette région, offrent un panorama **étonnant**, comme **on peut voir** à Étretat.

L'existence de plages si différentes en France **permet à tout le monde** d'y trouver son **bonheur**.

---

donnant sur (donner): opening on (to open)
offrent (offrir): offer (to offer)
toujours: always
plus agités (agiter): more turbulent
froide: cold
connue pour (connaître): known for (to know)
séjours (un séjour): stays
thalassothérapie: mineral springs
ajoute au (ajouter): add to the (to add)
plaisir (des plaisirs): pleasure
celui du goût: of one's taste, liking

se trouve (se trouver): is found (to find)
des côtes sauvages: wild seacoasts
des falaises altières: high bluffs
entourent (entourer): encircle (to encircle)
des criques (une crique): creeks
sable blond: white sand
se promener: walk
les chemins longeant: a road running beside
les falaises (la falaise): the cliffs
contrebas: below

bordant (border): bordering (to border)
vivifiante: invigorating
elles deviennent (devenir): they become (to become)
aire de jeu: playing area
les enfants (un enfant): the children
repos: rest
allongés au (allonger): lying down under the (to lie down)
un soleil: sun
dévorent (dévorer): devour (to devour)
livres (un livre): books
favoris: favorite

falaises de craie: chalk cliffs
grâce à: thanks to
la lumière: the light
étonnant (étonner): surprising (to surprise)
on peut voir (pouvoir): one can see (can, to be able to)

permet (permettre): allows (to allow)
à tout le monde: everyone
bonheur: happiness

Les Alpes

montagnes (une montagne): montains
qui se trouve (trouver): that you can find
  (to find)
limite: borders
huit pays (un pays) eight countries
en effet: in fact
il marque (marquer): it traces (to trace)
la frontière: the border
Suisse: Switzerland
Autriche: Austria
Allemagne: Germany
se trouve (trouver): is found (to find)
au cœur de: in the heart of
on distingue (distinguer): we distinguish
  (to distinguish)
occidentales (occidental): western
qui s'étendent (étendre): that stretch out
  (to stretch out)
on trouve (trouver): we find (to find)
entre: between
la val: the valley
se situent (situer): are situated (to situate)

les deux villes (la ville): the two cities
surnommée par: nicknamed by
le paysage: the landscape
incroyable: incredible
une fleur: the flower
qu'on appelle (appeler): that we call (to call)
étoile: star
conifères (un conifère): conifers
les épicéas (un épicéa): the spruce (trees)
lacs (un lac): lakes
parsèment (parsemer): sprinkle (to sprinkle)
surface miroitante: glassy surface
sans doute: without a doubt
qui offre (offrir): which offers (to offer)

on parle (parler): we talk (to talk)
on pense (penser): we think (to think)
un hiver: winter
pratiquer: practice
pistes (une piste): slopes
mises à la disposition (mettre): put at the
  disposal (to put)
le bonheur: the happiness
les plus petits: the smallest
faire: to make, to do
un printemps: spring
un automne: fall
ont beaucoup (avoir): have a lot (to have)
à offrir (offrir): to offer (to offer)
cueillant: picking
par-ci par-là: here and there
on laisse (laisser): we let (to let)
le vent: the wind
nous emporter vers: take us toward

Les Alpes sont une chaîne de **montagnes qui se trouve** à la **limite** d'une totalité de **huit pays**. **En effet**, **il marque** une partie de **la frontière** de l'Italie, de la France, de la **Suisse**, de Monaco, du Liechtenstein, de l'**Autriche**, de l'**Allemagne** et de la Slovénie. Le point culminant des Alpes **se trouve** au sommet du Mont Blanc, à 4 810, 45 mètres. **Au cœur** des Alpes, **on distingue** trois parties géographiques de ce terrain montagneux : les Alpes **occidentales**, **qui s'étendent** de la Méditerranée au Mont Blanc, les Alpes centrales, que l'**on trouve entre le Val** d'Aoste et le Brenner, ainsi que les Alpes orientales qui **se situent** entre le Brenner et la Slovénie.

Les deux villes les plus importantes situées dans les Alpes sont Innsbruck en Autriche, et Grenoble en France. La ville de Grenoble est **surnommée par** les Français « la capitale des Alpes ». **Le paysage incroyable** des Alpes offre une végétation diverse et luxuriante. On y trouve par exemple la fameuse Edelweiss, cette **fleur qu'on appelle** aussi l'**étoile** des glaciers, et ces grands **conifères** que sont **les épicéas**. De nombreux **lacs parsèment** les Alpes de leur **surface miroitante**. Le plus important est **sans doute** le Lac Léman, puis le Lac du Bourget **qui offre** un panorama inoubliable.

Mais quand **on parle** des Alpes, **on pense** surtout aux sports d'**hiver**. En France, il existe de très nombreuses stations de ski, dont Tignes, le Val d'Isère, ou Megève. On peut y **pratiquer** le ski ou le snowboard sur les différentes **pistes mises à la disposition** des vacanciers, ou encore, pour le bonheur **des plus petits** ou des plus grands, **faire** une descente en luge. Ainsi, été comme hiver, **printemps** comme **automne**, les Alpes **ont beaucoup à offrir** et c'est avec plaisir que, cueillant quelques fleurs **par-ci par-là**, **on laisse le vent nous emporter vers** d'autres horizons.

La Dune du Pyla

Surplombant le Bassin d'Arcachon et **située dans la commune** de Teste-de-Buch, en Gironde, dans le sud-ouest de la France, la plus **haute** dune d'Europe est **constituée** de soixante millions de mètres **cubes** de **sable qui s'étendent** sur cinq cents mètres en largeur et 2.7 kilomètres en longueur.

C'est une structure maritime mobile qui **avance vers** l'intérieur **des terres** situées à l'est, à cause **des vents** qui **altèrent** constamment sa surface et modifient sa position. **Sa hauteur**, également variable, **oscille entre** 100 et 117 mètres au-dessus du **niveau de la mer**. Le Bassin d'Arcachon, **qu'elle domine**, est une large **cuvette enclose s'ouvrant sur un estuaire étroit**. Il est, avec **le littoral** atlantique, **le lieu de prédilection des marins-pêcheurs**, **des ostréiculteurs** et des vacanciers.

Appelée à l'origine Pilat et **faisant écho** à de nombreuses dénominations similaires dans la région, **on a retrouvé** son **nom** sur **des cartes qui datent de** 1708. **Il a été modifié**, en 1910, **par la suite** en Pyla-sur-Mer par un promoteur immobilier, Daniel Meller, **qui souhaitait remplacer le vieux** nom de « Sabloneys » souvent attribué à la région et signifiant en Gascon « sables nouveaux ».

Le vacancier **qui s'aventure** dans cette belle région d'Aquitaine et qui souhaite **escalader** courageusement la dune ou visiter la ville, **sera étonné de constater** que **les panneaux indicateurs se contredisent parfois**, certains utilisant Pilat et d'autres Pyla, respectant ainsi l'esprit de l' **humour facétieux** typiquement français.

Un escalier en bois, **conçu pour** les touristes les moins intrépides, **permet d'atteindre** son sommet en quelques minutes où une vue **à couper le souffle** du Bassin d'Arcachon **les attend**. **Les promeneurs** les plus **sportifs**, qui souhaitent **attaquer** sa face la plus abrupte **devront** y **mettre**, **outre la sueur**, une bonne vingtaine de minutes en plus du **souvenir sablonneux qu'ils rapporteront** dans **leurs chaussures**.

---

surplombant (surplomber): overlooking (to overlook)
située dans (situer): located in (to locate)
la commune: the city
la plus haute: the highest
constituée: composed
cubes: cubic
le sable: sand
qui s'étendent (s'étendre): which stretches (to stretch)

avance vers (avancer): moves forward (to advance)
des terres (une terre): lands
des vents (un vent): winds
altèrent (altérer): change (to change)
sa hauteur: its height
oscille entree: fluctuates between
niveau de la mer: sea level
qu'elle domine (dominer): that it overlooks (to overlook)
une cuvette enclose: interior basin
s'ouvrant sur (ouvrir): opening over (to open)
un estuaire étroit: a narrow estuary
le littoral: sea coast
le lieu de prédilection: hangout
des marins-pêcheurs: fishermen
des ostréiculteurs: oyster-farmers

appelée (appeler): called (to call)
faisant écho: echoing
on a retrouvé (retrouver): people have found (to find)
un nom: name
des cartes (une carte): maps
qui datent de: dating back to
il a été modifié: it was modified
par la suite: later
qui souhaitait remplacer (souhaiter): who wanted to replace (to want to)
le vieux: the old

qui s'aventure (s'aventurer): who ventures (to venture)
escalader: to climb up
sera étonné (être): will be surprised (to be)
constater: to see
les panneaux indicateurs: sign posts
se contredisent parfois: sometimes contradict themselves
humour facétieux: mischievous humor

un escalier en bois: wooden stairs
conçu pour (concevoir): designed for (to design)
permet d'atteindre: allows to reach
à couper le souffle: breathtaking
les attend (attendre): awaits them (to await)
les promeneurs: walkers
sportifs: athletic
attaquer: to undertake
devront (devoir): will have to
mettre: to put
outre la sueur: besides sweat
souvenir sablonneux: sandy souvenir
qu'ils rapporteront (rapporter): that they will bring back (to bring back)
leurs chaussures (une chaussure): their shoes

Sur la route des baleines

Pour bien situer la ville de Tadoussac sur **une carte** du Québec, **on peut prendre le lac** Saint-Jean comme **point de repère**. Cet immense lac **se trouve** à **environ** 200 kilomètres au **nord** de la ville de Québec. C'est là que la rivière Saguenay prend sa source et **se jette un peu plus** à l'est dans **le fleuve** Saint-Laurent.

C'est à l'endroit où la rivière Saguenay **rencontre les eaux** du fleuve que se trouve la ville de Tadoussac, une destination **très prisée** par tous **ceux qui aiment échapper** aux **chaleurs estivales** du **sud** de la province pour **contempler** la beauté **des paysages taillés** par les glaciers et **surtout** sa remarquable **faune aquatique**.

Tadoussac est **d'abord reconnue pour** l'observation **des baleines**, mais ce qu'on ignore souvent c'est qu'**elle constitue également** un des tout premiers établissements de la colonie en Nouvelle-France. L'histoire de sa fondation **précède même celle de** la ville de Québec. C'est en 1600 qu'une première tentative d'établissement **a eu lieu. Une maison de poste en bois fut construite** et 16 **hommes furent laissés** sur place. **Comme ils ignoraient la rigueur des hivers** canadiens, **ils furent durement éprouvés par** le froid, en plus de **devoir affronter la faim** et **les maladies. Seulement cinq d'entre eux réussirent à** survivre, **en quittant leur poste de traite** et **en se réfugiant auprès** des Amérindiens.

Aujourd'hui elle ne compte environ **que** 1000 habitants mais elle est surtout renommée à cause de sa faune aquatique : **les phoques, les marsouins, les rorquals,** et les fameux bélugas du Saint-Laurent **qui viennent s'y alimenter.** C'est **le mélange** entre l'**eau douce** de la rivière Saguenay et l'**eau salée** du fleuve qui favorise l'abondance de krill et de plancton dont **se nourrissent** les baleines. Les bélugas sont d'adorables petites baleines **blanches surnommées** « canaris des **mers** » à cause des **nombreux sons** qu'ils utilisent pour communiquer **entre eux.**

Les bélugas **sont de loin** l'espèce **la plus connue** à habiter les eaux du fleuve. **Ils ont soulevé l'attention du** grand public à **plusieurs reprises au cours de** l'histoire. **Pendant longtemps, ils ont été l'objet d'une chasse** intensive mais dans **les années quarante, on leur déclare carrément la guerre. On les accusait** en effet de **nuire à la pêche** commerciale et on encourageait **tout pêcheur qui verrait** un béluga à l'**abattre sur-le-champ.** Aujourd'hui l'espèce est **protégée** et on s'assure également de maintenir la pollution du fleuve à **des niveaux** acceptables. Pendant plusieurs années, le fleuve était **tellement pollué** qu'on considérait les carcasses de bélugas **retrouvées** sur le rivage comme **des matières** toxiques.

Mais il existe aussi d'autres espèces de baleines à observer dans le Saint-Laurent, d'autres beaucoup plus gigantesques que les bélugas, comme **les rorquals à bosse** ou **les rorquals bleus.** À Tadoussac, plusieurs excursions en mer **offrent** un spectacle **saisissant** lorsqu'un de ces mammifères géants **vient reprendre son souffle** à quelques mètres de notre **embarcation,** avec ses **coups de queue** et ses immenses **nageoires.** Si l'on vient dans la région de Tadoussac, **il ne faut pas non plus oublier** de visiter les rives majestueuses du fjord du Saguenay ou les fameuses **dunes de sable** au nord de la ville qui sont **les plus hautes** au Canada.

aujourd'hui: today
elle ne compte que: there is only
les phoques (un phoque): seals
les marsouins (un marsouin): porpoises
les rorquals (un rorqual): baleen whales
(ils) viennent (venir): (they) come (to come)
alimenter: to eat
un mélange: blend
eau douce: fresh water
eau salée: salt water
(elles) se nourrissent (se nourrir): (they) eat (to eat)
blanches (blanc): white
surnommées (surnommé): nicknamed
les mers (la mer): sea
nombreux sons: numerous sons
entre eux: between them

ils sont (être): they are (to be)
de loin: by far
la plus connue: the most famous
elles ont soulevé l'attention du (soulever): they have aroused the attention of (to arouse)
plusieurs reprises: several times
au cours de: during
pendant longtemps: for a long time
ils ont été l'objet de: they have been the object of
une chasse: hunt
les années quarante: the Forties
on leur déclare la guerre (déclarer): war was declared on them (to declare)
carrément: clearly, straight out
on les accuse (accuser): they were accused (to accuse)
nuire à: to harm
la pêche: fishing
tout pêcheur (un pêcheur): all fisherman
qui verrait (voir): who would see (to see)
abattre: to kill
sur-le-champ: immediately
protégée (protéger): protected (to protect)
des niveaux (un niveau): levels
tellement pollué: so polluted
retrouvées (retrouver): found (to find)
des matières (une matière): materials

les rorquals à bosse: humpback whales
les rorquals bleus: blue whales
elles nous offrent (offrir): they offer us (to offer)
saisissant: striking
il vient (venir): he comes (to come)
reprendre son souffle: to catch his/her breath
une embarcation: boat
coups de queue (un coup): whisks of tail
nageoires (une nageoire): fins
il ne faut pas non plus oublier: you must not forget
dunes de sable: sand dunes
les plus hautes (haut): the highest

Les pays de mer et de montagne

La Gaspésie **demeure depuis toujours** une destination touristique privilégiée dans **le cœur** des Québécois. **Située** au **nord-est** de la province, **elle forme** une péninsule bien visible, **juste au nord** du Nouveau-Brunswick.

C'est **en longeant le fleuve** Saint-Laurent, **bien après** Québec, Rivière-du-Loup, Rimouski, qu'**on peut** y **accéder**. **À mesure que** défile le **paysage**, le fleuve **se change** graduellement en **une mer** ondulante, avec son **air marin** et **ses petites vagues qui naissent** et **se brisent au loin**. La route 132, **enclavée entre les falaises** et **la côte**, **nous ouvre des centaines de** kilomètres de paysages **en ceinturant** toute la péninsule, **le long du littoral**.

Cet itinéraire **nous fait d'abord découvrir** la région de la côte qui est riche en petits villages de **pêcheurs** à l'architecture typique et aux **embarcations** colorées. **La ville** de Matane, **qui joue** un rôle central dans le secteur de **la pêche**, est **renommée** pour sa **célèbre crevette**. **Les mélanges** entre **eau douce** et **eau salée** sont à l'origine d'un riche écosystème où prolifèrent de **nombreuses** espèces d'**oiseaux** et de **poissons**.

En s'aventurant un peu plus loin, **on pénètre dans** la Haute-Gaspésie **qui abrite** de nombreux parcs et réserves fauniques. C'est dans cette portion québécoise de la chaîne des Appalaches **que l'on trouve les plus hauts** sommets du Québec, **dépassant** les 1 000 mètres d'altitude.

Cette région **a gardé** son caractère **sauvage** et **on y vient surtout** pour les sports de **plein-air**, pour **chasser l'ours**, **l'orignal** et autres **petits gibiers;** ou pour ses rivières cristallines **qui regorgent** de **saumons**.

C'est à Gaspé, **aujourd'hui** la principale ville de Gaspésie, que Jacques Cartier a d'abord **planté sa croix** en 1534 **pour revendiquer** le territoire du Canada au **nom** du **roi** de France. Un des points **forts** de notre visite **est situé** à l'extrémité de la péninsule, dans la ville de Percé, **où se trouve le célèbre rocher** Percé, **véritable** ambassadeur de toute la région. Le rocher percé est un bloc massif aux **rebords escarpés** qui mesure environ 88 mètres de haut et 433 mètres de long et **qui se dresse** dans l'eau, à quelques mètres du **rivage** avec une arche naturelle en son centre.

Des excursions en **bateau** sont **disponibles** à Percé et **nous permettent** de **nous rapprocher** du fameux rocher. **On peut même** s'aventurer dans **son trou** lorsque **la marée** est **basse**. **Plus loin, on aperçoit** l'île Bonaventure qui abrite la plus importante colonie de **fous de Bassan au monde**.

En poursuivant notre chemin sur la route 132, on arrive dans la région de la Baie-des-Chaleurs qui doit son nom à son microclimat unique. Dans cette région, à **la frontière** entre la Gaspésie et le Nouveau-Brunswick **on trouve** d'**étonnants** dialectes comme le français-acadien et le chiac, **qui empruntent des mots** à l'ancien français et à l'anglais, et qui ont une prononciation singulière, parfois difficile à **comprendre** pour **les non-initiés**.

Outre ses paysages **qui frappent** l'imaginaire, sa faune, sa flore, ses festivals, sa culture, ses habitants, la péninsule gaspésienne **nous laisse**, à chaque visite, d'**heureux souvenirs** et **une envie** constante d'y **revenir**.

Des fleurs et encore des fleurs

la flore: the flora
variées: varied
un monde: world
grâce à: thanks to
des îles (une île): islands
arc antillais: Antillean arch
en effet: in fact
situées: located
arrosée par: showered by
des pluies saisonnières: seasonal rains
balayées par les vents: windswept
des sols (un sol): grounds
propices: auspicious
à la croissance: to the growth
la floraison: the blossoming
pendant: during
une année: year

pluie (une pluie): rains
sol: soil
d'ailleurs: incidentally
on compte (compter): one counts (to count)
environ: about
paysages (le paysage): landscapes

on retrouve (retrouver): one finds (to find)
une forêt: a forest
il pleut (pleuvoir): it rains (to rain)
qui permet à (permettre): which allows
  (to allow)
verte: green
préservée: preserved
est devenue (devenir): has become (to become)
la fougère: the fern

entre: between
marécageuse: swampy
qui s'appelle (s'appeler): which is called
  (to call)
la mangrove: mangrove, coastal wetland
les eaux (une eau): waters
viennent (venir): come (to come)
se jeter: to run into
très utiles: very useful
un poisson: fish
un crustacé: shellfish
reproduire: to reproduce
le palétuvier: mangrove tree
un arbre: tree
racines (une racine): roots
épaisses: thick
vivre: to live
dépérissent (dépérir): decline (to decline)
on sait (savoir): people know
par conséquent: consequently

les reliefs: relief
plats: flat
bas: low
sèche: dry
amour: love
des jardins (un jardin): gardens
colorées: colorful

La flore antillaise est l'une des plus **variées** au **monde**, essentiellement **grâce à** la situation inter-tropicale **des îles** de l'**arc antillais. En effet, situées** dans une région tropicale **arrosée par des pluies saisonnières** et **balayées par les vents** « alizés », les îles telles que la Guadeloupe et la Martinique sont **des sols propices à la croissance** et à **la floraison** de différents types de végétation et ce, **pendant** une grande partie de l'**année.**

La diversité de la végétation est essentiellement due aux **pluies** et au relief des **sols. D'ailleurs, on compte** environ 3 ou 4 **paysages** naturels dans les îles.

En Guadeloupe, **on retrouve** dans la région de la Basse-Terre, **une forêt** humide ou tropicale où **il pleut** énormément durant toute l'année, ce **qui permet à** une végétation très **verte** et luxuriante de se développer. D'ailleurs, cette forêt encore **préservée est devenue** l'un des Parcs Nationaux français. La plante emblématique de cet environnement est **la fougère.**

Entre les deux îles de Grande-Terre et de Basse-Terre, on trouve toute une zone **marécageuse qui s'appelle la mangrove.** C'est là que **les eaux** de rivière et de pluie **viennent se jeter** à la mer. Les mangroves sont des zones **très utiles** au développement de la faune aquatique puisque de nombreuses espèces de **poisson** et autre **crustacé** viennent s'y **reproduire.** La plante qui symbolise la mangrove est **le palétuvier. Arbre** aux **racines** très longues et très **épaisses** autour desquelles viennent **vivre** et se reproduire les poissons. Lorsque les palétuviers **dépérissent, on sait** que la mangrove est en danger et **par conséquent** la faune aquatique aussi.

En Grande-Terre, on retrouve dans **les reliefs** plus **plats** et plus **bas,** une végétation plus **basse** et plus **sèche.** Pourtant ce que l'on retrouve partout en Guadeloupe, c'est l'**amour des jardins,** dits tropicaux, aux fleurs et aux plantes variées et **colorées.**

Un pays aux contrastes

S'étendant en **une mince bande** de **terre entre littoral**, massifs **montagneux**, régions **lacustres** et plateaux, le Togo est un petit **pays** d'Afrique de l'Ouest **bordé par** le Ghana, le Bénin et le Burkina Faso et **s'étirant** sur près de 550 km du nord au sud.

Sa **côte sablonneuse**, **qui s'ouvre à peine sur** le golfe de Guinée, est plutôt inhospitalière et fréquentée principalement par **les pirogues des pêcheurs qui connaissent** bien cette zone de lagunes. **On y retrouve également le lac** Togo, dont **le nom signifie** « **nous irons au-delà de la colline** ».

Vivant surtout de **pêche**, d'agriculture et de commerce du coton, du café ou du cacao, la population locale **se concentre** principalement dans la région de la capitale Lomé, ou dans **les** petites **villes environnantes**. Cette région **est traversée, le long** du golfe de Gui, par une grande route d'une part et par une région **surélevée** de nature sédimentaire, d'autre part, **qui culmine parfois jusqu'à** 200 mètres.

Le massif montagneux qui traverse le pays dans **le sens** nord-est/sud-ouest, est d'**une hauteur moyenne** de 700 mètres. Avec le mont Agou, **il atteint cependant** 986 mètres. Les principales rivières **qui arrosent** le pays **naissent de** ces **reliefs accidentés**. C'est **le fleuve** Mono **qui marque la frontière** avec le Bénin et qui, avec ses **affluents**, constituent **la ligne de partag**e des bassins de la Volta et de l'Oti.

Située à environ 167 km de Lomé, Atakpamé est la principale ville de la région des Plateaux. Contrairement à son nom, cette région, qui culmine à 500 mètres est caractérisée par **ses maisons à flanc** de colline. Le Togo, qui compte environ 4,5 millions d'habitants **répartis** en une quarantaine d'ethnies, a cependant la réputation d'être un pays dont le climat parfois subéquatorial parfois tropical **se reflète** jusque dans **le cœur chaleureux** et **accueillant** de ses habitants.

---

s'étendant (s'étendre): stretching (to stretch)
une mince bande: a thin strip
une terre: land
entre: between
un littoral: sea coast
montagneux: mountainous
lacustres: lake
un pays: country
bordé par: bordered by
s'étirant (s'étirer): stretching (to stretch)

côte sablonneuse: sandy coast
qui s'ouvre (s'ouvrir): which opens (to open)
à peine sur: barely on
les pirogues (une pirogue): canoes
des pêcheurs: fishermen
qui connaissent (connaître): who know (to know)
on y retrouve également: one also finds there
le lac: lake
le nom: the name
signifie (signifier): means (to mean)
nous irons (aller): we will go (to go)
au-delà de: over
la colline: the hill

vivant (vivre): living (to live)
pêche: fishing
se concentre (concentrer): concentrated (to be concentrated)
les villes environnantes: nearby cities
est traversée (traverser): is crossed (to cross)
le long: along
surélevée: above the level
qui culmine (culminer): which culminates (to culminate)
parfois: sometimes
jusqu'à: up to

le sens: the direction
une hauteur moyenne: an average height
il atteint cependant: however it tops
qui arrosent (arroser): which irrigate (to irrigate)
naissent de: spring from
reliefs accidentés: precipitous reliefs
le fleuve: river
qui marque (marquer): which marks (to mark)
la frontière: the border
affluents (un affluent): tributaries
la ligne de partage: the dividing line

située à (situer): located (to locate)
environ: approximately
ses maisons (une maison): its houses
à flanc: on the side
répartis (répartir): divided (to divide)
se reflète (se refléter): reflects (to reflect)
le cœur: heart
chaleureux: warm
accueillant: welcoming

Le Lac Léman

Le Lac Léman, qui est le plus grand lac d'origine glaciaire d'Europe occidentale, est **le quarantième** lac au **monde** pour le volume et le quarante-troisième pour **la profondeur**, **celle-ci culminant** à près de trois cents mètres sous **le niveau** de **la mer**.

Son **nom**, d'origine celtique **nous a été retransmis** par le latin. Il est si ancien que même Jules César, **qui traversait** la région en 58 avant J.C. en a fait mention.

Adoptant la forme d'**un croissant** ou d'**une virgule**, **il possède** une superficie de cinq cent quatre-vingt-deux kilomètres carrés, et est situé en partie en France du côté sud et en partie en Suisse du côté nord, **la frontière séparant** les **deux pays** de **part en part**.

On peut dire à la blague que cette configuration simplifiait considérablement **les tracasseries douanières** et administratives pour **les plaisanciers qui souhaitaient traverser** en Suisse **pour déguster le meilleur** chocolat d'Europe ou **acheter une montre**, avant son adjonction à l'espace Schengen.

Et avec raison, car la masse d'**eau douce qu'il contient permet de créer** un microclimat, plus particulièrement à Montreux, qui favorise **la croissance** de plantes exotiques comme les palmiers et les agaves, bien qu'il soit situé dans le nord de la France, région habituellement **froide dont le ciel est souvent grisâtre**.

Toutefois, il arrive que l'humidité chaude qui s'élève du lac en **hiver rencontre un mur** d'air froid et **sec** immobilisé dans l'atmosphère, ce qui peut parfois créer l'apparition d'**un brouillard tenace qui s'élève** souvent à plus de 1000 mètres d'altitude.

Trouvant sa source dans **plusieurs** rivières environnantes, mais plus précisément du Rhône, situé en Haute-Savoie, **il reçoit également** le déversement de plusieurs **cours d'eau** du Vaud et du Valais suisse.

Bien que son **niveau** de pollution ait **été préoccupant** dans **les années** 80, une meilleure oxygénation due à la diminution **des algues** a **permis de maintenir** la situation à un niveau acceptable.

Abritant une faune et une flore riche et variée, **il permet** à de nombreux **pêcheurs riverains** d'**en tirer** leur subsistance grâce, **entre autres**, à l'abondance de **truites**, **perches**, **brochets** et écrevisses américaines **qui pullulent** dans ses eaux. Pour les amateurs d'**oiseaux recherchant** des sites d'observation, le Lac Léman, qui **se trouve** sur **un courant** migratoire entre le Jura et les Alpes, reçoit la visite de plus de cent cinquante- mille volatiles **qui viennent** y **prendre** leurs quartiers d'hiver chaque année.

Site touristique **extrêmement prisé** tout au long de l'année, il offre aux visiteurs de nombreuses occasions de **plaisir** et de **détente**, **ne serait-ce que** la traditionnelle **balade en bateau**, puisque vingt mille **embarcations** de tous types y sont **amarrées**.

Ses **abords** riches en végétation, avec une profusion d'**arbres** comme **l'érable**, **le charme**, **le hêtre**, **le peuplier** et **le frêne**, et la couleur changeante de ses eaux calmes **attirent de** nombreux vacanciers **qui veulent profiter** de sa situation exceptionnelle aux confins de deux pays limitrophes riches et **accueillants**.

---

trouvant (trouver): finding (to find)
plusieurs: several, many
il reçoit également (recevoir): it receives also (to receive)
un cours d'eau: water stream

un niveau: level
été préoccupant (préoccuper): has been alarming (to alarm)
les années (une année): the years
des algues (une algue): the seaweed
permis de (permettre): allowed to (to allow)
maintenir: maintain

abritant (abriter): sheltering (to shelter)
il permet (permettre): it allows (to allow)
pêcheurs riverains: lakeside fishermen
en tirer: to draw from it
entre autres: among other things
truites (une truite): trout
perches (une perche): sea bass
brochets (un brochet): pike
qui pullulent (pulluler): that multiply rapidly (to multiply)
oiseaux (un oiseau): birds
recherchant (rechercher): searching for (to search for)
qui se trouve (trouver): is located (to locate)
un courant: flow, path
qui viennent (venir): that come from (to come)
prendre (prendre): take (to take)

extrêmement prisé: extremely prized
plaisir: pleasure
détente: relaxation
ne serait-ce que (être): this would not be (to be)
balade en bateau: boat ride
embarcations (une embarcation): boats
amarrées (amarrer): moored (to moor)

abords: surroundings
arbres (un arbre): trees
l'érable: maple tree
le charme: charm tree
le hêtre: beech
le peuplier: poplar
le frêne: ash tree
attirent de (attirer): attract many (to attract)
qui veulent profiter (profiter): who want to take advantage of (to take advantage of)
situation: location
accueillants (accueillir): welcoming (to welcome)

Les perroquets de Paris

Si jamais vous avez repéré des oiseaux de **la taille** d'**une tourterelle** de couleur **vert pomme** et **arborant** des accents **rouges** vibrants lors de l'une de vos **promenades** autour de Paris, **vous n'êtes ni daltonien, ni somnambule. Vous avez aperçu** l'une des nombreuses **perruches à collier** (Psittacula Krameri) **qui ont élu domicile** à Paris ou dans l'une **des communes limitrophes.**

Cette espèce tropicale de perroquets est originaire de l'Inde et de l'Afrique sub-saharienne. **Les mâles** et **femelles peuvent imiter la voix humaine,** une capacité **qui a fait** d'eux des animaux de compagnie populaires **depuis** l'Antiquité, au point où ces magnifiques **volatiles coûtaient** alors **plus cher** qu'**un esclave.** Ces perruches **ont été introduites** en l'Île-de-France par accident, lorsque quelques spécimens **se sont échappés des avions qui avaient atterri** aux aéroports d'Orly en 1974, et de Roissy en 1990. Étonnamment, les oiseaux **ont réussi** à **effectuer** une transition **en douceur vers le climat tempéré** de la région, où les températures sont douces une bonne partie de **l'année.** En l'absence d'espèces concurrentes et de prédateurs sur ce territoire **dorénavant conquis, ils se sont propagés** rapidement dans **la plupart** des secteurs de la zone urbaine, des parcs et des nombreux **jardins** et **bois privés.**

Entre 2011 et 2013, leur population s'est accrue de 1 600 individus à plus de 3 000. À ce rythme, et compte tenu de l'espérance de vie d'au moins 30 ans chez ce type d'oiseau, les biologistes estiment que leur nombre va décupler au cours de la prochaine décennie. Cette croissance exponentielle révèle une capacité d'adaptation impressionnante et soulève des inquiétudes chez les scientifiques qui ont cherché à déterminer si ces espèces non indigènes ont eu une incidence néfaste sur les écosystèmes locaux.

Les perroquets nichent habituellement dans les cavités naturelles des arbres et les nichoirs creusés par d'autres espèces (les écureuils, par exemple), ainsi que dans des crevasses rocheuses, ce qui peut occasionner une concurrence avec les cavernicoles indigènes (les sittelles, pics et étourneaux), en particulier dans les zones urbaines où les cavités naturelles sont plus rares. En outre, ce volatile tropical, dont le régime alimentaire est composé de fruits et de graines, peut s'avérer nocif pour la végétation et les cultures locales.

Ces oiseaux sont aussi extrêmement bruyants, un attribut amplifié par leur instinct très grégaire. Ils peuvent former des groupes de quelques centaines d'individus s'assemblant dans des dortoirs communs, au grand dam des habitants qui veulent dormir et de leurs voitures, garées sous les arbres... Entre octobre 2012 et mars 2013, le Musée national d'Histoire naturelle a organisé la capture de certains spécimens provenant de la région Île-de-France. À l'heure actuelle, on a déterminé que les perruches citadines françaises avaient un impact limité sur l'environnement, mais elles resteront cependant étroitement surveillées.

Outre ces inquiétudes mineures, ce bel oiseau aux couleurs vives confère une touche exotique à la capitale française. Ne manquez pas de rechercher ses vibrants éclats colorés lors de vos balades dans les parcs de Paris.

---

entre: between
s'est accrue de (accroître): (it) increased (to increase)
compte tenu de: considering that
l'espérance de vie: life expectancy
au moins: at least
oiseau: bird
estiment (estimer): (they) estimate (to estimate)
leur nombre va décupler: their number is going to increase
la prochaine décennie: next ten years
la croissance: growth
révèle (révéler): (it) reveals (to reveal)
soulève (soulever): (it) raises (to raise)
des inquiétudes (une inquiétude): worries
qui ont cherché (chercher): who searched (to search)
néfaste: harmful

nichent habituellement (nicher): they usually nest (to nest)
des arbres (un arbre): trees
les nichoirs creusés: nest boxes dug
des crevasses rocheuses: rocky cracks
qui peut occasionner: which can cause
le régime alimentaire: diet
composé de: made up of
s'avérer nocif: to prove to be harmful

bruyants (bruyant): noisy
très grégaire: very gregarious
ils peuvent former (pouvoir): they can form (can)
centaines (une centaine): hundreds
des dortoirs communs: common dormitories
au grand dam: to the great displeasure of
qui veulent dormir (vouloir): who want to sleep (to want)
voitures (une voiture): cars
garées: parked
le musée: museum
provenant de: coming from
les perruches citadines françaises: French urban parakeets
elles resteront (rester): they will stay (to stay)
cependant: nevertheless
étroitement surveillées: closely watched

inquiétudes mineures (une inquiétude): minor concerns
bel: beautiful
vives (vif): bright
(il) confère (conférer): (it) gives (to give)
ne manquez pas (manquer): don't miss (to miss)
rechercher: to look for
éclats colorés (un éclat): colored sparkles
balades (une balade): walks

Montréal verte ; la ville des parcs

Le bleu et le vert, voilà les couleurs **qui caractérisent la ville** de Montréal. Le bleu, car Montréal est **une île sise au cœur du fleuve** Saint-Laurent, et le vert pour la multitude de ses parcs, dont dix-sept grands parcs, **disséminés sur** son territoire et occupant une superficie de près de 2000 hectares.

L'année durant, les Montréalais **se font une joie** d'y **pratiquer** diverses activités culturelles, récréatives, éducatives ou sportives. Ce sont **des lieux** de promenade et de **rassemblement** idylliques, **qu'il s'agisse** d'y **flâner** avec un **bon livre**, **seul** ou en famille ou d'y assister à un **festival d'envergure**.

Certains d'entre eux, **faisant partie** du Réseau des Grands Parcs de Montréal, sont appelés parcs-nature, principalement parce qu'ils ont pour vocation la conservation et **la mise en valeur** du patrimoine naturel et architectural. **Chacun** de ces parcs possède un charme unique, **en voici quelques-uns parmi nos préférés**.

Le Parc Angrignon **propose** aux visiteurs **la découverte d'un lieu propice** au calme et offrant une variété de charmes distinctifs. Sa **forêt**, contenant plus de 20,000 **arbres**, ses **sentiers** sinueux et son **étang entouré de quenouilles donnent** l'impression au visiteur de déambuler dans **un jardin anglais du XIXe siècle. Il compte** 110 parcelles de jardins communautaires cultivées chaque **été** par des résidents locaux. La Ferme Angrignon **qui abrite** quelque vingt-cinq espèces animales différentes, organise également un certain nombre d'activités éducatives **durant** la période **estivale**. Le parc **accueille** également le Fort Angrignon, un labyrinthe **qui offre plein de défis emballants** et excitants.

Le Parc des Rapides est un site naturel et historique exceptionnel **situé au pied des rapides** de Lachine, qui **constituent** une imposante barrière naturelle au milieu de l'une des principales **voies** navigables au Québec, le Fleuve Saint-Laurent. **Aujourd'hui,** le Parc des Rapides offre une vue imprenable sur cette particularité géographique. Le parc **en lui-même** est constitué d'un **espace vert vallonné** accueillant une zone écologique extrêmement diversifiée.

Le Parc-nature du Bois-de-Liesse, avec sa forêt de **feuillus** majestueux, est un parc de conservation unique **au sein d'un paysage urbain**. Son écosystème complexe accueille un bon nombre de plantes et **on peut** y **observer** divers **animaux, y compris le castor** d'Amérique et **la tortue** géographique d'**eau douce**. En **hiver**, les visiteurs **peuvent s'arrêter** dans un des centres d'accueil du parc et **se réchauffer** auprès d'**un bon feu**.

Le Parc Lafontaine – **Depuis** plus de 100 ans, ce parc urbain **fait partie** intégrante de **la vie** culturelle complexe de Montréal et constitue un élément important du patrimoine du **quartier branché** « le Plateau ». **Entouré de bâtiments victoriens**, le parc abrite des arbres immenses, **des coins** pittoresques, **des œuvres d'art** public et deux étangs **reliés par une cascade**. Dès **les premiers jours** du **printemps**, le théâtre **en plein air** du parc, le Théâtre de Verdure, propose **des spectacles gratuits** et très variés incluant des prestations musicales, cinématographiques ou des spectacles de danse. En hiver, le parc est utilisé pour diverses activités de plein air dont **le patinage** sur l'un de ses étangs. C'est également **un point de rassemblement** pour les cyclistes. Ses deux **pistes cyclables** constituent **le point de départ** pour **le réseau** de pistes cyclables du Québec, la Route verte.

situé: located
au pied: at the bottom
des rapides: rapids
qui constituent (constituer): that are (to be)
des voies (une voie): ways
aujourd'hui: today
en lui-même: in itself
un espace vert: green area
vallonné: hilly

feuillus: leafed
au sein d': within
un paysage urbain: urban landscape
on peut (pouvoir): we can (can, to be able to)
observer: watch
animaux (un animal): animals
y compris: included
le castor: beaver
la tortue: turtle
eau douce: fresh water
hiver: winter
(ils) peuvent s'arrêter: (they) can stop
se réchauffer: to warm up
un bon feu: bon fire

depuis: since
(il) fait partie (faire partie): (it) is part of (to be part of)
la vie: life
un quartier: neighborhood
branché: trendy
entouré de: surrounded by
bâtiments (un bâtiment): building
victoriens (victorien): from the Victorian era
des coins (un coin): corners
des œuvres d'art: master pieces, works of art
reliés par: linked by
une cascade: waterfall
les premiers jours (le jour): first days
le printemps: spring
en plein air: outdoor
des spectacles (un spectacle): shows
gratuits (gratuit): free
le patinage: ice skating
un point de rassemblement: gathering point
pistes cyclables: biking trails
le point de départ: starting point
le réseau: network

Évaluez votre compréhension

Les trois fleuves de France, page 192

1. What are the three great rivers of France?

2. What lake does the Rhone river empty into?

3. What will you find on the banks of the Loire river?

Les Alpes, page 196

1. How many countries do the Alps run through?

2. Which city is called the "Capital of the Alps"?

3. What famous flower is found in the Alps? (List both names.)

Les plages françaises, page 194

1. France is surrounded by what seas and bordered by what ocean?

2. What is *Les plages de Corse* an ideal place for?

3. Describe Normandy's coastline.

Sur la route des baleines, page 198

1. What two rivers will you find in Tadoussac?

2. What are two notable things that Tadoussac is known for?

3. Why are beluga whales called "canaries of the sea"?

Test your comprehension

Les pays de mer et de montagne, page 200

1. What is the view you will find along Route 132?

2. What environmental feature promotes a great variety of fish and birds?

3. What is *Le rocher percé*?

Des fleurs et encore des fleurs, page 202

1. What helps the abundant growth of flowers and vegetation in Martinique?

2. What plant is symbolic of the tropical forest?

3. What plant symbolizes the coastal wetlands or swamps?

Un pays aux contrastes, page 203

1. The sandy coast of Togo opens onto what body of water?

2. What is the main agriculture and commerce of Togo?

3. What geographical feature marks the border with Bénin?

Le Lac Léman, page 204

1. What is the shape of the lake?

2. Pollution has caused what to grow too much?

3. What trees will you find around the lake?

Gastronomie

Le pain français

Vous promenant dans les rues de Paris ou de toute autre **ville** française, **vous serez parfois étonné de voir** un enfant **manger** avec plaisir **un morceau** de baguette encore tout **chaud que lui a tendu sa mère au sortir de la boulangerie**.

Alors qu'en Amérique **le pain** est **servi** en accompagnement d'**un mets** ou **constitue** un élément essentiel du traditionnel sandwich ou hambourgeois, en France, il est **un aliment à part entière**. **Dégusté** souvent nature, sans beurre ni garniture, le pain y est apprécié pour ce qu'il est: l'un des principaux aliments de l'**homme**.

L'histoire d'**amour entre** la France et le pain, et plus particulièrement avec la traditionnelle baguette, débute à ce que l'**on dit** avec **les campagnes** napoléoniennes. **On prétend** en effet que leur forme **allongée se prêtait mieux** à son transport dans **la poche** du **pantalon des soldats**, qu'un pain rond. Bien que cette légende **ne soit pas avérée**, les Français, qui ont **tout de même** l'esprit pratique, **n'ont vu que** des avantages à cette forme oblongue.

Mesurant environ soixante-cinq centimètres de longueur sur cinq à six centimètres de **largeur**, par trois à quatre centimètres d'**épaisseur**, **elle serait** de toute **manière moins longue** à **cuire** que le pain rond. Ce qui, pour un Français, toujours **à la recherche** d'**un peu de temps pour rêver**, n'est pas du tout négligeable. C'est en **se rendant** à la boulangerie **qu'ils peuvent** exercer à **loisir** leur **surcroît** d'imagination, car c'est dans ce petit **commerce** de proximité que soixante-et-onze pour cent d'**entre eux achètent** leur pain **chaque jour**.

Pour soixante-quatorze pour cent de ces consommateurs, la baguette **demeure** leur variété de pain préférée, quoi **qu'il existe** en France quatre-vingts types de pains régionaux tels le pain au **levain**, le pain brioché, le pain aux **noix**, le pain de **ménage**, le pain de **froment** et tant d'autres, tout aussi délicieux les uns que les autres.

---

vous promenant (promener): walking (to walk)
dans: in
les rues (une rue): the streets
une ville: town
vous serez parfois: you will be sometimes
étonné de (étonner): be surprised (to surprise)
voir: to see
manger (manger): eating (to eat)
un morceau (des morceaux): a piece
chaud: hot
que lui a tendu (tendre): given by (to give)
sa mère (une mère): his/her mother
au sortir de: while leaving
la boulangerie: the bakery

le pain: the bread
servi (servir): served (to serve)
un mets: a dish
un aliment: a food
à part entière: complete
dégusté (déguster): eaten (to eat)
un homme: man

amour entre: love between
on dit (dire): we say (to say)
les campagnes (une campagne): campaigns
on prétend (prétendre): we pretend (to pretend)
allongée (allonger): stretched (to stretch)
se prêtait mieux (prêter): lent itself better (to lend)
la poche (les poches): the pocket
un pantalon: pants
des soldats (un soldat): soldiers
ne soit pas avérée (avérer): is not proven true (to prove)
tout de même: all the same
n'ont vu que (voir): have seen only (to see)

mesurant (mesurer): measuring (to measure)
largeur: width
épaisseur: thickness
elle serait (être): it would be (to be)
(de toute) manière: in any case
moins longue: less long
cuire (cuire): bake (to bake)
à la recherche (rechercher): looking for (to look for)
un peu de temps: a little free time
pour rêver (rêver): to dream
se rendant (se rendre): going to (to return)
qu'ils peuvent exercer: they can exert
loisir: leisure, pastime
surcroît: additional
un commerce: store
entre eux: between themselves
achètent (acheter): buy
chaque jour: each day

demeure (demeurer): remains (to remain)
qu'il existe (exister): that exists (to exist)
levain: yeast
une noix: nuts
ménage: homemade
froment: wheat

Beignes de nos grand-mères

Régalez-vous avec cette **recette** de **beignes**, **une pâtisserie** traditionnelle du Québec. **On peut se procurer** des beignes dans les pâtisseries, mais les **meilleurs** sont sans doute ceux **faits à la maison à partir de** recettes transmises de génération en génération par **les grand-mères à leurs filles** et **maintenant à vous** !

Ingrédients :
4 **œufs**
2 1/2 **tasses sucre blanc granulé**
2 tasses crème 15%
1 **c.à thé soda à pâte** et **poudre à pâte**
1 c.à thé **sel**
4 tasses **farine tout-usage**, pour **épaissir**
1 c.à thé essence de **citron**
Grains de **muscade**

Séparer les blancs d'œuf **des jaunes**. **Battre** les blancs d'œuf en **neige ferme** et **mettre de côté**. **Dans un autre** bol, battre les jaunes d'œuf et l'essence de citron en y **ajoutant** le sucre **lentement**. Battre **jusqu'à** ce que **vous obteniez** une couleur **jaune** pâle. Dans 4 tasses de farine, **mélanger** la poudre à pâte, le soda à pâte, le sel et la muscade. À la préparation de jaune d'œuf, ajouter la farine lentement en **alternant avec** la crème. **À l'aide** d'une spatule, **incorporer** lentement les blancs d'œuf en neige à la préparation. Ajouter de la farine **peu à peu afin que** la pâte **se roule bien**. **Laisser reposer** la pâte **recouverte** d'un papier film **environ deux heures** au refrigerateur.

Rouler la pâte environ 3/4 de **pouce** et **couper** avec **un coupe** beigne. **Préchauffer l'huile** dans **une friteuse** profonde à 350 degrés Fahrenheit. **Recouvrir** d'huile et faire frire **en remuant constamment** jusqu'à ce qu'ils prennent **une teinte dorée**. Après la friture, **laissez-les égoutter** pendant quelques secondes sur **des papiers absorbants**, puis déposez-les dans un sac plastique contenant du **sucre à glacer**. Fermez bien le sac et **remuez** les beignets afin de bien les recouvrir.

recette: recipe
beignes (un beigne): doughnuts
une pâtisserie: pastry
on peut se procurer: you can buy
les meilleurs: the best
faits à la maison: homemade
à partir de: from
les grand-mères: grandmothers
filles (une fille): their daughters
maintenant à vous: now to you

œufs (un œuf): eggs
tasses (une tasse): cups
le sucre blanc granulé: white granulated sugar
c.à thé: (une cuillère à thé): teaspoon
le soda à pâte: baking soda
la poudre à pâte: baking powder
le sel: salt
la farine tout-usage: all-purpose flour
épaissir: to thicken
le citron: lemon
la muscade: nutmeg

séparer: separate
des jaunes: the egg yolks
battre: whisk
neige ferme: to form peaks
mettre de côté: set aside
dans un autre: in another
ajoutant (ajouter): adding (to add)
lentement: slowly
jusqu'à: until
vous obteniez (obtenir): you get (to get)
jaune: yellow
mélanger: to mix
alternant (alterner): alternating (to alternate)
à l'aide de: with the help of
incorporer: mix
peu à peu: gradually
afin que: so that
se roule (rouler): is rolled (to roll)
bien: well
laisser: to leave
reposer: to rest
recouverte (recouvert): covered
environ: about
deux heures (une heure): two hours

rouler: roll
un pouce: inch
couper: to cut
un coupe: knife
préchauffer l'huile: preheat the oil
une friteuse: deep fryer
recouvrir: cover
en remuant constamment: moving constantly
une teinte dorée: a golden color
laissez-les égoutter: let them drain
des papiers absorbants: paper towels
déposez-les (déposer): drop them (to drop)
sucre à glacer: powdered sugar
remuez (remuer): shake (to shake)

La bouillabaisse

Il existe une spécialité **réelle-
ment typique** de la culture régionale du France. Elle a **longtemps** fait l'objet de la curiosité
des touristes. Directement **issue de** l'histoire de Marseille,
la bouillabaisse **n'a pas fini de
nous mettre l'eau à la bouche.**

Son **plus grand ancêtre a connu** une certaine popularité à **l'époque**
de la fondation de **la ville**. Le plat **n'était** alors qu'un simple ragoût de
poissons appelé le « Kakavia ». **Ce plat va évoluer** à travers les âges
pour finalement **devenir** le plat que l'on connaît: **la vraie** bouillabaisse
provençale connue alors sous **le nom** de « bolhabaissa », de bolh (**il
bout**) et abaissa (**il abaisse**) **traduit** en français **par** : « **quand ça bout
tu baisses** » (sous-entendu le **feu** de **cuisson**).

À l'origine, **il s'agissait** d'un plat très modeste. **Les pêcheurs
conservaient** pour leur famille pour **les cuisiner en rentrant le soir**,
certaines pièces de poissons qu'ils n'avaient pas pu **vendre durant
la journée**. Après **avoir trié** le poisson, **ils faisaient chauffer un
chaudron rempli** d'**eau de mer** et y **mettaient** tous les poissons
invendables, abîmés.

Cela donnait un potage que l'**on dégustait** avec du **pain dur** frotté
à **l'ail** (les croûtons). Les poissons **restants étaient** ensuite immergés
dans la soupe qui **était mangée** avec de **la rouille** ou de **l'aïoli**.

Aujourd'hui, la bouillabaisse **a été intégrée** à la grande gastronomie bourgeoise provençale. Ce **qui nourrissait jadis** les familles **les plus pauvres** du sud de la France **est devenu** de nos jours un plat de grand choix que **ne peuvent se payer** que les personnes **les plus aisées**. **Il arrive malheureusement** assez fréquemment de **goûter** à une bouillabaisse **bon marché**, que des restaurants marseillais peu scrupuleux **proposent** aux touristes.

Une charte a donc **été créée** pour certifier de l'authenticité de la recette. **Elle renseigne** sur les poissons à utiliser, notamment au moins quatre des **espèces suivantes: rascasse**, rascasse blanche, **araignée** (vive), galinette (**rouget grondin**), saint-pierre, **baudroie** (lotte), congre ou scorpène. **Des langoustes** sont également incorporées au bouillon, **lui-même fait** à base de petits **poissons de roche, en remplacement des cigales de mer** (se faisant plus rares) **cuites** avec **les étrilles** et **les pommes de terre**. Elles **apportent** un parfum essentiel et très particulier à la préparation. Certains restaurants **parlent alors de** « bouillabaisse royale » et cela leur permet de faire **grimper** l'addition du **repas. Mais il ne faut pas s'y tromper**, la vraie bouillabaisse **contient bien** des cigales de mer.

Par ailleurs, la charte **nous instruit** du service que **se doit de suivre** le restaurateur vis-à-vis de son client. Ainsi, accompagné d'une sauce faite de rouille et de croûtons à l'ail, le poisson, servi entier dans **un deuxième** plat différent de celui du bouillon, **sera découpé** par le **serveur sous les yeux** du client.

Enfin les éléments essentiels sont l'extrême **fraîcheur** et la qualité du poisson. **Sans cela**, la bouillabaisse sera de mauvaise qualité. Au final, la bouillabaisse est une curiosité **qui revient assez cher**. Il est important de **savoir** que beaucoup de restaurants **en servent** à **des prix moins onéreux**. Mais **pour déguster** une vraie bouillabaisse provençale, **il faut compter au moins** 40 euros par personne. Une bouillabaisse **en dessous de** ce prix est un véritable **piège** à touristes.

---

aujourd'hui: today
a été intégrée (intégrer): has been integrated (to integrate)
qui nourrissait (nourrir): that fed (to feed)
jadis: formerly
les plus pauvres: the poorest
est devenu (devenir): has become (to become)
de nos jours: nowadays
ne peuvent pas (pouvoir): cannot (can, to be able to)
se payer: afford
les plus aisées: the wealthiest
il arrive (arriver): it happens (to happen)
malheureusement: unfortunately
goûter: to taste
bon marché: cheap
proposent (proposer): suggest (to suggest)

une charte: charter
a été créée (créer): has been created (to create)
elle renseigne sur (renseigner): it gives information about (to give information)
les espèces suivantes: following species
la rascasse: scorpion fish
l'araignée: spider crab
un rouget grondin: goatfish
une baudroie: monkfish
des langoustes (la langouste): spiny lobsters
lui-même fait: made itself
un poisson de roche: rockfish
en remplacement: replacing
des cigales de mer: slipper lobsters
cuites: cooked
les étrilles: small crabs
les pommes de terre: potatoes
elles apportent (apporter): they bring (to bring)
parlent de (parler): talk about (to talk)
grimper: to increase
un repas: meal
mais il ne faut pas s'y tromper: but make no mistake about it
contient bien: contains for sure

nous instruit (instruire): teaches us (to teach)
se doit de suivre (se devoir): has to follow (to have to)
un deuxième: second
(il) sera découpé par (découper): (it) will be cut by (to cut)
le serveur: the waiter
sous les yeux (un œil): under the eyes

la fraîcheur: freshness
sans cela: without that
qui revient assez cher: that is rather expensive
savoir: to know
en servent (servir): serve some (to serve)
des prix (un prix): prices
moins onéreux: less expensive
pour déguster: to taste
il faut compter: you will be charged
au moins: at least
en dessous de: below
un piège: trap

La bûche de Noël

Dans divers **pays** à prédominance **chrétienne**, la bûche de Noël représente une tradition que l'**on ne voudrait manquer pour rien** au **monde**. En effet, ce dessert savoureux **composé** d'**une pâte roulée garnie de** crème ou d'**un appareil sucré** dont **la saveur**, la composition et la consistance **demeurent souvent** un secret **bien gardé** par la cuisinière, constitue **un régal** que l'**on aime se remémorer** d'**une année** à l'autre.

Que serait Noël en effet sans cette apothéose finale **qui vient couronner un repas** gargantuesque **qui nous laisse un peu hébétés** mais **ravis** ? À chaque année **nous nous pâmons devant** l'inventivité du chef **qui a décoré** la bûche d'une manière tout à fait originale, tant pour **les yeux** que pour **le palais**.

Car, **pour faire** bonne figure, **tout devrait** idéalement **se manger** dans **la bûche. Qu'y a-t-il** en effet de plus **triste** que de **retrouver** sur **ce chef d'œuvre** de la cuisine festive des décorations en plastique que **les enfants ne manquent toutefois pas** de **lécher** avec gourmandise, sous les regards pour **une fois** indulgents et **approbateurs** de leurs parents **attendris**.

À l'origine, la tradition voulait qu'une bûche naturelle **provenant** d'**un arbre fruitier soit choisie** minutieusement **pour brûler** dans **l'âtre** durant **les douze jours** du temps **des Fêtes**.

Mais le développement de l'architecture contemporaine, **qui laisse** peu de place à l'âtre, a fait **tomber** cette tradition dans **la désuétude**, du moins dans les grandes **villes**, pour la **remplacer par** le dessert que l'**on connaît**, mais **qui s'en plaindrait** ?

La bûche de Noël traditionnelle est **proposée** en divers parfums **qui incorporent** soit de la vanille, du café, du **sirop d'érable**, du chocolat, du Grand Marnier ou des pralines. **Toutefois**, **quel que soit** le choix **qui viendra chatouiller nos papilles** et accorder dans notre mémoire au dessert de Noël **une place prépondérante**, **il ne faudra pas oublier** de la décorer de divers éléments **qui ajoutent** au symbolisme de la fête. **Voici pour vous** une recette traditionnelle **qui sera sûrement** fort appréciée :

Pour le biscuit : 5 **œufs**, 50 g de **farine**, 50 g de **fécule** de **pomme de terre,** 170 g de **sucre**, 1 pincée de sel, 1 cuillérée à soupe d'**eau**, 1 **verre** à liqueur de rhum.

Pour la crème : 1 œuf entier, **un jaune d'œuf**, 4 barres de chocolat, 200 à 250 grammes de sucre, 1 demi-tasse de café, 1 tiers de verre d'eau.

Préparation : **Fouettez** les jaunes d'œufs avec le sel **assez longuement**, lorsque **le mélange** est **mousseux**, **ajoutez** l'eau et le rhum. **Puis ajoutez** la farine et la fécule et bien mélanger, enfin **incorporez** délicatement les blanc d'œufs **battus en neige**. **Étalez** la pâte dans **une lèchefrite** et **cuire pendant** 15 minutes à 350 degrés. **Faire un sirop épais** avec les ingrédients **qui restent**, puis **le laisser refroidir** au réfrigérateur. **Étendre** ensuite la crème sur la pâte puis **roulez-la sans trop serrer. Recouvrir** du reste de la crème et **décorez** votre bûche **selon** votre inspiration. En la garnissant d'**un père Noël** en sucre, **des lutins, des champignons** en chocolat, d'**une scie** ou d'**une hache, on rappellera** sa vocation première **qui était de réchauffer la maison** et **les cœurs.**

qui laisse (laisser): which leaves (to leave)
tomber (tomber): fall (to fall)
désuétude: (fall into) disuse
villes (la ville): cities
remplacer par: replace with
on connaît (connaître): we know (to know)
qui s'en plaindrait: who would complain

proposée (proposer): proposed (to propose)
qui incorporent (incorporer): which incorporate (to incorporate)
sirop d'érable: maple syrup
toutefois: even so
quel que soit: whatever
qui viendra chatouiller: that will tickle
nos papilles (la papilla): our taste buds
accorder (accorder): grant (to grant)
une place prépondérante: dominant place
il ne faudra pas oublier: we must not forget
qui ajoutent (ajouter): which add (to add)
voici pour vous: here for you is
qui sera sûrement: that will surely be

œufs (un œuf): eggs
une farine: flour
une fécule: starch
pomme de terre: potato
un sucre: sugar
une eau: water
un verre: glass

un jaune d'œuf: egg yolk

fouettez (fouetter): whip (to whip)
assez longuement: somewhat of a long time
le mélange: mix
mousseux: frothy
ajoutez (ajouter): add (to add)
incorporez (incorporer): incorporate (to incorporate)
battus en neige: stiff egg whites
étalez (étaler): spread (to spread)
une lèchefrite: grease tray
cuire pendant (cuire): bake for (to bake)
faire: make
un sirop épais: thick syrup
qui restent (rester): that are remaining (to remain)
le laisser refroidir: let it cool
étendre (étendre): spread out (to spread out)
roulez-la (rouler): roll it (to roll)
sans trop serrer: loosely
recouvrir: cover
décorez (décorer): decorate (to decorate)
selon: according to
un père Noël: Santa Claus
des lutins (un lutin): elves
champignons (un champignon): mushrooms
une scie: saw
une hache: ax
on rappellera (rappeler): we will remind (to remind)
qui était (être): which was
de réchauffer: warm up
la maison: house
les cœur (le cœur): hearts

apprête (apprêter): prepare (to prepare)
un mets: a dish
les repas: meals
fête: celebration
vois vaudra (valoir): it will be worth
  (to be worth)

gigot d'agneau: leg of lamb
ouvert en portefeuille: split open
réserver: set aside
les os (un os): bones
les parures: trimmings
grosse (gros): big
une gousse d'ail: garlic clove
une botte de chaque: bunch of each
asperges (une asperge): asparagus
navets (un navet): turnips
poireaux (un poireau): leeks
fraîches fèves: fresh fava beans
décortiquées (décortiqué): shelled
petits pois écossés: shelled peas
le persil: parsley
le romarin: rosemary
le beurre: butter
huile d'olive extra-vierge: extra-virgin olive oil
la fleur de sel: French sea salt
le poivre: pepper

une casserole: a saucepan
réunir: gather together
couvrir: cover
l'eau: water
faire cuire: cook
pour obtenir: to get, to obtain
un jus d'agneau: lamb gravy
préchauffer le four: preheat the oven
hacher: chop
finement: finely
farcir: stuff
le ficeler soigneusement: tie up carefully
saler: salt
poivrer: pepper
l'enduire: coat
à la broche: on a spit
cuisson: cooking, roasting
baisser: reduce
arroser: baste

éplucher les légumes: peel the vegetables
eau bouillante salée: boiling salted water
à forte ébullition: to a strong boil
la fraîcheur: freshness
dégraisser: skim the fat off
le passer: pass through, strain through
une étamine: cheesecloth
le faire réduire: let it reduce
sirupeuse (sirupeux): syrupy
enrober: coat
une noix de beurre: a pat of butter
rectifier: to adjust
l'assaisonnement: seasoning

laisser reposer: let rest
hors du four: outside the oven
trancher: slice
dresser: put
entouré: surrounded

Gigot d'agneau aux herbes

Cette recette traditionnelle originaire de Normandie **apprête** l'agneau d'une manière tout à fait succulente. Ce plat constituera **un mets** idéal pour **les repas** de **fête** et les grandes occasions et **vous vaudra** des compliments enthousiastes.

Ingrédients :
1 **gigot d'agneau** de 1 kg **ouvert en portefeuille**
  (**réserver les os** et **les parures**)
1 carotte
1 **grosse gousse d'ail**
1 **botte de chaque** : **asperges** vertes, asperges blanches, **navets**,
  carottes nouvelles, **poireaux**
250 g de **fèves fraîches décortiquées**, **petits pois écossés**
1 bouquet de **persil** plat
1 branche de thym et **romarin**
100 g de **beurre**
huile d'olive extra-vierge
fleur de sel et **poivre**

Dans **une casserole**, **réunir** les os et les parures de gigot, la carotte et l'ail, **couvrir** d'eau et **faire cuire** 1 heure **pour obtenir un jus d'agneau**. Préchauffer le four à 250 ° Celsius. **Hacher finement** les herbes et en **farcir** le gigot. **Le ficeler soigneusement**, **saler**, **poivrer**, **l'enduire** d'huile d'olive et le faire cuire 35 min au four, de préférence **à la broche**. Au bout de 5 min de **cuisson**, **baisser** la température du four à 200 °. **Arroser** avec le jus de cuisson.

Éplucher les légumes, faire cuire les asperges à **l'eau bouillante salée** et les autres légumes à l'étouffée avec un peu d'eau et de beurre, **à forte ébullition** pour conserver leur **fraîcheur**. **Dégraisser** le jus d'agneau, **le passer** à l'**étamine** et **le faire réduire** fortement à consistance **sirupeuse**. **Enrober** bien les petits légumes avec le jus, ajouter **une noix de beurre** et **rectifier l'assaisonnement**.

Laisser reposer le gigot 20 min **hors du four**. Puis le **trancher** et le **dresser** sur un grand plat, **entouré** de légumes.

Fondue au fromage classique

Cette recette de fondue au fromage **québécoise** est une version locale de la fameuse fondue au fromage classique très populaire en France. **Invitez quelques amis qui sauront sans doute apprécier** ce plat convivial que l'on accompagne d'**une miche** de **pain** et de fruits.

Ingrédients :

1/2 **livre** (225 g) d'**emmental**

1/2 livre (225 g) fromage gruyère

1 **gousse d'ail**

1 1/2 **tasse** (375 ml) de **vin blanc**

3 **cuillers à soupe** (45 ml) de kirsh

1 cuiller à soupe (15 ml) de **jus de citron**

3 cuiller à soupe (45 ml) de **farine tous usages**

Poivre, au goût

Râper et **mélanger** l'emmental et le gruyère. **Saupoudrer** de farine. **Frotter** l'intérieur du **caquelon** avec **l'ail coupé**, puis **jeter** l'ail. **Verser** le vin et le kirsh dans le caquelon et **chauffer à feu moyen** sans **qu'ils viennent à ébullition. Ajouter** le jus de citron.

Ajouter graduellement **des poignées** de fromage **en remuant** constamment avec **une cuillère en bois jusqu'à** ce que le fromage soit fondu et forme une sauce **onctueuse**.

Ajouter du poivre **si désiré. Amener à ébullition, retirer** le caquelon du feu et **déposer** sur **un réchaud allumé** sur la table. **Tremper** des croûtons de **pain, des légumes (pommes de terre, champignons,** brocolis, etc.) et des fruits (**pommes, poires** et raisins).

québécoise: from Quebec
invitez: invite
quelques amis: some friends
qui sauront sans doute: who will without a doubt
apprécier: appreciate
une miche: a loaf
pain: bread

livre: pound
emmental: *a cheese similar to Swiss*
une gousse d'ail: garlic clove
une tasse: cup
le vin blanc: white wine
cuillers à soupe: tablespoons
le jus de citron: lemon juice
la farine tous usages: all-purpose flour
le poivre: pepper
au goût: to taste

râper: grate
mélanger: blend
saupoudrer: sprinkle
frotter: scrub
un caquelon: fondue pot
l'ail coupé: the cut garlic
jeter: throw away
verser: pour
chauffer: warm
à feu moyen: medium heat
sans qu'ils viennent à ébullition (venir): without letting it come to a boil (to come)
ajouter: add

des poignées (une poignée): handfuls
en remuant: by stirring
une cuillère en bois: wooden spoon
jusqu'à: until
onctueuse (onctueux): creamy

si désiré: if desired
amener à ébullition: bring to a boil
retirer: take away
déposer: put
un réchaud: plate-warmer
allumé (allumer): lit (to light)
tremper: dip
le pain: bread
des légumes (un légume): vegetables
pommes de terre (une pomme de terre): potatoes
champignons (un champignon): mushrooms
pommes (une pomme): apples
poires (une poire): pears

Un goût très raffiné

le monde: world	
puisqu'elle: because she	
produit plus de (produire): produces more than (to produce)	
depuis: since	
fabriqué (fabriquer): made (to make)	
à partir de: from	
foies (un foie): livers	
canards (un canard): ducks	
oies (une oie): geese	
emmagasiner: to stock, to store up	
la graisse: the fat	

on compte: we count
mais il faut (falloir): but we must (to do)
bien faire (faire): make a good (to make)
entre: between
possède (posséder): possesses (to possess)
assez fort: strong enough
tandis que: while
on distingue (distinguer): one distinguishes (to distinguish)
entier: entire, whole
le bloc: piece
étant (être): being (to be)
meilleur: best
régies par (régir): controlled by (to control)
vous pouvez (pouvoir): you can (can, to be able to)
préparer: prepare
votre propre: your own
frais: fresh
fourré (fourrer): filled (to fill)
truffes: truffles

le sud-ouest: the Southwest
c'est-à-dire: that is to say
même: even
étant intimement liée à (lier): being intimately linked to (to link)
un séjour (des séjours): a stay
ne pourra que (pouvoir): could only (can, to be able to)
vous convaincre (convaincre): convince you (to convince)

révèle (révéler): reveals (to reveal)
saveurs (une saveur): flavors
grâce au: because of
blancs: white
liquoreux: sweet wine
encore: even
pas d'inquiétude: no worry
santé (une santé): health
prévient (prévenir): prevents (to prevent)

La France est le premier producteur de foie gras au **monde puisqu'elle produit plus de** 80% de la production mondiale. **Depuis** la Monarchie, le foie gras fait partie de la culture française et de son héritage culinaire. Il est **fabriqué à partir de foies** de **canards** ou d'**oies**. Ces palmipèdes ont la particularité **d'emmagasiner la graisse** pour anticiper leur migration.

On compte de nombreuses variétés de foies gras **mais il faut bien faire** la distinction **entre** le foie gras de canard et le foie gras d'oie. Le premier **possède** un arôme **assez fort tandis que** le second est plus subtil et délicat. **On distingue** aussi les différents conditionnements: le foie gras **entier** et **le bloc** de foie gras, le premier **étant** de **meilleure** qualité. Ces appellations sont **régies par** une charte spécifique et sont rigoureusement contrôlées par les autorités concernées. **Vous pouvez** aussi **préparer votre propre** foie gras à base de foies **frais**. Le foie gras **fourré** aux truffes est une autre grande spécialité.

En France, la majorité du foie gras est produit dans **le sud-ouest, c'est-à-dire** le Périgord, le Gers et les Landes, **même** si l'Alsace est aussi une région très productive. La cuisine française **étant intimement liée à** sa culture, **un séjour** dans le Périgord, dans l'un des Plus Beaux Villages de France, **ne pourra que vous convaincre** de la richesse et de l'authenticité de cette région.

Finalement, le foie gras **révèle** toute ses saveurs et arômes **grâce au vin**, particulièrement les vins **blancs liquoreux** et fruités comme le Sauternes, le Monbazillac ou **encore** le Champagne. **Pas d'inquiétude** pour votre **santé** : la consommation de confits, foies gras, graisses de canard ou d'oie est bénéfique pour la santé et **prévient** des insuffisances cardio-vasculaires !

Le diamant noir

La complexité olfactive **des truffes** en **a fait** leur **célébrité partout** dans **le monde**. **En outre**, la truffe est **un produit** rare et son apparition **reste toujours** mystérieuse. C'est la raison pour laquelle, la truffe est **souvent appelée** le « **diamant noir** ». Il existe de nombreuses différentes sortes de truffes, **au-delà de** la distinction **blanches** et noires.

Chaque variété **possède** des qualités gustatives différentes. Les truffes **se rencontrent** principalement dans **le sud** de la France, spécialement dans le Perigord, la Provence - où la truffe est appelée « rabasse » - et la Bourgogne. Comme **un champignon**, **qui vit** en symbiose avec la faune et la flore, la truffe **a besoin** de conditions particulières pour **pousser** : **le chêne en fait partie** et **même**, mais plus rarement le thym et la lavande. La truffe représente aussi l'art de **vivre** à la Française.

La récolte de la truffe est une tradition **vieille** de cent **ans**. Il existe deux manières principales de la récolter: **les chiens** et **les cochons**. Le cochon **adore** les truffes, **il les repère** avec son **fin odorat**, **cherche** dans **la terre** avec son **groin jusqu'à** ce qu'**il déterre** le champignon. Le chien **doit être entraîné** pour **devenir un chasseur** de truffes.

Ensuite, les truffes **sont vendues** dans **les marchés locaux** typiques **qui ont lieu** dans les villages, où le cérémonial et le professionalisme **règnent** à cause de la grande **valeur** des truffes. **Comptez environ** 1500 Euros par kilo !

Enfin, **la meilleure façon** d'apprécier la truffe est de **la goûter**. La gastronomie française possède de nombreuses **recettes** à base de truffes. La plus simple est souvent la meilleure: **vous allez parfaitement** apprécier la grande saveur de la truffe dans une omelette. **Cependant**, les truffes **s'adaptent** parfaitement à une cuisine **plus recherchée** comme le foie gras.

La cuisine sénégalaise

Si l'on **compare** la cuisine sénégalaise **aux autres traditions culinaires** du continent africain, c'est **sans doute** celle **qui a subit** le plus l'influence de cuisines **étrangères** et traditionnelles, en particulier à Dakar. La capitale du Sénégal est **une ville** multiethnique, multiculturelle et **ouverte sur l'extérieur**.

À Dakar, **les recettes** du **terroir ont tendance à céder** la place à **des mets** européens, **moyen-orientaux** et asiatiques. **Sans renoncer** toutefois aux modes de préparation et de consommation traditionnels, ces plats sont adaptés aux **habitudes** culinaires locales. **Par ailleurs**, si les restaurants **proposent** des plats sénégalais traditionnels, **on trouve** aussi souvent au menu des plats de différents **pays**, **y compris** du continent africain (Bénin, Cameroun), **valorisant** ainsi la diversité des produits **disponibles** sur **le marché**.

Le voyageur un peu curieux découvrira à Dakar toute **une panoplie** de **goûts**, de **saveurs** et d'odeurs issus de ce **mélange** de produits locaux et importés. Dans les provinces sénégalaises, **il trouvera** des plats plus traditionnels, spécifiques à certains terroirs ou ethnies, que **les femmes auront plaisir à préparer** pour **montrer** à l'étranger leurs talents culinaires et la richesse des produits de leur région...

Bien sûr, certains produits aux saveurs fortes, à la texture inhabituelle, pourront étonner le palais des « toubabs », mais cela fait partie du jeu de la découverte. La surprise de la nouveauté fait ensuite place à un attrait pour une cuisine souvent accessible, originale sans être trop étrangère, que vous aurez plaisir à reproduire de retour dans votre pays. Les livres de recettes vous y aideront et les Sénégalaises, fières de leurs savoir-faire, seront prêtes à vous apprendre à cuisiner vos plats favoris.

Vous n'aurez sans doute pas l'occasion de découvrir l'alimentation quotidienne de la grande majorité des Sénégalais, moins riche et moins variée, que celle du restaurant ou de la gargote. L'état de pauvreté des familles urbaines et rurales ne leur permet pas toujours de préparer deux repas par jour ni de diversifier leur alimentation.

Elles se contentent ainsi souvent d'un bol de riz ou de mil, agrémenté parfois de quelques légumes, d'un peu de poisson, d'un morceau de viande à partager entre les nombreux membres de la famille. Sachez donc qu'un plat bien garni est un privilège, un cadeau offert par votre hôtesse en signe d'hospitalité, qu'il faut savoir apprécier même si parfois nos habitudes alimentaires sont très différentes.

bien sûr: of course
fortes (fort): strong
étonner: to surprise
le palais: the palate
cela fait partie: it is part of
le jeu: game
la découverte: discovery
la nouveauté: the novelty
(elle) fait place à (faire): (it) makes way for (to make)
un attrait: attraction
sans être: without being
trop étrangère: too foreign
reproduire: to reproduce
retour: to come back
les livres (un livre): the books
(ils) aideront (aider): (they) will help (to help)
fières (fier): proud
un savoir-faire: know-how
vous apprendre: to teach you
vos plats favoris: your favorite dishes

vous n'aurez pas: you will not have
quotidienne (quotidien): daily
moins riche: less rich
moins variée: less varied
pauvreté: poverty
ne leur permet pas (permettre): does not allow them (to allow)
deux repas (un repas): two meals
par jour: per day

elles se contentent de: they are content with
un bol de riz: a bowl of rice
le mil: millet
agrémenté: accompanied
parfois: sometimes
les légumes (un légume): vegetables
le poisson: fish
un morceau: a piece
la viande: meat
à partager: to share
entre: between
(vous) sachez (savoir): you know (to know)
bien garni: full
un cadeau: a gift
offert (offrir): given
il faut savoir (falloir): it is necessary to know (to be necessary)
apprécier: to appreciate
même si: even if
parfois: sometimes
nos habitudes (une habitude): our habits
alimentaires (alimentaire): dietary

Les crêpes de la Chandeleur

Le 2 février, c'est la Chandeleur. Cette **fête** judéo-chrétienne, anciennement **appelée** la Chandeleuse, est **de nos jours** l'occasion de **se régaler** en famille ou **entre amis autour de** bonnes crêpes.

Préparation de **la pâte** pour 10 crêpes **environ** :
Tout d'abord, **versez** 250 grammes de **farine** dans **un saladier**. À l'aide d'**une cuillère**, **creusez** un puits au centre et **délayez** progressivement **un demi-litre** de **lait** avec **un fouet** ou **une fourchette**. Pour **un mélange sans grumeaux vous pouvez** utiliser un batteur électrique. **Une fois** que la pâte **obtenue** est **bien lisse**, **ajouter** 3 **œufs**, 2 **cuillères à soupe** de **sucre**, une pincée de **sel** et 3 cuillères à soupe de rhum. **Laissez reposer** la pâte au réfrigérateur. Au bout d'une heure, **sortez** la pâte, **mélangez** et ajoutez **un demi-verre** d'**eau** pour **rendre** la pâte **moins épaisse**.

La cuisson des crêpes :
À l'aide d'**un pinceau**, d'un papier absorbant, ou d'**une demi pomme de terre**, **graissez légèrement** une crêpière avec un peu d'**huile**, utilisez de préférence une huile **neutre** tel le que l'huile de **tournesol**. **Répétez** cette opération avant la cuisson de chaque crêpe pour **éviter** que la pâte attache à **la poêle**.

Faites chauffer la crêpière. Une fois que la poêle est bien **chaude**, versez **une louche** de pâte dans la poêle. Répartissez uniformément la pâte **en faisant tourner** la poêle. Laisser **cuire** environ 2 minutes et dès que **les bords se décollent**, retournez la crêpe à l'aide d'une spatule.

Saupoudrez la crêpe de **sucre en poudre** ou bien **étalez** un peu de **confiture**. **Dégustez** chaude de préférence. Bon appétit !

---

la fête: celebration
appelée (appeler): named (to name, to call)
de nos jours: nowadays
se régaler: to enjoy
entre: between
les amis: friends
autour de: around

la pâte: dough
environ: about
tout d'abord: first
versez (verser): pour (to pour)
la farine: flour
un saladier: a bowl
une cuillère: a spoon
creusez (creuser): dig (to dig)
délayez (délayer): mix (to mix)
un demi-litre: half a liter
le lait: milk
un fouet: whisk
une fourchette: fork
un mélange: mixture
sans grumeaux (un grumeau): without lumps
vous pouvez utiliser (pouvoir): you can use (can, to be able to)
une fois: once
obtenue: obtained
bien lisse: very smooth
ajouter: to add
œufs (un œuf): eggs
cuillères à soupe: tablespoons
le sucre: sugar
le sel: salt
laissez reposer: let it rest
sortez (sortir): get out (to get out)
mélangez (mélanger): mix (to mix)
un demi-verre: half a glass
l'eau: water
rendre: to make
moins épaisse: less thick

la cuisson: the cooking
un pinceau: brush
une demi pomme de terre: half a potato
graissez légèrement: oil lightly
une huile: oil
neutre: neutral
le tournesol: sunflower
répétez (répéter): repeat (to repeat)
éviter: to avoid
la poêle: the pan

faites chauffer (faire): make hot (to make)
chaude (chaud): warm
une louche: ladle
en faisant tourner: by making turn
cuire: to cook
les bords (un bord): edges
se décollent (décoller): come off (to come off)

saupoudrez (saupoudrer): sprinkle (to sprinkle)
sucre en poudre: powdered sugar
étalez (étaler): spread (to spread)
la confiture: jam
dégustez (déguster): enjoy (to enjoy)

Coq au vin

Ce mets délicieux et traditionnel connaît ses inconditionnels qui se font un plaisir de le cuisiner régulièrement pour le plaisir gustatif de leur famille ou de leurs amis.

Ingrédients :
Idéalement un coq, ou 1 ou 2 poulets (1,5 kg),
  coupé en 8 morceaux ou plus
1/2 bouteille vin rouge corsé type bourgogne
150 g lard, en cube
250 g champignons de Paris
une douzaine de petits oignons blancs
2-3 gousses d'ail, hachées
2 carottes, pelées, coupées en quartier
Huile de tournesol, beurre non salé
Bouquet d'herbes: 2 brins de thym et 1 feuille de laurier, persil
Sel et poivre

Un jour en avance, nettoyer et couper le poulet en 8 morceaux ou plus. Verser une demi-bouteille de bourgogne rouge sur le poulet Ajouter les petits oignons blancs, les carottes et les herbes, couvrir et mettre au réfrigérateur.

Le jour suivant, retirer et égoutter le poulet et les légumes. Garder le vin pour plus tard. Faire brunir le poulet avec de l'huile dans une poêle. En utilisant la même poêle, ajouter de l'ail aux légumes et chauffer pendant quelques minutes. Mettre le poulet et les légumes dans une cocotte ou une grande casserole. Verser le vin et du sel et poivre. Amener à ébullition à feu moyen. Couvrir et cuire à feux doux pendant une ou deux heures.

Faire brunir à la poêle : lard, oignon et champignons pendant 10 minutes environ. Quand le poulet est prêt, ajouter le lard, oignon et champignons dans la cocotte et remuer pendant 2 à 3 minutes. Goûter et corriger le sel et le poivre éventuellement. Ajouter du persil. Préparer du riz ou des pommes de terre comme garniture.

ce mets: this dish
connaît: known
inconditionnels: devotees, loyals
gustatif: taste
amis: friends

un coq: rooster
poulets (le poulet): chickens
coupé: cut
morceaux (un morceau): pieces
ou plus: or more
une bouteille: bottle
le vin rouge: red wine
corsé: strong
en cube: cubed
champignons (un champignon): mushrooms
petits oignons blancs: small white onions
gousses d'ail: cloves of garlic
hachées (hacher): minced (to chop, mince)
pelées (peler): peeled (to peel)
coupées en quartier: quartered
huile de tournesol: sunflower oil
le beurre: butter
non salé: unsalted
brins (un brin): sprigs
une feuille de laurier: bay leaf
le persil: parsley
le sel: salt
le poivre: pepper

un jour en avance: one day before
nettoyer: clean
couper: cut
verser: pour
ajouter: add
couvrir: cover
mettre: put

suivant: following
retirer: remove
égoutter: drain
les légumes (un légume): vegetables
garder: keep
plus tard: later
faire brunir: brown
en utilisant: by using
même: same
chauffer: warm up
pendant quelques minutes: for a few minutes
une cocotte: pot
amener à ébullition: bring to a boil
à feu moyen: at medium heat
cuire: cook
à feux doux: at low heat
heures (une heure): hours

prêt: ready
remuer: stir
goûter: taste
corriger: correct, adjust
le riz: rice
des pommes de terre: potatoes
comme garniture: as a side dish

Saveurs des Antilles

en matière de goût: in terms of taste

sont associées: are associated with

le rhum: rum

épices (une épice): spices

la douceur: the sweetness

que l'on ne trouve que rarement: that one
 can rarely find

la métropole: Metropolitan France

le prix: price

exorbitants (exorbitant): exorbitant

un ananas: pineapple

la mangue: mango

la goyave: guava

la grenade: pomegranate

la papaye: papaya

le fruit de la passion: passion fruit

un avocat: avocado

la noix de coco: coconut

la patate douce: sweet potato

les légumes (un légume): vegetables

mais aussi: but also

le gingembre: ginger

la cannelle: cinnamon

bien sûr: of course

réputés (réputé): well-known, famous

des mélanges (un mélange): blends, mixtures

un goût doux et sucré: sweet taste

mais qui font également bien: but that
 do equally well

tourner la tête: to turn the head
 (to make drunk)

saveurs: flavors

elles évoquent (évoquer): that evoke (to evoke)

le soleil: sun

exotisme: exoticism

en raison de: because of

nombreuses (nombreux): numerous

telles que (tel que): such as

le safran: saffron

très connue: very well known

utilisée comme: used as

le plat: dish, meal

portant ce même nom: named the
 same way

plusieurs: several

la moutarde: mustard

le poivre noir: black pepper

le clou de girofle: clove

En matière de goût, les Antilles **sont associées** au **rhum**, aux **épices** et à **la douceur** des fruits **que l'on ne trouve que rarement** en **métropole** (ou à des **prix exorbitants**). **Ananas, mangue, goyave, grenade, papaye**, litchi, maracudja (**fruits de la passion**), **avocat** et **noix de coco** pour les fruits, manioc, cristophine, ou **patate douce** pour **les légumes, mais aussi le gingembre, la cannelle**, le curry, la vanille pour les épices.

Et **bien sûr** les **réputés** rhums, ou punchs qui sont **des mélanges** de rhum et de fruits d'**un goût doux et sucré, (mais qui font également bien tourner la tête)**, sont des **saveurs qui évoquent soleil** et **exotisme**.

La cuisine créole est riche en goût et en couleur **en raison de** différentes et **nombreuses** épices utilisées **telles que le safran** (curcuma), les piments, le gingembre, ou la **très connue** « colombo » **utilisée comme** base du **plat portant ce même nom** (colombo de poulet, d'agneau ou de porc), et qui est un mélange de **plusieurs** épices (curcuma, coriandre, cumin, **moutarde**, fenugrec, **poivre noir**, **clous de girofle**).

Les plats **sont composés de** nombreux **fruits de mer**, de **poissons**, de **poulet grillé** mais **on peut également trouver des boudins savoureux**, **blanc** ou **noir**: une spécialité, **toujours très bien préparée**, **même dans les « baraques »**.

Les plats **les plus connus** de la cuisine créole sont le « rougail saucisse » ou le « cari poulet ». **Les beignets de morue appelés** « accras » sont également très réputés et font **le délice des apéritifs** avec les petits boudins créoles.

En boisson, les Antilles **offrent un large éventail** de fruits **permettant d'apprécier** des saveurs incomparables. Consommés tout simplement **purs**, **pressés** en **jus** de fruits, ou mélangés au rhum pour **créer** des punchs, c'est un cocktail de vitamine **qui régale le palais**. Les fruits sont également utilisés en cuisine dans **la confection** des plats, mélangés avec **la viande** ou le poisson, **effectuant ainsi** un mélange **sucré-salé très goûteux**.

Le lait de coco, **initialement employé** en boisson, mélangé avec du rhum, est également utilisé dans la confection des plats. La cuisine créole est **un vrai régal** pour le palais **comme pour les yeux**.

---

sont composés de: are made of
fruits de mer: seafood
poissons (un poisson): fish
le poulet grillé: roasted chicken
on peut également: one can also
trouver: find
des boudins (un boudin): blood sausages
savoureux: tasty
blanc: white
noir: black
toujours: always
très bien préparée: very well prepared
même dans: even in
les baraques (une baraque): shacks

les plus connus: the most famous
les beignets de morue: cod fritters
appelés (appeler): called (to call)
le délice: delight
des apéritifs (un apéritif): appetizers

offrent (offrir): offer (to offer)
large: wide
un éventail: range
permettant de: allowing
apprécier: to appreciate
purs (pur): pure
pressés (pressé): squeezed
jus: juice
créer: to create
qui régale (regaler): that delights
  (to delight)
le palais: palate
la confection: making
la viande: meat
effectuant (effectuer): making (to make)
ainsi: this way, thus
sucré-salé: sweet and salty
très goûteux: very tasty

le lait de coco: coconut milk
initialement: initially
employé: used
un vrai régal: a real feast
comme pour: as well as for
les yeux: the eyes

l'aliment quotidien: the daily food
des paysans girondins: farmers from
  the Gironde region
variant (varier): varying (to vary)
un ménage: a household
adaptant (adapter): adapting (to adapt)
des saisons (une saison): of seasons
selon: depending on
potager: vegetable garden
saloir: salting tub
servie (servir): served (to serve)
accompagnée de (accompagner):
  accompanied by (to accompany)
sud-ouest: south-west

petit salé: French bacon
jambon: ham
ventrèche: ventresca, rolled bacon
cuisses (une cuisse): legs
oie confites: goose/duck confit
chou moyen: medium cabbage
coupé en quatre: cut in four pieces
laitues (une laitue): lettuce
navets (un navet): turnips
piqués (piquer): studded (to stud)
clous de girofle: cloves
gousses d'ail: garlic cloves

débarrasser (débarrasser): get rid (to get rid)
le rinçant (rincer): rinsing (to rinse)
plusieurs fois (une fois): many times
grande eau: plenty of water
dégraisser (dégraisser): degrease (to degrease)
le faisant (faire): making it (to make)
tiédir doucement: get warm gently
en recueillant (recueillir): while collecting
  (to collect)
la graisse: the fat
un grand faitout: a large pot
porter à ébullition: bring to boil
déposer (déposer): put (to put)
épluchés (éplucher): peeled (to peel)
laver (laver): wash (to wash)
parer (parer): trim (to trim)
les légumes (un légume): the vegetables
casserole: saucepan
faire blanchir: blanch

faire poêler: pan fry
une sauteuse: a frying pan
jusqu'à ce qu'ils soient: until they are
légèrement dorés: slightly browned
ajouter (ajouter): add (to add)
les morceaux (un morceau): the pieces
le faitout: the pot
laisser cuire: let it cook

à la mi-cuisson: half way through cooking
retirer (retirer): remove (to remove)
les viandes (une viande): meats
les mettre (mettre): put them (to put)
déposer (déposer): put (to put)
pain: bread
la soupière: the tureen
verser (verser): pour (to pour)
bien chaude: very hot

Recette de Garbure girondine

La garbure était **l'aliment quotidien des paysans girondins**, **variant** d'**un ménage** à l'autre, et s'**adaptant** aux rythmes **des saisons selon** les ressources du **potager** et du **saloir**. La garbure était **servie** en potage ou en plat de résistance, **accompagnée de** Madiran, un vin typique du **sud-ouest**.

Ingrédients
500 gr de **petit salé**
500 gr de **jambon**
500 gr de **ventrèche**
2 **cuisses** d'**oie confites**
1 **chou moyen coupé en quatre**
2 **laitues**
2 **navets**
4 carottes moyennes
2 oignons **piqués** de 2 **clous de girofle** 1 branche de céleri
3 **gousses d'ail**

Préparation
Débarrasser le petit salé de son excès de sel en **le rinçant plusieurs fois** à **grande eau**. **Dégraisser** le confit d'oie en **le faisant tiédir doucement** et **en recueillant la graisse** supplémentaire. Mettre 4 litres d'eau dans **un grand faitout** et **porter à ébullition**. Y **déposer** le petit salé, la ventrèche, les oignons et l'ail **épluchés** et le céleri. **Laver** et **parer les légumes**. Dans une grande **casserole** d'eau, **faire blanchir** le chou cinq minutes après le début de la première ébullition.

Faire poêler les autres légumes dans **une sauteuse** avec le résidu de la graisse d'oie, puis **jusqu'à ce qu'ils soient** très **légèrement dorés**. **Ajouter** ensuite **les morceaux** de chou et les légumes dans **le faitout** et **laisser cuire** très doucement pendant 4 heures.

Ajouter les cuisses d'oie **à la mi-cuisson**. Au moment de servir, **retirer les viandes** et **les mettre** à part. **Déposer** du **pain** au fond de **la soupière** et **verser** le reste de la garbure dessus. Servir **bien chaude** avec du vin de Madiran.

La blanquette de veau

La blanquette de **veau** est un **des plats phares** de la cuisine française. En voici la recette classique :

Pour 4 personnes
- 1 kg de veau **coupé** en **gros morceaux**
- 4 carottes
- 1 gros oignon
- 1 petite **boîte de champignons** coupés en morceaux
- 1 petit pot de crème fraîche
- **jus** d'un demi **citron**
- 1 **jaune d'œuf**
- 2 **cuil. à soupe** de **farine**
- 25 cl de **vin blanc**
- 1 **clou de girofle**
- 1 **bouquet garni** (persil, thym, laurier)

Dans **un grand faitout**, **faire revenir la viande à feu vif** dans du **beurre**. Quand les morceaux sont **un peu dorés**, les **saupoudrer** de 2 cuillères de farine. **Bien remuer**. **Ajouter** 2 ou 3 **verres d'eau** et bien remuer pour **enrober** les morceaux de viande. Ajouter le vin et **couvrir** d'eau **jusqu'à** recouvrir les morceaux de viande. **Introduire** les carottes **épluchées** et **coupées en rondelles** et **mettre** l'oignon **entier** épluché piqué d'un clou de girofle. Ajouter **enfin** les champignons et le bouquet garni. **Laisser mijoter** à **feu très doux environ** 1h30 à 2h00, couvert, **en remuant de temps en temps** (si nécessaire, rajouter de l'eau). A la fin de **la cuisson**, **sortir** les morceaux de viande et les carottes de la casserole et les réserver dans un plat.

Oter le bouquet garni et l'oignon (**à jeter**). S'il y a des petits morceaux de thym dans le jus de cuisson, **filtrer** la sauce dans **une passoire fine** afin qu'elle soit **plus onctueuse** et qu'il n'y ait pas de petits résidus. Remettre ensuite cette sauce **tatamisée** dans le faitout. Dans un bol, bien mélanger la crème fraîche, le jaune d'œuf et du jus de citron. Ajouter ce mélange au jus de cuisson et bien remuer pour que la sauce soit **homogène**. Remettre ensuite la viande et les carottes.

Servir de suite, ou **maintenir au chaud** dans le faitout en le couvrant avec **un couvercle**. Servir accompagné de **riz**. Bon appétit !

---

le veau: veal
des plats (un plat): dishes
phares (phare): main, most important

coupé (couper): cut
gros morceaux: big pieces
une boîte de champignons: a can of mushrooms
le jus: juice
un citron: lemon
un jaune d'œuf: egg yolk
cuil. à soupe (une cuillère): tablespoons
la farine: flour
le vin blanc: white wine
un clou de girofle: a clove
un bouquet garni: bouquet of herbs

un grand faitout: a large stewpot
faire revenir: sauté
la viande: the meat
à feu vif: over high heat
le beurre: butter
un peu: a bit
dorés (doré): golden brown
saupoudrer: sprinkle them
bien remuer: stir well
ajouter: add
verres d'eau: cups of water
enrober: to coat
couvrir: cover
jusqu'à: until
introduire: put in, introduce
épluchées (éplucher): peeled (to peel)
coupées en rondelles (couper): sliced (to cut)
mettre: put
entier: whole
enfin: finally
laisser mijoter: let simmer
à feu très doux: on a very gentle heat
environ: about
en remuant (remuer): stirring (to stir)
de temps en temps: from time to time
la cuisson: the cooking
sortir: take out

ôter: remove
à jeter: throw out
filtrer: filter
une passoire fine: a sieve
plus onctueuse (onctueux): creamier
tamisée (tamiser): strained (to strain)
homogène: smooth

servir de suite: serve immediately
maintenir au chaud: to keep hot
un couvercle: a lid
le riz: rice

Évaluez votre compréhension

Le pain français, page 214

1. Walking down the streets of Paris, what might you expect to see?

2. Why did a long loaf of bread work better than a round loaf?

3. How many types of regional bread exist in France?

La bouillabaisse, page 216

1. *Bouillabaisse* originates from what city?

2. What was *bouillabaisse* originally made with, and what was it called?

3. What does the real *bouillabaisse* contain "for sure"?

Gigot d'agneau aux herbes, page 220

1. What does this recipe tell you to set aside?

2. How do you create the lamb gravy?

3. How do you remove the fat from the lamb gravy?

Un goût très raffiné, page 222

1. How much of the world production of *foie gras* comes from France?

2. What is *foie gras* made from?

3. What is the distinction between duck *foie gras* and goose *foie gras*?

Test your comprehension

Le diamant noir, page 223

1. What are the two types of truffles?

2. In what region are truffles found?

3. What two animals are used to hunt for truffles?

Coq au vin, page 227

1. How many small white onions does this recipe call for?

2. After bringing the *coq au vin* to a boil, how long should you cook it at low heat?

3. What two sides are suggested for this dish?

La cuisine sénégalaise, page 224

1. What will the curious traveler discover?

2. Poverty in some neighborhoods affects daily meals in what way?

3. If your plate is full, what is this a sign of?

Saveurs des Antilles, page 228

1. What is one speciality that you can always find well prepared?

2. What are *accras*?

3. Mixing fruit with meat dishes creates what type of flavor?

Réponses

Culture

Un dimanche en France, page 4 1. bakeries and florists 2. a family meal at grandmother's house. 3. seafood, meats, cheese, vegetables, salads, and dessert **Parfum de nos enfances, page 6** 1. It was used by the Romans during baths and during medieval times for its medicinal qualities. 2. July 15–August 15 3. Real lavender grows wild and reproduces naturally. It is recognizable by its color, more mauve. *Lavindin* is more violet. **Les marchés du Sénégal, page 8** 1. Kermel market; in the heart of Dakar. 2. Casamanc market 3. weekly markets outside the city limits, in the bush; buy, sell, and trade **Les mois du camping et du crabe, page 10** 1. toilets and showers 2. mangrove swamps, humid places; vegetation and small crabs and fish 3. so that it can grow to maturity and so that it does not go extinct or become endangered **Les vendanges, page 12** 1. between the end of August/beginning of September through October 2. students 3. Workers sign a contract; work cannot last longer than a month; with two contracts together work cannot exceed two months. 4. You can harvest day and night; it takes less time and costs about 50% less than by hand. **Noël sur les marchés, page 14** 1. Germany and Alsace 2. waffles, hot wine, crepes, grilled chestnuts 3. Christmas figurines and ornaments, pottery, candles, jewelry, artwork, mittens **Francophonie canadienne, page 18** 1. 1974 2. poutine, French fries covered with sauce **La mode, reflet de la culture, page 19** 1. Coco Chanel 2. simplified styles, masculine styles for women and getting rid of the corset

Voyages

La grande et la merveilleuse, page 28 1. French literature 2. milk cakes **Les pâtisseries de Paris, page 29** 1. Choose one that is brown on top and caramelized. 2. Blé Sucré; perfect for a late afternoon snack **Le visage unique de Montréal, page 30** 1. 1642; fur trading 2. the contrast between the buildings' old architecture and modern architecture 3. They allow you to shop without braving the cold of winter. 4. being welcoming and open-minded **Des îles pleines de richesses, page 32** 1. 1503; it was discovered by Christopher Columbus in 1498. It was populated by the French and in 1792 became a labor camp and exile for criminals. 2. Touloulous; women disguised and not recognizable (even by their husbands) who play a game asking men to dance **Le quartier de la Croix-Rousse, page 36** 1. between the Saone and the Rhone rivers; it is a hill north of Lyon. 2. hot candy, cotton candy, and riding bumper cars 3. an enormous rock that was dug up in 1892 during the construction of the cable car **Le vieux Marseille : le panier, page 38** 1. the aroma of soap 2. orphanage; art center/museum 3. The French series *Plus Belle La Vie* was filmed here. **Belle-Île-en-Mer, page 40** 1. the citadelle 2. by foot; good shoes, a picnic basket, a bottle of water, sunglasses, and a windbreaker 3. You go down some very steep steps. **Saint Tropez, page 42** 1. Saint-Tropez church, Sainte-Anne chapel, Annonciade chapel 2. twelve

Answers

Tradition

Un jour, un chocolat, page 54 1. Germany, 19th century 2. They drew lines with chalk. **Les vacances à la française, page 55** 1. The idea to start getting paid for vacations came to fruition. 2. They went on strike, almost paralyzing the country. 3. They have increased exponentially. **Le temps des sucres, page 56** 1. a maple cabin; families go to the cabin to enjoy a big meal, harvest maple syrup, and make maple candy. 2. with snow 3. Make a jag/hole in the ground for a blowtorch; this boils the syrup; the syrup is filtered and emptied into an evaporator. **Le réveillon de la Saint Sylvestre, page 58** 1. coins and medals 2. the opulence of the year 3. so that the meal lasts until midnight **Des chants sacrés, page 60** 1. tubers with rice and pigeon peas 2. Christmas carols 3. People come together to sing Christmas Carols; end of November–Christmas Eve **La tradition du pastis, page 62** 1. anise 2. A law was passed prohibiting the consumption of absinthe. 3. at the end of the afternoon **Le vin et le fromage français, page 64** 1. quality, authenticity, and origin of wine (and cheese) 2. It guarantees that a certain type of wine (from the same terrain) will have the same general characteristics. 3. nine **La cérémonie du mariage, page 68** 1. the exchanging of "consents" or vows 2. lively and happy 3. June–August; mild weather and the days are longer, move favorable for a party

Célébration

La fête du Travail, page 79 1. lily of the valley 2. It started in 1561 because King Charles IX received a sprig of lily and decided to give it to the ladies to bring them good luck. 3. Be careful when you give this flower to friends and family because it is toxic. **Le carnaval aux Antilles, page 80** 1. their song and dance 2. very colorful, made with feathers and shimmering fabrics 3. children all in the same costume, the same color, with masks of monkeys or witches **Faites de la musique !, page 82** 1. more than 340 2. summer solstice; to celebrate the arrival of summer 3. Alcohol became a problem and car accidents increased because of alcohol being sold to young people. Free public transportation encouraged people not to drink and drive. **Poisson d'avril !, page 84** 1. January 1st 2. attaching a paper fish to someone's back 3. April 1st marks the end of Lent, and during Lent eating meat is replaced by eating only fish. The fake fish marks the end of eating fish and the return to eating meat. **Le 14 juillet, page 86** 1. patriotism; the date commemorates the storming of Bastille and is the symbol of the revolution. 2. to beat the crowds and find a good place to watch the parade 3. The planes release white, blue, and red smoke, to symbolize the three colors of the French flag. **Jours de mémoire, page 92** 1. All Saints' Day; to acknowledge the Saints recognized by the Catholic Church 2. Day of the Dead; people remember the people they have lost; they go to the cemeteries and clean up the graves, leave flowers, and reminisce and talk about the good times. 3. chrysanthemum **La fête des Rois en France, page 94** 1. January 6th 2. A charm is hidden in the cake, and the person who finds it is crowned queen or king for the day and he/she gets to pick a "royal partner." 3. The north of the country makes its cake with a puff pastry filled with "frangipane" cream. The south makes a brioche in the form of a crown decorated with dried fruit and sugar. **Noël en Provence, page 96** 1. The crops will be good. 2. The youngest and oldest child light the Yule log together. 3. meat; the 13 people at "The Last Supper"

Reponses

Biographie

Ingénieur français célèbre, page 104 1. Charles Nepveu 2. Statue of Liberty 3. viaducts, bridges, train stations, churches **Cinéaste français, page 108** 1. to use natural lighting and new equipment that is lighter and less noisy so you can follow the characters and film more closely 2. The characters and emotions feel more realistic. 3. Life is too precious not to be lived fully. **Écrivain et philosophe français, page 110** 1. His father died when he was two years old. 2. He didn't get married or have children. 3. He failed the exam that would have allowed him to start teaching. **Prix Nobel de médecine, page 111** 1. insulin 2. religious studies 3. orthopedic surgery **La Môme, page 112** 1. Billie Holiday 2. Her father came and took her to work with a traveling circus. 3. because she was very small, like a little bird **Écrivaine acadienne, page 114** 1. mainly female, with a vast array of emotions ranging from humor to rage 2. history of Acadie 3. more than forty **Une personnalité fondamentale, page 116** 1. taking the people's local culture and their identity away 2. He took a stand for their country to fight against oppression. His name and writings began to "cross borders," and he became more popular and better known in other countries. 3. He became Mayor. **Les débuts de Coco Chanel, page 118** 1. Arthur Capel; Boy 2. fluid fabrics like jersey 3. the little black dress; straight sheath dress, collarless with three-quarters-length sleeves

Coutumes

Bises ou pas bises ?, page 128 1. You should maintain a certain distance and shake his/her hand. 2. a kiss 3. shaking the hand **Ne pas avoir l'air d'un touriste, page 130** 1. You should learn to speak French, even if it's just a few words or phrases. 2. people approaching them and asking for help in English without even trying to speak French 3. The tip is usually included in the check, but if there is change left over you can leave this for the tip. **L'étiquette professionnelle, page 132** 1. lunch break; noon to 2PM 2. in business settings, the spontaneous use of "tu" 3. Madame 4. five minutes early; between 8PM–11PM **La bienséance autour d'une table, page 134** 1. They are a time for family and friends to come together and share and talk. 2. The hostess generally assigns the seats, alternating male and female guests. 3. Do not talk with your mouth full, do not eat with your mouth open, don't make loud noises when chewing, don't lean your elbows on the table or hold your head in your hands with your elbows on the table. 4. Use them in the order from exterior to interior. **La signification des gestes, page 136** 1. amazement or impatience; biting your lower lip and shaking your hand from left to right 2. something has gone wrong; placing one hand on your forehead 3. "J'ai sommeil ou je suis fatigué"; placing two hands, palms together, against the side of your face 4. "C'est délicieux!"; kissing the tops of your fingers closed together and then opening your hand

Les Arts

Les Petits Rats, page 149 1. a ballet school; the noise of the scampering feet learning to dance 2. height and weight restrictions 3. only four or five **L'art public à Montréal, page 150** 1. three hundred 2. La Croix du Mont-Royal (the cross on Mont-Royal) 3. the fountain La Joute, a sculpture of a bronze cow **La musique guadeloupéenne, page 152** 1. accordion, violin, maracas, and drum 2. It was used as a way for the slaves to secretly communicate with each other. 3. Zouk; Kassav' **Les splendeurs de Versailles, page 154** 1. It is filled with three hundred fifty-seven mirrors. 2. Marie Antoinette; to escape the rigor and etiquette of the court 3. an exhibit dedicated to Louis XIV called "the man and the king" **Le théâtre français, page 156** 1. Greece 2. Christmas and Easter 3. misunderstandings between the characters, characters being silly and acting like "idiots" **Les troubadours au Moyen Âge, page 159** 1. at lordly courts in castles in the medieval era 2. emotions of the heart and soul, tribulations of the heart 3. *la chanson en cinq ou six couplets* (a song in five or six verses), *la sérénade du chevalier amoureux* (the serenade of the chivalrous knight), *la pastourelle* (shepherdess song) **Les musées parisiens, page 160** 1. a train station; built in 1900 for The World Fair 2. an oil refinery 3. Camille Claudel's **Un symbole de la culture, page 162** 1. Guignol 2. glove 3. a wooden head, smile on his face, black eyes, dimples, a jacket with a red bowtie

Answers

Histoire

La fleur de lys, page 170 1. purity 2. royal power 3. Philippe Auguste **Historique du drapeau français, page 171** 1. white, blue, red; white 2. faith and liberty 3. rooster emblem **À la découverte de la Martinique, page 172** 1. island of flowers 2. France and England; 1814 3. the eruption of the volcano Pelée **La Nouvelle-France, page 174** 1. Quebec 2. its natural resources and its relevance for the fur trade 3. the battle fought on the Plaines d'Abraham **Les sans-culottes, page 176** 1. lower social classes, arts industries 2. someone who doesn't wear culottes, which were worn by the nobles and aristrocrats; for being free men who claimed their liberty and fought for the rights of all citizens 3. red; liberty **L'Arc de Triomphe, page 178** 1. the different stages of war 2. The Tomb of the Unknown Soldier **Histoire de France, page 180** 1. the end of the monarchy and the beginnings of a democratic republic in France 2. Austria 3. She wore fancy outfits, organized big parties, and loved music and dancing. **Jeanne d'Arc, page 182** 1. la Pucelle d'Orléans (The Virgin of Orleans); she is one of three patron saints of France 2. so she could travel incognito 3. She was bought by the English for ten thousand pounds. She was accused of heresy by the church. She was burned at the stake in 1431.

Géographie

Les trois fleuves de France, page 192 1. the Seine, the Loire, and the Rhone 2. Lake Leman 3. castles **Les plages françaises, page 194** 1. the English Channel and the Mediterranean; Atlantic Ocean 2. scuba diving and observing the sea life 3. chalk cliffs **Les Alpes, page 196** 1. eight 2. Grenoble 3. Edelweiss, étoile des glaciers (star of the glaciers) **Sur la route des baleines, page 198** 1. Saguenay and Saint-Laurent 2. whale watching, and it is the first establishment for the colony of Nouvelle-France 3. because of the sounds they make to communicate with each other **Les pays de mer et de montagne, page 200** 1. cliffs and coastline 2. the mixture of salt water and fresh water 3. a known landmark that is a large rock with steep sides that stands on the shore of the river and makes a natural arch **Des fleurs et encore des fleurs, page 202** 1. rains and soil 2. the fern 3. the mangrove tree **Un pays aux contrastes, page 203** 1. Gulf of Guinea 2. fishing and cotton 3. the river Mono **Le Lac Léman, page 204** 1. crescent or comma 2. algae 3. maples, beech, poplar, ash

Gastronomie

Le pain français, page 214 1. a child leaving a bakery eating a piece of a baguette 2. It would fit better in the pockets of soldiers. 3. eighty **La bouillabaisse, page 216** 1. Marseille 2. fish; Kakavia 3. slipper lobster **Gigot d'agneau aux herbes, page 220** 1. bones and trimmings 2. cover the bones and trimmings with water and let cook for one hour 3. pass through a cheesecloth **Un goût très raffiné, page 222** 1. more than 80% 2. duck or goose liver 3. Duck has a strong aroma, and goose is more subtle and delicate. **Le diamant noir, page 223** 1. black and white 2. the South of France 3. pigs and dogs **La cuisine sénégalaise, page 224** 1. that Dakar is filled with a wide range of tastes and flavors 2. They can't always prepare two meals a day. 3. It is a gift offered by the hostess, and it is a sign of hospitality. **Coq au vin, page 227** 1. a dozen 2. one or two hours 3. rice and potatoes **Saveurs des Antilles, page 228** 1. blood sausage 2. cod fritters 3. sweet and salty

Audio Recordings

Recordings of the following forty-five passages are available via the online and mobile McGraw Hill Language Lab app (see page iv for details).